本书为贵州省高校乡村振兴研究中心成果，受到贵州乡村振兴2011协同创新中心、贵州省高校人文社会科学重点研究基地、贵州省哲学社会科学2021年度十大创新团队、贵州省人文社科示范基地等相关项目经费资助。

西南山区衔接推进乡村振兴研究

刘金新　著

光明日报出版社

图书在版编目（CIP）数据

西南山区衔接推进乡村振兴研究 ／ 刘金新著 . --北京：光明日报出版社，2023.10

ISBN 978－7－5194－7581－9

Ⅰ.①西… Ⅱ.①刘… Ⅲ.①山区—农村—社会主义建设—研究—西南地区 Ⅳ.①F327.7

中国国家版本馆 CIP 数据核字（2023）第 211132 号

西南山区衔接推进乡村振兴研究

XI'NAN SHANQU XIANJIE TUIJIN XIANGCUN ZHENXING YANJIU

著　　者：刘金新		
责任编辑：杨　茹	责任校对：杨　娜　李佳莹	
封面设计：中联华文	责任印制：曹　净	

出版发行：光明日报出版社

地　　址：北京市西城区永安路 106 号，100050

电　　话：010-63169890（咨询），010-63131930（邮购）

传　　真：010-63131930

网　　址：http：//book. gmw. cn

E － mail：gmrbcbs@ gmw. cn

法律顾问：北京市兰台律师事务所龚柳方律师

印　　刷：三河市华东印刷有限公司

装　　订：三河市华东印刷有限公司

本书如有破损、缺页、装订错误，请与本社联系调换，电话：010-63131930

开　　本：170mm×240mm		
字　　数：302 千字	印　　张：18.75	
版　　次：2024 年 3 月第 1 版	印　　次：2024 年 3 月第 1 次印刷	
书　　号：ISBN 978－7－5194－7581－9		

定　　价：98.00 元

总　序

　　乡村振兴战略是党中央针对我国农业农村发展面临的新形势、新问题，着眼于实现全体人民共同富裕、全面建成小康社会做出的重大战略决策。实施乡村振兴战略是解决新时代我国社会主要矛盾、实现"两个一百年"奋斗目标和中华民族伟大复兴的中国梦的必然要求，具有重大现实意义和深远历史意义。

　　推出本套"乡村振兴"丛书，旨在主动承担助力当代乡村发展的高校责任。面对世界百年未有之大变局，休戚与共的人类命运共同体需要中国方案，中国需要高校担当。通过本套丛书，我们将深入探讨乡村振兴的内涵、外延和实施路径，梳理国内外乡村振兴的典型案例和实践经验，分析乡村振兴中面临的困难和挑战，提出针对性的政策建议和发展路径。

　　研究乡村产业，比较小国农业与大国农业、内陆国家与海洋国家、传统发达国家与发展中国家农业产业发展路径差异，研究城乡产业发展趋势与再布局、城乡一体化与县域综合发展、乡村旅游与康养产业，开展乡村产业发展调查，探索推广生态种养殖创新模式，从全产业链视角研究乡村产业发展的路径，助力农业良性发展、农民产业增收与农村产业升级，夯实乡村振兴基础。

　　研究乡村生态，面向国家乡村振兴战略实施过程中的乡村生态环境保护等重大战略需求，开展乡村生态、环境与健康、乡村环境治理等方面的理论研究、技术研发、系统集成和工程示范。研究喀斯特地貌生态与石漠化治理，研究土壤污染防治，研究西南高原山地生态修复，践行"绿水青山就是金山银山"的发展理念，将生态建设置于优先位置，使生态保护成为乡村振兴的共同价值与行为准则。

　　研究乡风文明，关注乡村精神面貌与文化生活、民风民俗传承、新"乡贤"与优良家风家训家教，我们必须抓住中国城市特有的乡村根脉——乡愁。"无乡愁，不中国。"鉴于当代中国城市的乡村根脉，传统国人的"彼处"羁绊与家国皈依，我们希望建立一种"在城有家""在乡有族"的城乡联系，在优秀传统文化融入现代文明的过程中实现城市"狂想曲"与乡村"田园诗"的二重奏。

研究乡村治理，聚焦乡村自治、乡村法治、乡村德治，通过研究基层党建与基层政权建设、传统乡村自治的地方经验、当代乡村聚落的现实困境、"城市病"语境下的农村问题、乡村生态治理与污染防治、农村"空心化"与"留守"现象等，丰富新时代乡村治理理论，服务乡村善治理想的实现。

中国现代化脱胎于传统农业社会，当代中国及世界城市化发展之路为我们反思现代性，反省城乡关系，重新认知乡村价值，推动城乡和谐发展提供了契机。实现中国协调发展，必须厚植乡村发展根基，在城乡关系中重塑中国人的生活秩序与精神状态。要实现中国式现代化，必须正视中国自身的历史与国情，厚植乡村发展根基，重塑城乡关系，建构新时代城乡共同发展秩序、价值与伦理，将现代性反思与传统中国的人文根脉相结合并融入国民日常的生活秩序与精神状态。

总之，本丛书将围绕乡村产业、乡村生态、乡村文化与乡村治理等诸方面展开深入研究和探讨。不仅注重理论探讨，还将结合实践案例，将理论与实践紧密结合。我们希望通过本丛书，能够为广大读者提供一种新的视角和思路，推动乡村振兴战略的实施和发展。

陈方帅

2023 年 9 月 15 日

序

党的十八大以来，通过脱贫攻坚，贫困人口与贫困地区同全国一道进入了全面小康社会，但贫困地区农业乡村发展不平衡不充分的矛盾犹在。对此，习近平总书记多次强调，大国之大，也有大国之重，千头万绪的事，说到底是千家万户的事，要把巩固脱贫攻坚成果同乡村振兴衔接好，加快补齐农业现代化短板，使农村生活奔向现代化，越走越有奔头。党的二十大报告指出，要坚持农业农村优先发展，巩固拓展脱贫攻坚成果，加快建设农业强国，扎实推动乡村产业、人才、文化、生态、组织振兴。西南山区历史贫困面大、贫困程度深，在农业基础地位、农民年龄知识结构、农村社会建设和乡村治理方面还存在一些比较突出的问题，"十四五"时期面临巩固拓展脱贫攻坚成果、做好与乡村振兴的有效衔接、全面推动乡村振兴、与全国同步实现农业农村现代化的多重任务，需要以乡村振兴战略为统领，弘扬脱贫攻坚精神，不断提高"闯新路""开新局""抢新机"的本领，在巩固拓展脱贫攻坚成果同乡村振兴的有效衔接上出"新成绩"，走出一条有别于发达地区和传统非贫困地区的乡村振兴新路子。发现典型案例、探寻共性特征、提炼典型经验、分析劣势和短板，进而提出西南山区提质增效衔接推进乡村振兴的对策，就显得十分必要。

现代化意义上的乡村振兴离不开高度的工业化、信息化与城镇化支撑，与贫困治理理论和实践相比较，国内外关于乡村振兴的理论研究比较欠缺，发达国家乡村振兴模式对工业化、信息化、城镇化、农业现代化水平较低的发展中国家的借鉴意义也十分有限。部分发展中国家如巴西、印度一边与贫困做斗争一边推动农业农村现代化，做了有益的尝试，取得了一定成效，但总体而言举步维艰。党的十八大以来，我国立足国情、民情、农情，把握减贫规律，走出了一条中国特色减贫道路，形成了中国特色反贫困理论，创造了减贫治理的中国样本。理论是行动的先导，以乡村振兴战略为统领，巩固拓展脱贫攻坚成果，推动脱贫攻坚与乡村振兴实现有效的衔接，赓续夯实乡村振兴基础，需要持续推进中国特色乡村振兴理论与实践创新。

本书坚持问题导向，立足贫困治理与乡村振兴一般规律，采用宏观与微观、历史与现实、理论研究与实地调研相结合、借鉴与比较的方法开展研究。本书内容由三大板块构成：第一章至第三章为导入部分，全面梳理了脱贫攻坚战略与乡村振兴战略的理论内涵以及脱贫攻坚与乡村振兴有效衔接的价值取向、政策演变、阶段目标和发展趋向；第四章和第五章承前启后，介绍国际案例，总结国际经验，结合国家政策提出衔接推进乡村振兴的机理；第六章至第八章，分析西南山区在产业、生态、文化、人才、组织方面巩固拓展脱贫攻坚成果、实现与乡村振兴有效衔接的具体案例，针对共性困境和不足之处提出外源性因素与内源性因素有效结合，推动西南山区有效衔接推进乡村振兴的具体对策。

写作中，笔者进行了实地调研，借用管理学、经济学、法学、社会学、农学等诸多学科相关基础理论并进行整合运用，希望能够为其他理论研究者提供有价值的启示，也希望能给一线实践工作者提供有益的参考。但巩固拓展脱贫攻坚成果同乡村振兴有效衔接涉及复杂的理论问题和现实问题，笔者深感理论储备不够、实践经验不足，本书寄希望于抛砖引玉，疏漏和错误在所难免，敬请专家和读者斧正。

刘金新

2023 年 2 月

目　录
CONTENTS

第一章

导　论

第一节　研究缘起

党的十九大报告首次提出"乡村振兴战略",《乡村振兴战略规划（2018—2022 年）》提出"推动脱贫攻坚与乡村振兴有机结合相互促进",党的十九届五中全会提出"切实做好巩固拓展脱贫攻坚成果同乡村振兴有效衔接各项工作"。《中共中央　国务院关于实现巩固拓展脱贫攻坚成果同乡村振兴有效衔接的意见》（2020 年 12 月）、《中共中央　国务院关于全面推进乡村振兴加快农业农村现代化的意见》（2021 年 1 月）、习近平总书记在全国脱贫攻坚总结表彰大会上的重要讲话（2021 年 2 月）均明确强调：5 年过渡期内，要合理把握调整节奏、力度和时限，增强脱贫稳定性，并逐步实现由集中资源支持脱贫攻坚向全面推进乡村振兴平稳过渡。《中华人民共和国国民经济和社会发展第十四个五年规划和 2035 年远景目标纲要》（2021 年 3 月）将"脱贫攻坚成果巩固拓展，乡村振兴战略全面推进"纳入"十四五"时期我国经济社会发展主要目标，要求大力弘扬脱贫攻坚精神，切实做好巩固拓展脱贫攻坚成果同乡村振兴有效衔接各项工作，让脱贫基础更加稳固、成效更可持续、乡村振兴的基础更加扎实。党的二十大报告指出，全面建设社会主义现代化国家，最艰巨、最繁重的任务仍然在农村，要坚持农业农村优先发展，坚持城乡融合发展，畅通城乡要素流动，巩固拓展脱贫攻坚成果，增强脱贫地区和脱贫群众内生发展动力，加快建设农业强国，扎实推动乡村产业、人才、文化、生态、组织振兴。①

　　衔接推进乡村振兴是顺应"三农"工作重心历史性转移新形势的新要求。对此，习近平总书记反复强调：要保持主要帮扶政策总体稳定，健全防止返贫动态监测和帮扶机制，扶上马、送一程，守住不发生规模性返贫的底线，接续推进脱贫地区经济社会发展和群众生活改善，让脱贫基础更加稳固、成效更可持续；要把脱贫摘帽作为新生活、新奋斗的起点，大力弘扬脱贫攻坚精神，统筹推进实施乡村振兴战略有关具体工作；要用乡村振兴的办法加快农村发展步伐，坚持中国共产党的领导，贯彻创新、协调、绿色、开放、共享的新发展理念，坚持农业农村优先发展，完善乡村振兴政策体系、制度体系和工作体系，发展壮大富民兴村产业，推进乡村移风易俗，建设文明乡风、良好家风、淳朴民风，实现物质富裕、精神富足，走好中国特色社会主义乡村振兴道路，促进共同富裕，不断夺取全面建设社会主义现代化国家新的更大胜利。

　　乡村振兴的国家顶层设计已非常明确，分阶段安排、梯次推进乡村发展的构想也已经非常清晰：2020 年前，以脱贫攻坚为重心，将乡村振兴举措全面融入脱贫攻坚行动之中，做好脱贫攻坚与乡村振兴有机衔接；在过渡期内，统筹做好全面脱贫与乡村振兴衔接工作；过渡期之后，把农村减贫纳入乡村振兴战略，并将"三农"工作重点转移到乡村振兴上来，实现减贫战略和工作体系平稳转型；有条件的发达地区可率先实现工作重点转移和减贫转型；其他非贫困地区，2020 年后要尽快实现工作重点转移和减贫转型；贫困地区在过渡期内，重点巩固脱贫成果、提高脱贫质量，过渡期后实现重点转移和减贫转型。

　　一切伟大成就都是接续奋斗的结果，一切伟大事业都需要在继往开来中推进。按照国家分阶段安排、分梯次推进的战略构想，西南山区处于分阶段安排中的第二阶段和分梯次推进中的第三梯次，即 5 年过渡期内西南山区的重点任务是，巩固脱贫攻坚成果、提高脱贫攻坚质量，衔接推进乡村振兴，为过渡期后开启乡村的全面振兴打下坚实基础。西南山区历史上连片贫困、

────────────

①　习近平. 高举中国特色社会主义伟大旗帜为全面建设社会主义现代化国家而团结奋斗　[N]. 人民日报，2022-10-26（1）.

深度贫困地区较多，返贫压力较大，乡村振兴基础不牢，但振兴乡村、实现农业农村同步现代化时不我待。西方模式、发达地区模式与本地区位资源相结合，在西南山区诞生了大批衔接推进乡村振兴的示范区和示范村，对这些道路、模式、问题、效果进行全面比较研究，总结有益经验，提炼共性发展规律，有助于过渡期后西南山区顺利开展全面的乡村振兴。

第二节　研究目的和意义

一、研究目的

以过渡期巩固拓展脱贫攻坚成果、有效衔接乡村振兴任务较重的西南山区为特定研究对象，首先，梳理过渡期脱贫攻坚成果巩固拓展的对象、政策、措施，以及衔接推进乡村振兴中的"衔接什么""如何衔接""衔接时序"等问题。其次，实地调研西南山区衔接推进乡村振兴的具体路径，并对效果进行横向和纵向比较，查找逻辑合理但实践效果不理想的原因。最后，提出发挥地缘与资源优势，充分利用特惠支持政策，弘扬脱贫攻坚精神，全面统筹、科学规划、时序推进，实现西南山区脱贫基础更加稳固、成效更可持续、乡村振兴基础更加扎实。

二、研究意义

（一）学术价值

没有理论上的清醒，就没有政治上的坚定，就没有行动上的自觉。在实践中，做好巩固拓展脱贫攻坚成果、衔接推进乡村振兴的关键和基础是要解决好理论认识问题。发达国家的贫困治理、乡村建设与工业化、信息化、城镇化进程基本一致，我国"四化"同步下的贫困治理与乡村振兴有其复杂性和特殊性。衔接推进乡村振兴，关键还是要准确理解和把握实现巩固拓展脱贫攻坚成果同乡村振兴有效衔接的战略演进逻辑和衔接推进机理，在借鉴基础上探索适宜本地空间特性的道路和模式。脱贫攻坚与乡村振兴的有效衔接不仅是中国特色社会主义反贫困理论不断丰富和拓展的客观要求，也是解决发展不平衡不充分，尤其是乡村发展不平衡不充分社会主要矛盾的必然要求。本书基于学理分析和已有研究成果，跨学科对西南山区巩固拓展脱贫攻坚成果同乡村振兴有效衔接的政策策略、实践路径和效果进行比较研究，有助于拓宽扶贫治理和乡村振兴相关基础理论的研究视野，丰富中国特色社会主义反贫困和乡村振兴理论体系。

（二）应用价值

巩固拓展脱贫攻坚成果本身就是脱贫攻坚与乡村振兴有效衔接的重要内容，巩固拓展的状况在一定程度上可以展现脱贫攻坚与乡村振兴两大战略的协调情况。贫困地区在脱贫以后，仍是发展不平衡、不充分的重点地区，做好有效衔接，逐步缩小脱贫地区与其他地区之间的发展差距十分重要。只有充分巩固拓展脱贫攻坚成果，夯实脱贫地区产业发展，提高内生发展动力，才能充分激发广大农村地区和农村人口的消费信心与消费潜力，建立以国内市场大循环为主，国际、国内市场双循环相互促进的新发展格局。衔接推进乡村振兴的顶层设计已经明确，但相关制度框架和政策体系有待细化完善，各地落实思路、举措与效果有待观察。若不能准确理解"巩固""拓展""衔接"国家政策的"西部视角"，实践中简单模仿发达地区乡村振兴的道路和模式，西南山区的乡村振兴进程可能会迟滞。本书对标乡村振兴目标和总要求，围绕产业、生态、文化、人才、组织五大重点任务，收集西南山区衔接推进乡村振兴的典型案例并进行横向、纵向全面分析，对西南山区和其他欠发达地区衔接推进乡村振兴工作均具有一定的现实参考意义。

第三节　国内外研究综述

一、国内研究综述

2016—2017 年，分别论述精准扶贫脱贫攻坚战略和乡村振兴战略的论文较多。在《中共中央　国务院关于实施乡村振兴战略的意见》（2018 年）正式提出"做好实施乡村振兴战略与打好精准脱贫攻坚战有机衔接"后，因基层实践存在脱贫攻坚与乡村振兴战略制度衔接的理论诉求与现实需求，探讨乡村振兴与精准扶贫脱贫攻坚有机衔接的文献相应增多。2020年是脱贫攻坚收官之年，2021年是乡村振兴开局之年，如何巩固脱贫攻坚成果，为乡村振兴开好局、走好路，上升为2020年以来的主要研究方向，如"脱贫与乡村振兴的衔接机制研究""从脱贫攻坚到乡村振兴的有效衔接与转型研究"。2021年，从"区域协调发展"角度研究"巩固"与"衔接"具体模式的论文开始增多，如"井冈山革命老区"（易文彬）、"新疆南疆四地州"（胡建）、"西藏地区"（宋爽）、"人口较少民族地区"（农辉锋）的脱贫成果巩固与乡村振兴有效衔接模式研究等。

（一）关于脱贫攻坚与乡村振兴之间的关系

李晓园和钟伟认为，精准扶贫在乡村振兴中具有三项出场逻辑：党的"三农"工作的一贯主题是它的历史逻辑，社会主义优越性的本质体现是它的现实逻辑，关于"三农"工作重要论述的鲜明特征是它的理论逻辑。精准扶贫与乡村振兴在内容的一致性、功能的互构性、价值的一元性和主体的共通性上具有内在的耦合性。二者之间在本质上是一种共生、共存、共促的关系，以高质量扶贫产业、新农村建设、繁荣农村文化为接点，以产业扶贫推动农业强，以生态扶贫助力农村美，以教育扶贫实现农民富，这是精准扶贫推进乡村振兴的三重路径。

庄天慧等认为，乡村振兴在协调城乡资源配置实现帕累托最优的过程中强化了精准脱贫的内生动力，降低了精准脱贫的制度费用，在实践逻辑上精准脱贫是乡村振兴的时序前提和空间基础，乡村振兴通过助力产业脱贫和精神脱贫为精准脱贫提供长效内生动力。

张立栋以海南省为例，说明脱贫攻坚与乡村振兴二者在目标上高度契合，在任务上交织叠加，在推进上相互融合。因此，必须把脱贫攻坚同实施乡村振兴战略有机结合起来，确保两项工作一起抓实、两篇文章一并做好，不能搞成"两张皮"。

朱启铭认为，脱贫攻坚与乡村振兴存在连续性与继起性的关系。脱贫攻坚满足了乡村贫困居民的基本生存和发展需求，解决了乡村振兴中最迫切需要解决的问题。乡村振兴为脱贫攻坚提供更多的路径选择，是巩固脱贫成果，解决乡村贫困问题的长效机制。在战略目标一致性前提下，要保证战略安排的一致性，不断巩固拓展脱贫攻坚成果，积极谋划和推进实施乡村振兴战略，有效衔接期要保证实施上不脱节。

刘奇认为，脱贫攻坚具有紧迫性、突击性、局部性和特殊性等特点，乡村振兴则具有渐进性、持久性、整体性、综合性等特点，脱贫攻坚主要解决发展中的不平衡问题，乡村振兴主要通过解决不充分问题来解决不平衡问题，两大战略统一于消除绝对贫困、消除城乡差距、消除社会偏见"三个消除"目标。

卢黎歌和武星星认为，脱贫攻坚与乡村振兴是协同互构关系。一方面，乡村振兴作为顶层设计与脱贫攻坚作为微观政策协同互构；另一方面，脱贫攻坚与乡村振兴在作用发挥上协同互构。衔接推进脱贫攻坚与乡村振兴应遵循无缝对接原则、统筹推进原则和梯度升级原则，做好特色产业实证分析，产业、文化、生态一体推进。

姜正君认为，脱贫攻坚与乡村振兴是新时代中国共产党为解决"三农"问题和城乡发展不平衡不充分做出的重大战略部署，二者在理论逻辑上具有内在统一性，在历史逻辑上具有前后相继性，在实践逻辑上具有协同耦合性，在"三农"工作大系统中，二者相互配合、互为补充，都是为了消除贫困、改善民生，逐步实现共同富裕。作为解决"三农"问题的两个重大战略部署，脱贫攻坚与乡村振兴尽管具有统一性、兼容性，但在目标、任务、对象、实施策略等方面有诸多差异，脱贫攻坚具有特殊性、局部性、紧迫性和突击性特点，而乡村振兴具有综合性、整体性、渐进性和持久性特点。

汪三贵和冯紫曦提出，脱贫攻坚与乡村振兴是中国实现社会主义现代化必须完成的两大重要战略任务，二者衔接关系密切。脱贫攻坚与乡村振兴的衔接关系体现为，战略目标的推进关系、体制机制的统一关系和政策体系的融合关系。然而，在脱贫攻坚与乡村振兴有机衔接的过程中，在扶持对象、政策范围和顶层设计上也发生了一定的变化，扶持对象从绝对贫困转向相对贫困，政策范围从特惠逐步转向普惠，顶层设计从点逐渐覆盖到面。这些变化对深刻理解和实现脱贫攻坚与乡村振兴有机衔接有着重要的影响。张永丽和高蔚鹏认为，实现二者衔接对贫困治理、乡村发展和社会治理具有重要意义，脱贫攻坚与乡村振兴目标统一、时间接续、空间耦合、内容共融、主体一致，呈现互涵式关系。

白永秀和宁启认为，巩固拓展脱贫攻坚成果同乡村振兴在时间上具有相继性，在空间上具有相叠性，在内容上具有相通性。巩固拓展脱贫攻坚成果的重点是巩固消灭绝对贫困和夯实全面建成小康社会的成果，是"十四五"时期贫困地区的攻坚任务。乡村振兴则瞄准第二个百年奋斗目标，重点是化解相对贫困，实现乡村振兴和城乡融合发展，是贯穿"社会主义现代化建设新征程"的长期任务。前者只覆盖农村局部空间，面向农村部分居民；后者则覆盖全部农村，面向全体农村居民。巩固拓展脱贫攻坚成果同乡村振兴在目标上都统一于中国共产党消灭贫困的初心使命和社会主义对共同富裕的本质要求，统一于农业农村现代化和城乡融合发展的战略目标，要根据退出、延续、升级、新增的思路创新有效衔接政策。

周跃辉从三个维度对脱贫攻坚与乡村振兴的关系进行了解读：脱贫攻坚重在消除绝对贫困，乡村振兴重在解决相对贫困；脱贫攻坚是基础工程，乡村振兴是战略目标；乡村振兴能够激发脱贫之后的动能与巩固成效。衔接推进期，要实现单向扶贫向组织振兴升级、实现人才扶贫向人才振兴升级、实现产业扶贫向产业兴旺升级、实现文化扶贫向文化振兴升级、实现生态扶贫向生态振兴升级。

尹成杰认为，巩固拓展脱贫攻坚成果是脱贫地区全面推进乡村振兴的基础，缩小区域间发展差距是有效衔接的重要任务，提升脱贫地区自身发展能力是有效衔接的重要目标。巩固拓展脱贫攻坚成果同乡村振兴有效衔接，实质上是我国在重要历史交汇期的重大战略性对接：一是精准扶贫脱贫战略与乡村振兴战略的战略性对接；二是巩固拓展脱贫攻坚成果与全面建成小康社会的战略性对接；三是巩固拓展脱贫攻坚成果与开启全面建设社会主义现代化国家的战略性对接。

脱贫攻坚是国家经济发展到一定阶段后社会主义国家性质要求的侧重方面，而乡村振兴则是在确保社会主义共同富裕原则基础上对农业农村现代化的进一步推进。通过产业扶贫、智力扶贫、文化扶贫、生态扶贫等方式实现的精准脱贫与产业、人才、文化、生态、组织等"五大振兴"存在高度契合关系，并为"三农"现代化奠定了良好的资源、载体与平台基础。乡村振兴全要素在脱贫地区过渡期内全过程、全环节的嵌入，将成为实现巩固拓展脱贫攻坚成果与乡村振兴两者有效衔接的黏合剂。

（二）关于脱贫攻坚与乡村振兴如何有效衔接

左停提出，做好脱贫攻坚战与乡村振兴战略的有效衔接，既要抓好梯度跟进，又要抓好优化升级。要继续推广脱贫攻坚形成的经验、推进产业扶贫的优化升级、提供高质量的金融供给服务、提高农村治理能力和水平、加大对弱势群体的社会保障力度，做到在时间维度上政策衔接及时不脱节，在经济维度上资源配置科学不浪费，在需求维度上举措公平不遗漏，即实现效率角度的及时性、效益角度的节约性、效果角度的公平性。

边慧敏认为，面向乡村全面振兴的战略目标，连片特困地区的脱贫与振兴仍面临很大的挑战，还存在诸多困难和问题，必须精心谋划、精准施策。实现脱贫与振兴的良性互动，需要政策措施协同，推进脱贫与振兴体制机制创新；产业发展协同，激活要素资源并推动产业振兴；易地扶贫协同，推动全面脱贫到全面振兴跨越；人才振兴协同，促进从"输血"扶贫到自主发展升级；组织工作协同，优化统筹城乡扶贫与治理体系。

涂圣伟认为，有效衔接关键在于实现生计系统的优化和个体的全面发展，要立足资产建设长效化、易地搬迁良治化、资源利用高效化、绿色减贫持续化，着力强化内源式发展与现代化推进。

陈文胜在《脱贫攻坚与乡村振兴有效衔接的实现途径》一文中提出：只有实现解决阶段性绝对贫困与解决长期性相对贫困相衔接，才能从根本上解决农村的贫困问题，实现乡村振兴；只有实现行政配置资源"输血"与市场配置资源"造血"相衔接，推动发展方式从生产导向向市场导向的根本性转变，才能形成从以行政推动为主逐步走向政府引导下以市场驱动为主的贫困地区良性发展机制；只有实现建立基础性制度体系与建立差异性政策体系相衔接，才能形成充分发挥不同区域能动性的多元化、差异化制度，把整体层面与区域层面的现实、趋势、政策结合起来，建构不同区域、不同发展形态和不同发展模式的城乡融合发展基础性制度体系与差异性政策体系。

唐仁健提出，要认真总结借鉴脱贫攻坚积累的宝贵制度成果和精神财富，做好巩固拓展脱贫攻坚成果同乡村振兴的有效衔接，集中支持国家乡村振兴重点帮扶县以及省级重点帮扶县，守住不发生规模性返贫的底线，用乡村振兴的办法加快农村发展步伐，完善乡村振兴政策体系、制度体系和工作体系，逐步实现从集中资源支持脱贫攻坚向全面推进乡村振兴平稳过渡。

刘洪冬和徐秋萍提出，实现巩固拓展脱贫攻坚同乡村振兴的有效衔接，要接续用好在脱贫攻坚过程中形成的重要经验和认识，毫不动摇地坚持和加强党对农村工作的领导，深入推进农村基层党组织建设，高效整合资金、发挥资金合力效益，精准调研、精准谋划、精准施策、精准用力、精准推进、精准督查、精准验收，继续坚持农民主体地位，继续坚持广泛参与、凝聚各方力量，形成多层次、多形式、全方位的支农、惠农、富农、强农、兴农的强大合力。

有效衔接的关键在于"提升"，意味着农村社会进入了现代生产要素生成、乡村整体文明跃升起步的新阶段。但因为脱贫攻坚和乡村振兴在战略目标、针对群体、涵盖内容、行动方式、资源需求、时代环境等方面存在差异，所以二者的衔接必然面临实践困境，要从政策调整、政策加强、政策转化、政策新设四个方面重塑两大战略衔接的政策体系。

刘奇提出，随着"三农"工作主次位移，应根据主要矛盾的变化，把政策取向和着力点逐步转移到乡村振兴上来，由攻坚战转为持久战，由脱贫攻坚的突击性、特惠性、局部性转为乡村振兴的渐进性、普惠性、整体性，在工作体制机制、职能配备、工作思路、工作方法等方面都要调整，向农业全面升级、农村全面进步、农民全面发展聚焦发力。

郭文力和张旭认为，重振农村集体经济组织是巩固脱贫攻坚成果实现乡村振兴的重要保障，要在巩固稳定家庭联产承包制、保护农民生产积极性基础上，充分发挥农村集体组织的作用。把农民重新组织起来，再造农村振兴主体，以农民集体经济组织为载体构建乡村振兴的长效机制，是推进乡村振兴、加快农业现代化建设的基本途径。

颜德如和张玉强认为，脱贫攻坚与乡村振兴有效衔接的关键在于建立一套具有动态性、有机性、可调整性的长效机制，坚持以城乡融合发展为根本导向，按照动态识别与动态调整、社会与市场助推、党政有机嵌入的思路与原则，着力解决相对贫困问题，着重从如下三条路径展开：一是坚持"回归乡村"的理念目标，着力解决绝对贫困与相对贫困的有机衔接问题；二是在体制机制上，以"回归现代化"为指向，做好二者衔接贯通的相关政策统筹和衔接工作；三是在参与主体上，以"回归农民"为主旨，协调处理好政府、市场、社会之间的关系，实现行政资源"输血"与市场、社会资源"造血"的有机衔接。

陆益龙提出，构建乡村振兴与脱贫攻坚精准衔接的机制，首先，要全面准确地把握乡村振兴对象的实际情况和实际需要，准确地理解乡村社会的基本性质与乡村振兴的本质意义；其次，要正确合理地把握乡村传统传承与现代振兴发展之间的均衡，避免将乡村振兴与现代化误解为城镇化；最后，要精准地把握不同乡村的振兴重点，因乡施策，因村施策，精确而有效地执行和落实振兴政策。

高强发现，各地在实践中面临着对两大战略有效衔接的认识不足、各级部门责任与能力不匹配、衔接安排未充分考虑地区差异、规划引领与考核力度不够、扶贫资产管理利用机制有待优化等问题。应进一步深化对衔接推进的认识、明确领导体制和职责分工、差异化制定衔接节奏和方向、强化规划引领和考核应用、优化扶贫资产管理利用机制，以推动两大战略有效衔接工作落实落地。

杨肃昌和范国华从产业发展、生态建设、文化建设、乡村治理和民生改善五个维度构建了"十四五"时期巩固拓展脱贫攻坚成果同乡村振兴有效衔接的评价指标体系，评价内容包括"十四五"时期脱贫攻坚成果巩固、脱贫攻坚成果拓展以及同乡村振兴的有效衔接三个方面，从理论上对"十四五"时期巩固拓展脱贫攻坚成果同乡村振兴有效衔接评价工作进行了有益探索。

王军认为，脱贫攻坚与乡村振兴二者在衔接过程中面临着统筹协调工作不畅，农村集体经济薄弱，易地搬迁治理低效，自主脱贫意识淡薄，资源过度开发利用，利益联结要素缺乏等多重困境。现阶段应采取整合政策力量与深化农村改革、产业融合发展与农村集体经济、易地搬迁脱贫与城乡融合发展、智志双扶解困与基层治理体系、生态环境保护与人居环境改善、利益联结建构与提高农民收益等六个方面衔接的关键举措来推进乡村的全面振兴。

李宁慧和龙花楼认为，实现巩固拓展脱贫攻坚成果同乡村振兴有效衔接本质上是通过缩小乡村内部分化差距，在转型统筹与良性互馈机制下，提升乡村居民发展能力与村庄发展禀赋的过程。脱贫攻坚解决乡村振兴的前端问题，补齐底线短板，乡村振兴是对乡村地域整体功能的全方位诊断与优化，为乡村贫困问题的解决提供全方案。实现二者有效衔接需要从发展目标、发展主体、发展机制与实现路径上实现多维立体衔接。在实现路径中，政策供给是根本，要素供给是重点，动力供给是关键。不同类型地域与村庄需要选取差异化发展模式与路径，需要推进乡村全面振兴以破解贫困问题，促进乡村振兴与新型城镇化战略的整合协同，以城乡融合发展助推城乡地域系统功能的整体优化。

尹兴业细化了巩固拓展脱贫攻坚成果与乡村振兴全面推进两个领域的重点任务，并分别确定具体的测评维度和评价指数，构建了包括"两不愁三保障"、防范规模性返贫、稳定脱贫能力、特色产业发展、宜居乡村建设、乡村治理水平六个维度的衔接有效性评价指标体系。

周国华等提出，巩固拓展脱贫攻坚成果，需要对接乡村全面振兴战略要求，优化完善保障类、支持类、发展类等三类政策举措，完善分区引导、分类管理、分段评估等区域政策体系。

白永秀、苏小庆和王颂吉认为，在理论逻辑上，巩固拓展脱贫攻坚成果同乡村振兴统一于实现共同富裕和社会主义现代化的目标，促进农民增收是二者衔接的基点。在实践逻辑上，巩固拓展脱贫攻坚成果可分成"巩固"和"拓展"两个阶段，应构建巩固拓展脱贫攻坚成果同乡村振兴衔接的"五位一体"机制：在乡村产业发展维度，做好产业扶贫政策同"产业兴旺"目标衔接；在乡村生态文明维度，做好易地搬迁生态修复、生态扶贫政策同"生态宜居"目标衔接；在乡村精神文明维度，做好扶智扶志政策同"乡风文明"目标衔接；在乡村社会治理维度，做好驻村帮扶政策同"治理有效"目标衔接；在乡村民生保障维度，做好"两不愁三保障"政策同"生活富裕"目标衔接。

此外，还有专家认为需要推进战术、战略和党的领导衔接（黄承伟，2021），处理好"稳"（巩固）与"变"（拓展与衔接）的关系（张琦，2021），认真分析中国农政关系、聚焦脱贫攻坚政策和做法的延续、跟踪和评估衔接政策的实施情况，从减贫规律认知升华、行为外嵌转向发展自觉、资源配置优化与延续效应发挥三个层面分析脱贫攻坚与乡村振兴有效衔接行为的内在逻辑，加快衔接理论、路径、体系、政策研究等。

（三）关于乡村振兴

吕静以甘肃礼县为例提出，绿色发展是贫困地区脱贫与乡村振兴相融合的关键路径，要从生态保护、农业新业态、农业标准化生产、政策支撑、人才以及法律几个方面促进贫困地区绿色发展，加快乡村振兴进程。

魏玉栋认为，乡村文旅产业能够有效促进一、二、三产业融合；农文旅融合赋能乡村振兴，需要准确理解乡村农文旅"融合"的内涵、本质；始终坚持以农为基、以文为魂、以旅为体理念，突出乡村个性、体现乡村价值；紧盯乡村振兴重点领域，开发乡村旅游产品、塑造良好品牌、推出更多文化味浓的优质产品；积极打造"以文促旅，以旅兴农，农文旅互惠共赢"的乡村振兴模式。

李昌平提出，以土地集体所有制为基石、以"四权统一"村社共同体（集体）为基本主体、把党支部建在村社共同体上，是避免集体所有制和集体经济虚化、集体经济和村社共同体名存实亡、基层党支部边缘化等问题的关键。因此，应进一步加强农村党支部建设，以村社内置合作金融为切入点重建"四权统一"的"村社一体化"村民共同体，探索建立"资源资产等量化作股权""四级定价"机制，以盘活农村"死"资源，壮大农村集体经济，增加农民收入，推动乡村振兴。

李玉恒、阎佳玉和宋传垚剖析了部分国际典型案例，认为中国乡村振兴与可持续发展应立足乡村地域系统的复杂性、综合性、动态性等现实特征，着力提升乡村地区应对外界发展环境变化与挑战的能力弹性，积极构建符合地域特色与发展阶段性特征的乡村地域系统，在多元化、差异化、"人—地—业"耦合中综合推进乡村振兴。

廖婧琳认为，文旅融合与乡村振兴目标上具有一致性，本质上具有逻辑顺承性，文旅赋能乡村振兴应走特色发展之路，注意城乡均衡发展和"和而不同"，乡村振兴要靠人才振兴，特别是发挥农民主体地位。

涂圣伟认为，乡村振兴和脱贫攻坚两大战略部署具有理念相通性与阶段递进性，两者的有机衔接关系到两大战略的成效。促进乡村振兴与脱贫攻坚的有机衔接，需要坚持农村居民生计改善和全面发展的目标导向，把握扶贫产业可持续发展、生态价值转化、资产高效利用、治理现代化等重点领域；需要采取政策转型、社会动员机制衔接、人力资源开发利用、重大项目建设等关键措施。

董玮等从产业政策、生态政策、文化政策、治理政策、双基建设政策等维度提出脱贫攻坚和乡村振兴有效衔接的公共政策调适路径。

王廷勇提出，基层乡村治理本质在于掌握"民心"，服务人民，充分发挥农民主体作用和主人翁精神，形成由农民被动接受治理变为农民主动参与治理的新格局。

刘建生和邱俊柯提出，通过责任体系、动员体系和考核体系的构建与完善，实现从脱贫攻坚到乡村振兴政策体系的转变。

朱海波和毕洁颖提出，巩固拓展脱贫攻坚成果同乡村振兴有效衔接应该拓展村集体领办合作社的产业发展组织模式，提高村集体组织化能力，同时要以消费帮扶为着力点拓展"互联网+"产销对接，推动乡村数字经济发展，最后还要以人才培育为抓手，促进脱贫群众人力资本的提升。

高杨在《乡村休闲旅游发展需要农村金融助力》（2022）一文中提出，"振兴主体不突出""产权不明晰""金融基础设施条件较差""农业农村授信难度大""金融监管难""融资渠道窄"等问题是制约金融支持乡村休闲旅游业发展的主要原因，需要改革创新金融支农体系机制、大力发展普惠金融、完善农村金融设施建设、加强参与主体的组织化程度、有效拓展融资渠道和途径，积极发挥保险的"稳定器"作用。

何莽提出，高校应充分发挥在"巩固脱贫攻坚成果""推进乡村振兴"中的人才和专业优势，成立跨部门、跨专业乡村规划专家团，组织涉农教师以科技特派员身份开展乡村科研活动，支持学生选择乡村话题研究，培养更多的乡村振兴所需专业人才，在乡村建立实践教学基地，邀请专家及时解决农村农业农民亟须解决的现实问题。

王振波认为，地理基因造就了地域特色的自然生态、环境、文化、风俗、产品、技术、习惯等要素，也孕育了各具特色的城市和乡村聚落。破解地理基因是文化旅游赋能、相互振兴的基础，贫困地区往往并不缺乏优质地理基因，需要进一步加强地理科学和技术研究，厘清地理基因区域界限，抓住地理基因优势，选出优质地理标志产品、地理特色产品和地理传统产品，做好地理产品认证，努力以好基因、好品质、好品牌来实现贫困地区特色资源赋能乡村振兴。

谢治菊提出，东西部协作"结对子"在中国贫困治理历程中发挥了重要作用，全面乡村振兴新阶段的结对治理要：逐步引导我国的结对治理从国家主导向国家引导、市场与社会主导的转变，进一步树立区域协调发展、协同发展、共同发展理念，正确处理外力帮扶与内生发展的关系，持续完善结对考核评估机制、健全考核评估指标体系。在有差别的共同富裕、分层次的共同富裕中实现可持续的共同富裕。

杨建国认为，乡村旅游赋能乡村全面振兴，一要善借城市人才、资金、资源之"势"，拓宽城乡融合发展渠道；二要坚持全产业链思维，处理好乡村旅游与乡村产业的关系，实现乡村旅游与乡村特色产业、产品、文化的深度融合；三要处理好乡村旅游与乡村改革的关系，抓好乡村基层治理，持续优化资源配置、提升发展质量、增强服务能力、提高治理效能。

郭亮认为，脱贫攻坚中，国家和地方政府采用资源输入和行政力量下沉的方式推动了贫困地区和贫困人口的脱贫。在某种程度上，正是得益于强大的国家行政力量和社会动员力量，我国的贫困地区和贫困人口才在短时期内快速脱贫，才创造出世界减贫事业的奇迹。与精准扶贫战略相比，乡村振兴战略的内容、方式和目标存在明显的差异，前者的成功经验并不能简单地适用后者，并非一个自然的战略过渡，要避免对既有战略实施方式的简单套用。

刘建生和邱俊柯认为，实现两大战略的衔接与转型，需建立与转型适应的政策体系与治理机制，从脱贫攻坚的"多予"转变到乡村振兴的"放活"，激发农村内生活力，推动从脱贫攻坚压力下的任务型治理向乡村振兴放活下的发展型治理转变，推动治理理念与目标转变、多元治理主体协同治理、治理体制机制创新，构建相适应的责任体系、动员体系与考核体系，激发农村发展内生活力。

温铁军提出，新时期农业农村现代化最需要创新的是生产关系领域的现代农业经营体系。一是通过深化"三变"改革（资源变资产、资金变股金、农民变股东），发展以重构新型集体经济组织为经营主体的社会企业，培育组织化的农民经济主体；二是畅通城乡经济循环，构建符合高质量发展的城乡融合体系；三是破解城市人才参与现代农业和乡村振兴的困境，构建适应现代农业经营的人才体系。

此外，还应以乡村"五个振兴"带动实现农业农村农民"五个转变"，强化工业扶贫，再造"利益共享、责任共担"的村社集体，根据不同地区乡村的自然禀赋、历史文化传统、社会经济发展状况，因地制宜、分类指导、精准施策，科学、合理且有效地推进乡村振兴。筑牢乡村振兴的财政基础，乡村振兴、新型城镇化与生态环境协同发展。

二、国外研究综述

西方发达国家的工业化、城镇化道路起步较早，"城市病"与"农村病"交替出现，针对现代化进程中的农业、农地、农民、农村的改造和转型问题，西方国家进行了长期探索和研究，相关的实践经验总结和理论研究成果也比较丰富，为后来的研究者开展理论研究以及发展中国家走好工农、城乡协调发展道路提供了启示和借鉴。

（一）关于乡村振兴基础理论的研究

西方乡村建设理论主要涉及产业空间布局规划相关理论、乡村重构与转型理论、农村可持续发展理论、社区主导发展理论、政策群理论等。产业空间布局规划理论又细化为产业区位理论和区域开发与布局理论两大理论。乡村重构与转型理论包括不平衡发展理论、城乡二元理论、乡村重构理论等。农村可持续发展理论涉及人力资本理论、内生发展理论、可持续生计理论等。西方发达国家工业化、城镇化程度较高，"城市病"和"乡村病"治理历史较长，因此，乡村建设相关理论也比较丰富。

威廉·阿瑟·刘易斯提出，农业成为现代化部门的途径是农业本身的产业化和市场化，有产业支持的农村剩余劳动力城镇化，现代部门投资农业、提供资金技术、组织农民进入合作社，建立"公司+基地+农户"组织结构，形成高效农业。瑞典经济学家冈纳·缪尔达尔在其"循环积累因果关系"理论中提出，卫生健康状况差、文化教育落后、人口和劳动力素质不高会进一步导致劳动生产率低、产出停滞或下降，要打破这种低投入、低产出、低收入再到低投入的恶性循环，必须增加公共服务投入，提高落后乡村地区贫困人口的人力资本水平。西奥多·W.舒尔茨提出，人力资本与土地、资本等实体性要素一样，在社会生产中具有重要作用，农业发展到一定阶段，农田和农业设施资本的重要性必然会下降，农业劳动者的技能和知识的重要性必然会上升，必须加强对农业的教育投入。托达罗提出，应当重视农业和农村的发展，鼓励农村的综合开发，增加农村的就业机会，提供教育和卫生设施，发展电力、供水和交通，改善农村的生活条件等，减缓农村人口向城市的流动。

美国合作思想的代表人物道格拉斯·诺斯认为，有效率的经济组织是经济增长的关键，主张通过建立农业合作社来加强竞争，提高农产品市场占有率，主张将城镇生活引入农村地区，将农业与非农业生产活动有机结合起来，以农村城镇化的发展方式缩小乡村与城镇的差距。朴振焕和潘伟光（2005）提出，改善农村生活环境，推动农村基础设施建设，培养农民勤劳、自助、合作精神，有助于增加农民收入、缩小城乡差距，建设新农村。切尔尼（Cherni）在对古巴偏远农村社区的可再生能源与农户生计关系的研究以及维斯塔（Vista）等对菲律宾某椰果庄园土地改革对农户可持续生计影响的研究均认为，农村土地产权制度的明晰有助于稀缺资源公平分配，对于避免"公地悲剧"和提高农民生产积极性能起到积极的作用。

（二）关于乡村振兴实践经验的研究

国外发达国家如韩国、日本、欧盟国家在现代化进程中，也曾面临消除贫困与乡村振兴的共同问题。20世纪70年代，韩国开始实施"农村可以致富的实践运动"新村运动。日本早期通过农业和农村经济的组织化和农村社会的组织化解决农村经济危机的"农村经济更生运动"。欧盟奖励地方富有创意振兴乡村策略、开发农村网络的LEADER项目，在落后地区推行农场现代化的"开发计划"。2010年，世界银行为中国农村地区可持续发展的综合性农村扶贫项目提供贷款。一些理论研究者与经验总结者，如朴振焕和潘伟光

（2005）、藤田筑次、晖峻众三等比较一致地认为，农村居民是新农村建设的主导力量，应坚持农村地区综合开发、圈层发展、城乡一体推动，要注重提高国民文化素质，乡村建设项目要瞄准大多数农户最迫切需求，要设置前提条件让穷人和后进乡村通过竞争获取资源。

三、已有研究评价

总体来看，国外的实践经验和理论总结比较系统，倾向于总结发达国家的做法，为落后国家或地区提供乡村建设的理论依据和经验借鉴。普遍认为，工业化、信息化、城镇化与农村脱贫、乡村振兴是一个系统性工程，缺一则其他均难以实现可持续发展。与国家政策导向相适应，国内学者就如何实现脱贫攻坚与乡村振兴的衔接提出了有针对性的建议，相关研究已涉及公共服务、目标群体、治理体系、人才机制、内生性扶贫、文化资源、基础设施建设、地理标志认定、企业效应、科技投入等多个方面。目前，研究重心正从单纯的理论层面转向"理论研究+实践模式总结"层面，并呈现多学科交叉、综合研究与乡村振兴三大方面独立研究并存并重的趋势。

整体来看，国内尚处于理论研究起步阶段，实践经验总结也仅限于某县、区或乡镇，尚未形成一套可推广、可验证有效、得到广泛认可的衔接推进脱贫攻坚与乡村振兴的可靠模式与支撑性理论。具体而言，还存在如下不足：乡村振兴相关理论纵向挖掘不够，横向的跨学科理论整合力度偏弱；对宏观层面的制度与政策研究较多，针对实践问题提出的具体对策缺乏针对性、可操作性与可推广性；对优秀实践模式之所以优秀的条件研究不够，缺乏横向、纵向的比较研究。因此，需要运用系统论的思维方式，系统梳理相关理论，及时关注全球扶贫开发与乡村建设的前沿理论问题以及城乡融合发展和乡村振兴成效提升策略等关键性现实问题，深入研究区域统筹衔接推进乡村振兴的机制，构建可行的有效性评价指标体系，对各地涌现的示范案例做务实的分析，尽可能发现一些共性特点，总结出一般性规律，上升为理论，指导新的实践。就西南山区而言，需借鉴发达国家、国内先行地区做法，探究共性规律和特殊做法，结合西南山区农地空间特性，找到可行的巩固拓展脱贫攻坚成果、有效衔接推进乡村振兴的对策。

第四节 研究内容、重点难点、研究思路、研究方法和创新之处

一、研究内容

脱贫攻坚与乡村振兴衔接的工作区域并非全国所有农村地区，而只涉及原贫困地区。脱贫攻坚的难点往往也是贫困地区乡村振兴的短板。过渡期巩固拓展脱贫攻坚成果、有效衔接推进乡村振兴的重点任务是集中资源继续解决长期制约贫困地区发展的深层次难题，建立强有力的农村基层党组织，发展特色产业，培养新集体合作意识，壮大乡村集体经济，加大农民思想道德建设力度，强化乡村契约精神教育，推动移风易俗，构建自治、德治、法治融合的现代乡村治理体系，提升脱贫群众和脱贫区域内生发展动力。

首先，本书收集中央、各省出台的关于衔接推进乡村振兴的系列文件，研究精神、提炼要点，提出国家政策的"西部"视角；其次，梳理国际经典案例、发现有益启示；最后，分析西南山区在产业、文化、生态、组织、人才方面衔接推进乡村振兴的案例，总结经验、发现问题与挑战，进而提出实现巩固拓展脱贫攻坚成果同乡村振兴有效衔接的路径。着重回答好以下几个问题：如何识别西南山区脱贫攻坚成效与乡村振兴目标之间的现实差距；如何构建实现西南山区巩固拓展脱贫攻坚成果同乡村振兴有效衔接的机制；实现巩固拓展脱贫攻坚成果同乡村振兴有效衔接有哪些发展模式，各自的特点是什么；实现巩固拓展脱贫攻坚成果同乡村振兴有效衔接的实现路径有哪些；如何构建实现西南山区巩固拓展脱贫攻坚成果同乡村振兴有效衔接的管控体系与政策方案。

第一章为导入部分，分别提出研究意义、研究内容、重点难点、研究思路、研究方法和创新之处。第二章梳理衔接推进乡村振兴相关理论基础。内容涉及西方产业空间布局相关理论，乡村重构与转型理论，农村可持续发展相关理论，以及马克思主义经典作家关于城乡关系与乡村发展的基本理论、中国共产党乡村振兴理论。第三章为衔接推进乡村振兴的内容。梳理了衔接

推进乡村振兴政策的演变进程、阶段性目标与长远目标，价值取向与重大举措。第四章介绍欧美、日韩和其他发展中国家扶贫治理与振兴乡村的背景、政策、道路和经验。第五章衔接推进机理。围绕乡村振兴与脱贫攻坚的关系类型、衔接推进乡村振兴的影响因素、衔接推进乡村振兴的运动方向和发展阶段展开。第六章至第八章围绕乡村振兴的五大重点任务分别研究了西南山区衔接推进乡村振兴的典型案例（第六章），西南山区衔接推进乡村振兴的共性困境与障碍因素（第七章），西南山区衔接推进乡村振兴的质量提升路径（第八章）。

二、重点难点

（一）研究重点

土地流转与经营权抵押、集体和农户资产入股的规模化收益获取与系统风险回避；乡村政治精英主导农村产业融合发展的可持续性；政府扶持资金资产折股量化、城市资本下乡后的合作社运营治理架构、资产监管与利益联结；农村飞地的分散布局、以城郊农业和特色镇为中心的圈层振兴；生态宜居、绿色发展、乡风文明建设中的理性与非理性冲突；优秀模式水土不服，有资源和项目却没真效果的原因。问题和发展出路长期困扰西部山区农村，这是本书研究的重点所在。

（二）研究难点

扶贫政策梳理评估处置；扶贫资产清查与增值潜力评估；特色产业项目清理与县域数据库建设；圈层规划与时序发展的清晰度；基础设施与公共服务；村社共建集体经济组织发育状况；"公司+农户"代管模式的必要性和适应性；生态资源的合理开发路径；文化的经济贡献及其影响因素；不同利益联结机制体现的效率与公平差异；镇村联合建立村级公共服务中心的经验与效果；信息不对称（导致机会和公平丧失的主要原因）的纠偏与农村固化利益联盟的破解。期望通过类型化比较，增加研究的理论价值与现实意义。

三、研究思路

本书始终坚持问题导向，立足贫困治理与乡村振兴一般规律，采用宏观与微观、历史与现实、理论研究与实地调研相结合、借鉴与比较的方法开展研究。

基于"要素—结构—功能"综合视角，以内涵剖析—机理阐释—实践展开为主线，全面梳理脱贫攻坚战略与乡村振兴战略的理论内涵以及脱贫攻坚与乡村振兴有效衔接的价值取向、政策演变、阶段目标和发展趋势。从国际道路和西南山区在产业、生态、文化、人才、组织方面巩固拓展脱贫攻坚成果、推动乡村振兴有效衔接的案例中，提炼和总结了外源性因素与内源性因素，有效结合推动西南山区，有效衔接推进乡村振兴的作用机制与具体对策。研究思路见图1。

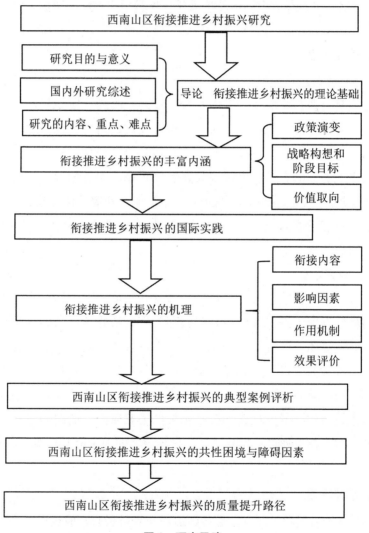

图1 研究思路

四、研究方法

（一）文献研究法。通过报纸、杂志、著作、网络等查阅与论文相关的历史与现状文献资料，特别是搜集关于衔接推进脱贫攻坚与乡村振兴战略的文献，并对这些文献资料进行整理和分析，从整体上清楚地把握目前研究的深度和广度，对所研究的问题有总体的认识，并学习、借鉴研究成果中的观点、方法，来拓宽研究思路。

（二）比较研究法。首先，通过收集中央、各省出台的关于衔接推进乡村振兴的系列文件，研究精神、提炼要点，提出国家政策的"西部"视角；其次，在发达国家经典案例比较中，分析西南山区打赢脱贫攻坚战、巩固脱贫攻坚成果、衔接推进乡村振兴的共性难题，提出研判性对策和路径。

（三）访谈与实地调研法。到巩固拓展脱贫攻坚成果、衔接推进乡村振兴示范村进行实地调研；到巩固脱贫攻坚成果任务较重、乡村振兴基础较薄弱村进行实地调研；与乡村振兴局、乡镇基层政府、村两委和普通群众进行面对面访谈，以增加问题认识的宽度和广度，通过集思广益提高对策的针对性和可借鉴性。

五、创新之处

（一）学术思想的创新。贫困与人类相生相伴，国内外关于贫困治理的理论与实践经验都比较丰富，而现代化意义上的乡村振兴离不开工业化、信息化与城镇化推动，发展中国家需要在工业化、信息化与城镇化水平较低的情况下推动乡村振兴，相关理论研究十分不足，发达国家模式对发展中国家的借鉴意义也十分有限。本书认为，衔接推进乡村振兴是一个长期的研究和探索过程，需要整合管理学、经济学、法学、社会学、农学等诸多学科，才能切实推动中国特色乡村振兴理论发展，也只有立足中国国情和乡村实情，才能在"闯新路"上取得新成绩，并为其他发展中国家提供模式和道路选择。

（二）研究视角的创新。西南山区历史贫困程度较深，巩固拓展脱贫攻坚成果任务较重，但乡村振兴关系现代化全局。西南山区必须走有别于发达地区和传统非贫困地区的乡村振兴新路子。路子新不一定路子对，本书聚焦乡村振兴"五大重点任务""七大内容""二十字方针",致力于研究西南山区衔接推进乡村振兴的"新路子"。

（三）研究方法的创新。本书注重案例的分类收集,结合历史与文化、区域资源空间特性、城镇化水平等进行横向和纵向类型化比较。从宏观和微观两个层面提出西南山区巩固拓展脱贫攻坚成果、衔接推进乡村振兴的具体做法。

第二章

衔接推进乡村振兴的理论基础

巩固拓展脱贫攻坚成果、衔接推进乡村振兴，进而实现乡村的全面振兴，绝不是单纯的农业、农村和农民问题，而是工业化、城市化、信息化，工农城乡、政府与市场、区域协调、国内与国际等诸多因素相互交织、相互影响、相互促进的复杂进程。涉及的理论涵盖经济学、社会学、管理学、教育学、新闻传播、历史文学艺术等诸多学科，直接相关的理论有区域开发理论、政策群理论、文化经济力理论、乡村重构理论、人力资本相关理论、马克思城乡关系理论、中国共产党乡村振兴理论以及丰富的中国传统乡村建设理论等。

第一节　西方乡村建设与反贫困基本理论

农业是整个古代世界的决定性的生产部门，西方发达国家同样经历了漫长的农业社会，诞生了关于农业发展和乡村建设的一些著名理论、思想和观点。如古代希腊哲学家、历史学家色诺芬（约前440—前355）提出，农业是增加财产、锻炼身体、训练士兵的重要手段，是各行各业发展的基础，靠农业谋生是最光荣、最好和最愉快的事情。古代罗马政治活动家、大奴隶主克优斯·贾图（前235—前149）在《论农业》一书中提到，庄园的地址要选在交通便利和利于产品销售的地方，在生产上只购买最必需的生产资料，减少生产性需求以节约生产成本。另一位著名的古罗马政治家和学者马尔库斯·特连提乌斯·瓦罗（前116—前27）把成本—收益观念引入农业经营分析，认为农业不仅仅是一种技艺，是否经营农业，主要取决于人们付出的劳力和费用能不能得到相应的报偿，以及土地的地点是否有益于健康。古典政治经济学家威廉·配第（1623—1687）提出了"劳动是财富之父""土地是财富之母"的观点，分析了由于土地位置距离市场远近、土地的肥沃程度不同而产生的级差地租第一形态，也考察了同一块土地由于连续投入的劳动和资本的生产率不同而引起的级差地租第二形态。法国经济学家让·巴蒂斯特·萨伊（1767—1832）在《政治经济学概论》中提出，劳动、资本和土地（自然力）三要素协同创造产品效用，工资、利息、地租分别来源于劳动、资本、土地。而对贫困开展科学、系统的研究则可追溯到 19 世纪末 20 世纪初，逐渐形成了贫困恶性循环理论、低水平均衡理论、增长极理论、循环累积因果论、功能贫困论、能力贫困论、贫困代际传递论、人力资本贫困论、贫困农户脆弱性理论等理论。与工业化、城镇化相对应，西方乡村建设理论也逐渐发展和完善起来。本书重点梳理与乡村建设相关的主流理论和观点。

一、产业空间布局规划相关理论

在经济学意义上，产业空间布局规划理论的基础理论是产业区位理论和区域开发与布局理论。

（一）产业区位理论

产业区位问题一直是区域经济学、经济地理学和产业组织学等学科的重要研究内容。产业区位理论来源于古典经济学，代表性的有杜能（Johan Heinrich von Thunnen）的农业区位论、阿尔弗雷德·韦伯（Alfred Weber）的工业区位论、瓦尔特·克里斯塔勒（Walter Christaller）的中心地理论、奥古斯特·廖什（August Losch）的市场区位理论等。产业区位理论的核心观点是自然资源易得、劳动资源丰富、基础设施便利、市场交易行为更容易发生等有利因素的聚集会引发企业的集聚，企业的集聚有利于且很可能形成地方独特的竞争优势。因为，在一定空间区域范围内，集聚的企业越多，分工合作给各个企业带来的成本节约就越明显，收益也就越高，而且集体谈判能够显著提高市场议价地位，从而进一步获得购销竞争优势，降低生产经营风险。此外，产业区内专业化基础上集聚的大量中小企业通过竞争和合作形成正式与非正式的战略联盟、合同契约和投入产出联系，能够推动企业自主创新与区域整体发展。

（二）区域开发与布局理论

区域开发与布局理论认为，区域经济发展是一个动态的过程，随着发展水平与方向的变化遵循不同的规律。相关的理论有比较优势理论、增长极理论、点—轴系统开发理论、产业集群理论等。

古典比较优势理论的创始人是大卫·李嘉图。此后，学者逐渐引入规模经济、产品差异等概念，延伸出了专业化、技术差异、制度、博弈以及演化等不同的理论视角，逐步发展为现代比较优势理论。以 R. 哈罗德、E. 多马等为代表提出的产品空间与比较优势演化理论认为，位置、空间结构与跳跃能力是影响经济增长的三个重要因素，中心区域的产品种类越多，产品空间结构越密集，企业升级产品、发现新产品所需要的跳跃距离就越短，创新能力和生存能力就越强，而产品空间结构稀疏的区域，尤其处于结构边缘区域的产业，因搭乘技术、市场便车的机会比较少，其产业升级跳跃所耗费的成本较高，经营风险较大，发展效益偏低；区域内的产业越单一，越容易造成恶性竞争，产业链中某一环节出现问题，容易波及链上所有环节，导致产业发展停滞；优势都是相对的，了解自己的优势，发挥自己的比较优势，才能形成核心竞争力；具有比较优势的产业，普遍比较重视特色资源的发掘与利用，重视经济与文化价值要素的融合。

1955 年，法国经济学家弗朗索瓦·佩鲁（François Perroux）首次提出增长极理论。佩鲁认为，"发展极"的支配作用主要表现在推动技术创新和扩散、引致资本集中与输出、产生规模经济效益、形成"凝聚经济效果"四个方面，通过上述功能可以使具有"发展极"的地区得到优先发展，进而发挥带动相邻地区共同发展的作用。之后，法国经济学家布代维尔（J. B. Boudeville）将增长极理论引入区域经济理论，美国经济学家米尔顿·弗里德曼（Milton Friedman）、瑞典经济学家冈纳·缪尔达尔（Karl Gunnar Myrdal）、美国发展经济学家阿尔伯特·赫希曼（Albert O. Hirschman）分别从不同角度进一步丰富和发展了这一理论，使培育"增长极"成了区域开发工作中的流行观点。增长极理论认为，经济增长通常由一个或数个"增长中心"逐渐向其他部门或地区传导实现的，应选择特定的地理空间作为增长极，以带动经济递进式发展。我国著名学者陆大道先生延伸增长极理论，提出了点—轴系统开发理论，该理论认为，经济中心总是首先集中在少数条件较好的区位，成斑点状分布，点与点连接成发展轴，以轴为中心或者动力源带动周边区域波浪式发展，这种经济中心既是区域增长的极，也是点轴开发模式的点，点轴贯通就形成点轴系统。轴线一经形成，就会对人口、产业产生更大的向轴心集聚的吸引力，沿轴线两侧形成既分工又合作的产业集群，每个新生的产业均有可能催生新的增长点。

从一定程度上说，具有比较优势产业的集中，区域经济发展增长极的培育和经济力的传导，点—轴开发系统中的辐射效应，均会引起产业集聚，形成产业集群，产生集聚效应。产业集群理论的理论基础是亚当·斯密的分工理论和马克思的生产协作理论，1776年3月，亚当·斯密在《国富论》中第一次提出了劳动分工的观点，认为人应做擅长的事，分工可以提高工作效率。分工理论在马克思主义政治经济学中占有十分重要的地位，马克思在要素生产力理论的基础上提出的协作生产力理论有着极大的科学性，在现代得到不断延伸和发展，为我国区域经济的协调发展提供了重要的理论武器。马歇尔（Alfred Marshall）在《经济学原理》（1890）中提出的"外部规模经济"概念已接近产业集群理论核心。20世纪80年代，美国学者麦克尔·波特（Michael E. Porter）在《竞争战略》（*Competitive Strategy Techniques for Analyzing Industries and Competitors*）一书中从竞争力角度对集群的现象进行分析和研究，丰富和发展了产业集群理论。产业集群理论的核心观点是：区域内集聚的关联产业因分工合作，形成规模效应、外部效应和区域竞争力；能够减少机会主义行为、节约空间交易成本、降低区域内生产企业的整体成本；有利于提高资源整合能力，提升生产效率和技术创新效率，从而倍增集体财富；基础设施的共享、生产要素的集中、信息交流的便捷，均能改善创新条件，有利于新企业的成长。

二、乡村重构与转型理论

（一）不平衡发展理论

不平衡发展是马克思在《〈政治经济学批判〉导言》中提出的一个概念。马克思发现艺术领域内部、整个艺术领域与社会一般发展之间均存在不平衡（不成比例）问题，后者的不平衡表现为纵向不平衡和横向不平衡，纵向的不平衡是以时间为轴，不同时期的艺术形式有自身的样式和特点，横向的不平衡是指同一时期不同地区艺术发展的不平衡。马克思认为，产生不平衡的原因，一是文艺有其自身的传承性，二是经济基础对文学艺术决定作用的间接性。因而，物质生产的发展轨迹通常呈阶梯状，而艺术生产的发展轨迹通常呈现循环状态。在《资本论》中，马克思指出：在社会再生产中，生产资料生产（第Ⅰ部类）和消费资料生产（第Ⅱ部类）之间存在交换比例和产品增长速度比例，保持两大部类的合理比例，是社会产品得以实现、社会再生产过程顺利进行的前提，是保证国民经济平衡稳定发展的条件。马克思认为，按比例发展是社会化大生产的客观规律，在资本主义社会，按比例发展由价值规律实现，但经济危机又造成按比例发展规律在资本主义社会的难以实现，这是资本主义经济危机频繁爆发的重要原因。在社会主义国家诞生以后，斯大林将马克思的按比例发展规律发展为国民经济有计划按比例发展规律，并成为其他社会主义国家发展计划经济的主要理论依据。新中国成立初期，同样按照马克思的按比例发展规律，并参照斯大林模式，建立起了与苏联基本一致的国民经济有计划按比例的计划经济管理模式。

与按比例均衡发展理论相对应的是不平衡发展理论。不平衡发展理论主要产生于 20 世纪四五十年代西方关于发展中国家经济增长模式的论战，其主要代表观点由阿尔伯特·赫希曼（Albert O. Hirschman）在《经济发展的战略》（1958）一书中提出。赫希曼认为，发展中国家可用来发展的资金和各项资源是有限和稀缺的，发展中国家不能将有限的资源同时投放到所有部门和所有地区，应当集中有限的资本和资源优先发展关联效应大的部门和产业，形成强大辐射力，通过技术的创新与扩散、资本的集中与输出等方式带动欠发达地区产业的发展，这样的发展道路呈现的是一条"不均衡的链条"。受此理论影响，一些发展中国家均不同程度地采取了牺牲农业发展工业、先城市后农村的发展道路。城市和工业优先的非均衡发展战略，一方面迅速提高了发展中国家的工业化和城镇化水平；另一方面伴随的工农产品价格剪刀差、城乡二元体制和区域发展差距过大局面严重抑制了农民留守农村从事农业工作的积极性，制约了发展中国家后期的现代化进程，需要补上农业农村现代化的历史欠账。因此，不平衡发展理论适用于局部和区域，国家整体应采用均衡发展战略，即整体均衡下的非均衡发展战略。

（二）城乡二元理论

城乡二元结构概念由刘易斯（W. A. Lewis）在《无限劳动供给下的经济发展》（1954）一书中首先提出。刘易斯认为，在经济发展没有进入工业化阶段时，农村劳动力的边际生产效率几乎为零，农村劳动力的输出意愿极大，随着工业化进程的不断加快，工业部门对劳动力的需求缺口也越来越大，为农村剩余劳动力向城市的工业部门进行转移创造了条件，结果是工业化比较集中的城市人口越来越多，农村人口越来越少，工农城乡差距也越来越大，二元结构形成。费景汉（C. H. Fei）和拉尼斯（G. Ranis）在《劳动剩余经济之发展》（1964）一书中对刘易斯的二元经济结构模型进行了修改，对经济转型过程中的就业结构的转变进行了更深入地阐述与分析，认为到了一定发展阶段，劳动力总量和质量往往赶不上工业化程度的提高速度，农村剩余劳动力因不能符合工业部门对劳动力的需求而出现转移渐缓趋势，直至停滞。两位经济学家还认为，在工业吸收一定数量的农业剩余劳动力之后，农村因劳动力流失和工业化推动提高了农业劳动生产率，使农产品商品化进程加快，农业劳动生产率的提高又进一步释放了农业剩余劳动力，为工业大量吸收农业剩余劳动力准备了条件。这样，农业和工业相互促进，共同发展，直至把农业剩余劳动力吸收完毕，最终完成二元经济结构向现代一元经济结构的转变，这是比较理想的结果。此外，刘易斯认为，工业资本积累率是工业部门吸纳农业剩余劳动力的决定性因素，费景汉和拉尼斯进一步指出，影响工业资本积累率的决定因素除了资本积累率外，还应包括技术创新因素。显然，费景汉和拉尼斯比刘易斯更详细地论述了在二元经济体制下，农业劳动力工农间转移、城乡就业结构转换、传统部门现代化的条件和具体过程。乔根森

（D. W. Jorgenson）也通过相应的假设条件，针对城乡之间的劳动力转移提出了二元经济理论模型，认为农村剩余劳动力向城市的工业部门和服务业部门的转移是因为居民的消费结构发生了变化。

托达罗（Todaro）创立了城乡人口流动模型，将人口由农村向城市的转移归因于两个方面：一是城乡之间的收入差距，二是城乡就业机会的差别。因为城市里的收入明显高于农村，城市里的就业机会远远多于农村，且工作环境与工作待遇也要好许多，农村劳动力更愿意迁到城市来工作，直到转移人口因超过城市需求出现自动的流动停滞，或者农业传统劳动力因满足不了城市工业需求而自动回流农业。发展经济学家霍利斯·钱纳里（Hollis B. Chenery）针对城乡劳动力的转移也提出了自己的理论，他认为工业化进程与产业结构和就业结构转变的进展在不同国家之间是不同的，发达国家的转换往往是同步和自动的，发展中国家因劳动力资源"蓄水池"容量小很难实现同步和自动转换，往往是产业结构先发生变动，就业结构再随产业结构的变动做出适应性调整，需要滞后一段时间，且需要政府对市场实施一定的干预。

英国经济学家拉文斯坦（E. G. Ravenstein）等提出的"推—拉"理论认为，劳动力由农业向非农产业、由农村向城市迁移，主要是受到农村内部的推力和来自城市的拉力共同作用的结果。农村的推力主要有技术替代对劳动力的排挤、农村人口过度增长对劳动力就业的压力、农村偏低的收入、不合理的土地制度、不利的农产品贸易条件等。来自城市的拉力在于城市的就业机会多、选择余地大、工资报酬高、生活条件优越等。推力和拉力的强弱在不同地方不同的发展时期而有所区别，不同的强弱程度往往决定农村剩余劳动力转移的具体途径。"推—拉"理论同时从城乡两方面来考察农村剩余劳动力的转移，并用"推"和"拉"进行形象化的概括，能够比较清晰地展示农业剩余劳动力转移的外在压力和内在动力。配第—克拉克定理也提出，劳动力从第一产业依次向第二、第三产业的转移过程是连续不断的，劳动力在产业间的分布最终会形成第一产业人数减少、第二产业和第三产业人数增加的格局。诺贝尔经济学奖获得者西蒙·史密斯·库兹涅茨（Simon Smith Kuznets）利用50多个国家的经济统计数据也对上述观点进行了验证。

城乡二元理论认为，以传统农业生产方式为主的农村为传统部门，以制造业为主的城市是现代部门。在发展中国家，传统部门与现代部门并存，因农业生产中的边际生产率不断下降、趋于零，导致"零贡献"农业剩余劳动力大量出现，使发展中国家经济发展水平长期处于低水平。但大量"零值劳动人口"的劣势也可以转换为发展中国家的低成本竞争优势，基本途径是改造传统农业。现代部门作用于传统部门，改造传统部门，诱导传统部门不断进步，最终结果是传统部门的不断缩小，传统生产方式被现代工业化生产方式所统治，城乡差距消灭，二元经济结构消失，社会经济进入稳定增长新阶段。城乡二元理论在一定程度上揭示了经济发展的实质。

（三）乡村重构理论

乡村重构理论（Rural Restructuring）产生的背景是，二十世纪七八十年代西方乡村发展在工业化、城市化进程中，乡村在形态、功能和发展要素等方面均发生了持续的变异现象和重构行为。Howard 认为，乡村是一个由资源禀赋、区位交通、社会经济、文化传承等各多个要素构成，并与外源系统资源不断交流的开放系统，在工业化、城市化进程中，重构乡村形态、功能和发展要素是必要的，乡村重构是乡村转型到进入乡村复兴的中间过程，本质上是乡村生产、生活、生态等方面的协调发展并转型进入"乡村复兴"发展时期。[①] 乡村重构理论的主要观点包括：乡村是由资源禀赋、区位交通、社会经济、文化传承等多个要素构成的开放系统，通过与外源系统物质、元素的不断交换和优化配置，实现空间重构、经济重构、社会重构；重构过程呈现出一定的动态变化性和时序演进性，一个完整的乡村重构过程通常由初始期、发展期、趋稳期、稳成期等不同阶段组成，并随着内部要素的整合和外部需求的变化重新开始新一轮的演化与重构。实践中，西方国家乡村重构经历了从"资本、土地、产权"主导的经济维度重构到"话语、他者、建构"主导的社会维度重构，再到"主体、文化、网络"主导的综合维度重构阶段。基本方式是通过重构乡村社会经济形态，优化地域空间格局，对影响乡村发展的物质和非物质要素实施有效管理，优化乡村地域系统内部结构和功能，提

---

① Howard Newby. Locality and rurality：The restructuring of rural social relations ［J］. Regional Studies，1986，20（3）：209-215.

升内部要素适应外部调控变化的能力，实现乡村地域系统与城市地域系统之间的结构协调和功能互补。

（四）社区主导发展理论

社区主导发展（Community Driven Development，CDD）也称为"社区自主型发展"或"社区驱动型发展"，是在参与式发展理论基础上形成的一种贫困治理理念。理论源于 20 世纪 50 年代印度和孟加拉国早期学者的赋权思想，"社区发展"的概念最早由美国社会学家 F. 法林顿在《社区发展：将小城镇建成更加适宜生活和经营的地方》一书中提出。60 年代以后，社区发展战略逐渐占据主导地位。Almy 在研究肯尼亚部分地区农村发展时发现，凝聚力（社区发展）和医疗因素对于农村发展的影响力较大，在经济和社会发展计划中应该得到更多的重视。2002 年，世界银行对"社区主导发展"做出了较为权威的定义，即社区主导发展是将决策权和资源的控制权赋予社区成员及其组织，社区成员及其组织与外部提供需求响应的组织及服务者建立伙伴关系。这些外部组织和服务者包括地方政府、私人部门、非政府组织以及中央政府机构等。① 经过半个多世纪的丰富和发展，社区主导发展理论日趋完善，并在全球 100 多个国家进行了相关实践，主要应用于国际援助减贫和乡村建设领域，在减缓贫困和促进乡村（社区）可持续发展方面取得了较好的成果，被证明是一种有效的贫困治理和乡村（社区）建设方式。社区主导发展理论有以下几个主要特点。

第一，追求多元发展目标。社区主导发展追求的是一个多元的发展目标，既包括基础设施的建设、基本社会服务的提供、社会安全保障的供给、收入及生活水平的改善等传统发展目标，也包括社区组织建设、治理机制创新、社区及个人能力提升等新的、综合性的可持续发展目标，对各国乡村发展计划乃至国家发展战略都产生了巨大且持久的影响。

第二，强调赋权。与传统扶贫发展方式相比，社区主导发展更加突出赋权、合作与公平理念，提倡将项目决策权交给社区，将资金控制权交给社区，并建立公开透明的公示和投诉机制。由于当地社区自行决定发展重点，管理

---

① Philippe Dongier, Van Domelen Julie, Ostrom Elinor. A source book for poverty reduction strategies：chapter 9 community driven development［R］. Word Bank Publications, 2002.

资金和监督项目实施进程，因此，项目更符合当地的实际需求，资金使用更有效，执行结果更具可持续性。具体来看，社区主导发展重视贫困群体和社区的能力建设，强调社区赋权和基层参与的重要性，赋权和能力建设为社会边缘群体拥有和正确行使发言权、决策权提供了可能。赋权扩大了社区成员话语权，明确了社区成员应承担的义务与责任，增强了社区成员的责任感和使命感，符合人们对尊重、平等、信任以及集体认同感的追求。

第三，重视构建社区伙伴关系。社区主导发展强调"社区"是一个基本的行动单位，社区成员是乡村建设的主体；强调通过有效提高社区成员的积极性和主动性，激发社区发展内生动力来实现社区减贫和可持续发展；强调合作特别是社区与外界政府、私人部门、民间组织等多部门合作，建立伙伴关系的重要性，主张利用政府、组织和社区的合作伙伴关系，通过网络建构和人力资本投资加强社区组织和群体的能力，创造平等的参与机会，为社区发挥主导作用提供重要的智力支持和资源保障，以促进地区发展和增进人民福祉。

三、农村可持续发展理论

农村可持续发展理论涉及人力资本理论、内生发展理论、可持续生计理论等。

（一）人力资本理论

人力资本是与物质资本相对应的概念，它最早由美国经济学家沃尔什（J. R. Walsh）在《人力之资本观》（1935 年）中提出。此后，西奥多·舒尔茨（Theodore W. Schultz）给予理论阐述并赋予特定含义。在《人力资本投资》（1961 年）和《教育的经济价值》（1963 年）书中，舒尔茨均强调了人力资本的重要性。舒尔茨发现，从 1919 年到 1957 年，美国的生产总值增长额中的 49% 是人力资本投资的结果。因此，舒尔茨提出，人力资本投资是高回报率的生产性投资，人力资本的收益高于物质资本，经济发展的关键是增加人力资本投资，人力资本投资的途径，可以通过普及教育、职业教育、短期培训等各种形式的继续教育进行。

从人力资本理论出发，舒尔茨进一步提出，转变传统农业的关键在于打破农业本身的封闭体系，转变的契机在于是否有机会得到新的现代化农业生产要素。这种现代化农业的生产要素包括特定的物质投入物和顺利地使用这种投入物需要的技术和其他能力。提供这种新的生产要素的是转变传统农业，进而把传统农业提升为现代农业的关键"人物"即人力资本。为达到这一目的，应当加强对农业的教育投入。舒尔茨还认为，贫困国家或地区落后的根本原因不在于物质资本的短缺而在于人力资本的匮乏，穷人并不愚昧，而是穷人劳动力的自由流动受阻，使穷人缺乏健康、专业知识和技能，而这些都是缺乏高质量人力资本投资的结果。一个受过教育的穷人会通过接受新知识和新技术提高自己的生产率，并靠自己的能力在市场上通过竞争实现脱贫致富，因此，"改变穷人福利的决定性因素不是空间、能源和耕地，而是人口质量和知识的进步"。① 发展中国家需要在增加对贫困地区物质资本投资的同时，注重对人力资本的开发，提高贫困地区人口的知识、技能、素质以及健康水平，保证人力资本的质量。因为发展中国家的贫困人口主要集中在农村地区，所以加大人力资本投入主要就是加大对农村教育和健康的投入，提高农村贫困人口的质量，从而达到从根本上消除贫困的目的。

舒尔茨的人力资本投资理论突破了传统反贫困理论中只关注物质资本、轻视人力资本的缺陷，开创性地将人力资本纳入反贫困问题研究，对发展中国家的贫困治理产生了广泛而深刻影响，也对发展中国家的农民就地市民化和新型职业农民培育产生了深远的影响。进入 20 世纪 80 年代，罗默、卢卡斯、斯科特等针对新古典增长模型的缺陷，提出了将人力资本内生化的新增长理论，说明了技术进步和人力资本对经济增长的重要意义。世界银行《2019 年世界发展报告》也指出，"无论社会如何发展，人力资本投资都将是一项有助于人们做好准备应对未来挑战的无悔政策"②。人口素质提升是促进区域经济发展的重要因素，人力资本的提升能够使单位劳动、土地和资本产生更高的效益，且相对于其他投资而言具有最高的回报率，同时教育投入能

---

① 舒尔茨．论人力资本投资 [M] ．吴珠华，译．北京：北京经济学院出版社，1990：63-64.

② THE WORLD BANK．World Development Report 2019：The Changing Nature of Work [R] ．2019.

够使个人收入的社会分配趋于平等，从而缓解收入不平衡问题。此外，人力资本水平与贫困代际传递之间存在一种相关关系，父母较低的人力资本水平往往会引起家庭贫困的代际传递，增加教育培训在家庭支出中的比重，提高家庭主要劳动力平均人力资本水平，是切断贫困代际传递、提高家庭收入的最有效方式。西方人力资本理论的缺陷在于忽视制度性因素在反贫困和乡村建设中的作用，忽视机会和平等因素对反贫困与乡村建设的长期影响，但其中的一些观点，如教育培训是生产性投资，教育医疗公共服务的城乡均等化有助于提高发展中国家的人力资本水平等，很有启发价值和借鉴意义。我国在精准扶贫脱贫攻坚时期采取的教育扶贫方式对于提高贫困人口的内生发展动力发挥了很大作用，在实现巩固拓展脱贫攻坚成果同乡村振兴有效衔接时期，只有持续推动贫困地区乡村教育医疗公共服务体系建设，不断提高脱贫人口应用新技术、新品种、新知识的能力，脱贫农户和脱贫地区才能真正具备实现内生式发展的基本条件。

（二）能力与权力贫困理论

权利贫困是指一批特定的群体和个人因享有的政治、经济、文化权利和基本人权的缺乏导致的贫困。印度经济学家阿玛蒂亚·森在《贫困与饥荒：论权利与剥夺》一书中提出，贫困是一种权利的贫困，"要理解饥饿，我们必须首先理解权利体系，并把饥饿问题放在权利体系中加以分析"[1]。在《以自由看待发展》一书中，阿玛蒂亚·森认为贫困发生的根源并不在于收入的不足，而是贫困者的可行能力被剥夺。[2]

权力贫困理论的核心观点是，权利包括以交换为基础的权利、以生产为基础的权利和自己劳动的权利以及继承和转移的权利，穷人的贫困是权力不平等造成的，穷人无力应对权利集团只能安守听命，穷人在资源分配上没有发言权，往往也在政治上和社会上被边缘化，缺乏法律保护，不受尊重，缺少新的经济机会；权利的匮乏是加剧贫困和饥饿，导致大面积饥荒的主要原因，而自然灾害作为客观因素对饥荒只起引发或加剧作用。

---

① 森.贫困与饥荒：论权利与剥夺［M］.王宇，王文玉，译.北京：商务印书馆，2001：15.

② 森.以自由看待发展［M］.任赜，于真，译.北京：中国人民大学出版社，2002：85.

能力贫困理论的核心观点是,可行能力是一个人有可能实现的、各种可能的"功能性活动"的"可行能力集",富人比穷人有一个更大的"可行能力集"。穷人的贫困不仅表现为收入低下,还表现为获取收入的能力和机会受到损失,是一种可行能力被剥夺的状态,可行能力被剥夺的程度可以辨别贫困的程度。收入不平等、社会歧视、医疗保健和公共教育设施的匮乏、缺少就业机会等因素都会严重削弱甚至剥夺人的可行能力,从而使人陷入贫困。"可行能力"的实质是自由,包括选择适合自己生活方式的自由,能够接受教育、享受政治参与等的自由,而自由和发展具有相互促进的关系,应该从自由的角度来看待发展,通过消除那些限制人们自由的主要因素来扩展人们享有真实自由的过程,最终实现发展。

此后,一批发展经济学家提出一个围绕能力、权利和福利的发展理论体系,建构了一个新的基于能力的反贫困理论体系。芝加哥大学经济学系教授詹姆斯·赫克曼在阿玛蒂亚·森关于"能力"概念框架基础上,从全生命周期的角度对能力的形成予以现代意义的理解。赫克曼认为,成功主要取决于一组核心能力的发展,能力差异尤其是核心能力的差异是造成社会不平等的主要原因,能力形成是一个动态的联动过程,"能力"能创造"能力"。

阿玛蒂亚·森的能力贫困理论对国际社会的反贫困治理产生了深远影响,许多国家和国际组织越来越认识到缺吃少穿仅仅是贫困的表象,而不是它的主因。世界银行根据阿玛蒂亚·森的能力贫困理论提出:"如果不对穷人的人力资本做较大的投资,从长远来看,减轻贫困的努力不大可能取得成功。"[①]联合国开发计划署在《1996年人类发展报告》中指出,贫困不仅是少收入,更重要的是基本生存与发展能力的匮乏。此后,联合国开发计划署在《2013年人类发展报告》中再次强调,经济和社会进步的愿景是不断扩展人们的选择权和能力。[②]

改革开放以来,中国解决"三农"问题有三个最基本的着力点:一是给乡村和农民赋权,二是通过法治建设护权,三是提高农民的用权能力。如深

---

① 世界银行.1990年世界发展报告［M］.北京:中国财经出版社,1990:237.
② 联合国开发计划署.南方的崛起:多元化世界中的人类进步(2013年人类发展报告)［R］.2013:212.

化农村集体产权制度改革，赋予农民更加充分的财产权利；推进城乡发展一体化，赋予农民平等的公民权利；严厉打击侵占农民利益的行为，开发学法用法自主学习平台，畅通违法行为举报渠道。权利是农民参与的基础和前提，无权、弱权，法律意识不足，无能力护权、用权，均会降低合作意愿，导致参与不充分和自我发展能力不足。护权与赋权同等重要，必须依法保护农民正当合法的财产权利，加强农民产权保护的法治建设，加大对侵犯农民产权违法犯罪现象的打击力度，通过教育培训提高农村和农民学法、用法、维权意识和能力，加快形成全社会重视农民产权保护的良好法治环境，为脱贫地区巩固拓展脱贫攻坚成果、有效衔接推进乡村振兴提供权利和能力支持。

（三）内生式发展理论

内生式发展也称"内发式发展"，与外发式发展相对应。外发式发展对外部资源的依赖性较大，尤其极度依赖政府的巨额投资；内发式发展模式则注重立足当地资源禀赋，致力于通过保护生态、开发文化内涵实现可持续的发展。20 世纪 60 年代，内发式发展理论成为日本地域经济发展中的重要理论，它强调环境保护、发挥本国、本地区特色，形成独特的竞争优势，属于全方位思考一国及一个地区经济如何发展的理论。1971 年，联合国社会经济理事会针对不发达地区的项目开发达成了五点共识，这五点共识被公认为是内生式发展模式的源头：社会大众应平等地享受社会发展成果，项目开发过程应引入居民参与，强化具体的行政手段，城乡统筹配置基础设施，环境保护要彻底。1975 年，瑞典 Dag Hammarsk jüld 财团在一份关于"世界的未来"的联合国总会报告中正式提出了"内生式发展"概念，内生式发展包括来自社会内部推动、消除绝对贫困、自力更生、保护生态、必须伴随着社会经济结构变化五个要点。

20 世纪 80 年代，联合国教科文组织、联合国大学组织了一批研究项目，深入探讨"内生式发展"，包括"内生式"（endogenous）和"外源型"（exogenous）的对立。这一时期，欧洲的一些学者如 Musto、Friedmann、Garofoli、Haan 和 Vander Ploeg 等也不断丰富和发展内生式发展理论，这一时期理论的重点在于强调乡村内部资源（包括人力资源）的充分利用与开发，以及本地动员对于乡村发展的重要性。日本的鹤见和子提出要倡导"内发性、自主性发展"。20 世纪 90 年代以后，日本展开了一场关于内生式发展理论的反思，这场反思使学者认清了乡村之间及乡村和城市之间网络化的交流与合作对于践行内生式发展模式的重要作用。

21 世纪以来，内生式发展理论逐步拓展到了多个研究领域，其研究中心也从最初的"物"向"人"延伸，相关理论被称为"新内生式发展理论"，基于内生式发展模式的农业农村发展理论也趋于成熟。内生式发展理论主要观点包括：充分利用本地优势资源，保护生态环境，保护和传承地方文化，保护文化的多元性和独立性；培养积极应对外界挑战的能力、学习创新能力、组织动员能力、参与当地发展的能力；以当地人为开发主体，本地居民广泛参与并获益，不排斥外部因素对地方发展的支持和帮扶，但要摆脱地方发展对外界资本的依赖，积极构建内外市场的广泛联系；乡村与城市之间应建立一种新型的互助合作、协调发展的关系，不能牺牲乡村利益维护城市发展；建立能够有效代表当地村民意志，有权参与本地发展决策的基层组织。该理论融合了内生与外生两种理论，强调构建内外互动的混合动力模式，是当下发达国家主流的乡村发展理论。

（四）可持续生计理论

可持续生计的概念始于 20 世纪 80 年代末的世界环境和发展委员会报告。1992 年，联合国环境和发展大会在行动议程中提出消除贫困的关键是生计可持续。① 1995 年，哥本哈根社会发展世界峰会和北京第四届世界妇女大会强调和补充了可持续生计可行方案，并以可持续生计方案为蓝本规划了消除世界贫困的努力方向。1998 年，发展经济学家伊恩·斯库恩斯（Ian Scoones）率先提出，生计资本是个人的能力与行动，以及家庭生活所需要的物质和社会资源，农户生计资本越充裕，就有更强的资源整合和生计活动能力，生计的多功能价值也会越丰富。随后英国国际发展署（DFID）将生计资本具体细分为人力资本、自然资本、物质资本、金融资本和社会资本。可持续生计理论认为，生计资本的数量和质量是影响农户家庭生计结果是否可持续的基础性因素，不同生计资本组合构成的生计策略是影响生计可持续的重要因素，

---

① 辛格，吉尔曼. 让生计可持续［J］. 国际社会科学杂志（中文版），2000（17）：4.

提高农户利用生计资本的能力、优化制度环境是实现农户家庭生计可持续的关键。21世纪以来，可持续生计理论更加重视对农户家庭资产中无形资产、社会资产、金融资产的作用分析，以及资产、行动、权利不同层面生计状况的分析。与静态的生计描述相比较，可持续生计是从动态方面描述穷人过去的生计状况和现在的生计状况，目的在于分析农户生计脆弱的因素，寻求积累生计资产、提高生计能力的途径，并分析与之相关的生计状况未来演变趋势。

可持续生计分析框架主要有3个，分别是国际救援组织在1994年提出的可持续生计分析框架（CARE框架）、联合国开发计划署在1995年提出的可持续生计分析框架（UNDP框架）以及英国国际发展署在2000年建立的可持续生计分析框架（SLA）。可持续生计分析，以制度、组织结构、经济发展趋势、公共服务、基础设施、自然环境为背景，以农户生计资本性质、数量和结构状况为分析起点，探索农户生计资产、生计策略与生计目标之间的关联关系和动态变化过程。实现生计可持续就是以消除农户自身难以改变的脆弱性环境为前提，有预见性地拓展农户资本来源，帮助农户利用现有生计资本提高生计资本的质量，提高农户依靠资本获取财富的能力。可持续生计的实现，是农户和政府、社会互动的过程，强调既要发挥农户的主体能动性，同时强调国家的制度设计和政策安排要向改善农户脆弱的生计环境方面倾斜，以形成一个国家、社会、农村、农户，经济、社会与生态良性互动、可持续的发展态势。

依据可持续生计理论，农户的发展能力主要体现为持续增收能力，其中，家庭主要劳动力的健康状况、科学文化素质、价值观念、生活方式、社区文明的开化程度等因素直接影响农户的家庭命运。马克思曾预见性地指出，未来的生产者必须适应高度发展的生产力对高素质劳动者的需求。可见，可持续生计理论是一项体现综合性、持续性的发展理论，既要解决贫困人口生存问题，也要考虑脱贫以后的发展问题；既要持续增加贫困人口资产数量、提高资产质量，也要持续改善贫困人口自然、制度、政策环境；既强调政府在扶贫与乡村建设中的主导地位，也注重发挥社会组织和个人的帮扶力量，更强调农户的主体地位。边缘脱贫户是普遍缺少拥有先进劳动技术和技能的主要劳动力，往往难以适应现代生产和经济结构变化对现代劳动技术的需要，经济转型升级期往往最先失业，收入所得难以满足家庭成员发展需要，政府需要继续创造条件巩固和拓展脱贫成果，夯实脱贫脆弱村集体发展基础，提高新脱贫农户，尤其脱贫边缘户的内生发展能力。

（五）政策群理论

政策群理论的核心理念是政策科学（Policy Sciences）和政策协同。政策科学是前提，政策协同是关键。政策科学的概念最早由美国学者哈罗德·拉斯韦尔（Harold Lasswell）在 20 世纪 50 年代提出。"协同"一词借鉴物理学的"系统耦合"概念，耦合有良性耦合和恶性耦合之分，协同也存在有序协同与无序协同的区别。1976 年，德国科学家赫尔曼·哈肯（Hermann Haken）首次提出协同理论的完整表述，一个系统是由多个子系统构成，通过不同的子系统之间相互协同，可以实现系统由无序转为有序，即"协同致有序"①，各个子系统的协同程度越高，系统发挥的整体效应越强。1980 年，Rizwanul Islam 在研究孟加拉国粮食采购、投入补贴和公共粮食分配系统时，借鉴协同论，率先倡导用更加宽广的框架，把多项相关政策组合为政策群（Policy Package）加以分析。Carol Lee Hamrin 提出，将某一单项政策仅看作指向特定社会问题的孤立设置，抑或过分强调单项政策自身结构而忽视政策之间的衔接与耦合关系，均导致政策研究缺乏宏观和整体高度，难以全面洞悉政策的缘起逻辑和转换机制，更难发现"政策网络"中多项政策间的深层关联。英国政策社会学家 Steven Ball 提出，单一政策受到作为"相关政策总体"的政策群的深刻影响和制约。奥兹伽则将"政策群"比喻为"更大的图片"（the Bigger Picture）。迄今，西方的政策群理论被广泛应用于各领域政策与其他领域政策互动与关系的互构。政策群理论的观点主要包括以下内容。

第一，政策群是多项政策的集成，不是单个政策的简单相加。任何一个政策问题都不是孤立存在的，而是相互联系、相互影响的，通常总是表现为一个复杂问题的集合或问题系统。具体政策有其独特的目标和功能，但政策问题的解决依靠的往往不是单一的政策，不同的政策虽各司其职，但若彼此

---

① 哈肯．协同学导论［M］．张纪岳，郭治安，译．西安：西北大学出版社，1981：254-266.

抵触、互不兼容，反而会对整体政策效率产生负面制约。基于总体目标，设计一个架构，对目标分散的零星政策进行整体协调，对系列相关政策进行精心安排的过程就是政策群构建。处于网状联系的各政策，超越"各司其职"指向"同心协力"，凝聚为"政策合力"，有助于降低政策实施成本，提升政策效率。

第二，政策需要因时而变、因势而变。在原来的政策周期即将结束时，政策系统需要适应政策环境的变动对现行相关政策进行调整，以保证在未来一段时间内持续发挥效力。这一观点与制度变迁理论的基本观点有相通之处。政策群调整的原则，除了要坚持关联性原则，还要坚持政策合法性、政策科学性以及耦合良性原则。一种合法性来源于国家"自上而下"授权，也称"外部合法性"，一种合法性是"自下而上"的，来自民众承认和认可，通常可称为"内部合法性"，合法性是前提。

第三，政策变迁是客观规律。当各子政策的供给和需求基本均衡时，政策群是总体稳定的；当现存制度政策不能满足人们的普遍需求时，就会发生制度政策的变迁。子政策的微调整不会改变政策群的总体稳定性，若内部政策与外部环境的交互协同已到达临界值并可能出现政策负外部性，就需要对各维度政策做出根本性调整，引发政策群的跃迁式转型。一项政策不可能适应所有的环境情况，也不存在永远适用的一项政策。社会经济环境变化了，社会主体就会产生对新制度、新政策、新规则的新需求，此时，旧政策要么被抛弃，要么进行自我扬弃，以适应新环境，要么就得补充新的内容，进行自我创新，提高自己的生存力，即政策的"生、老、病、死"是客观规律。

就乡村振兴而言，产业、文化、人才、组织、生态相关政策都属于乡村振兴的政策子系统，各类型政策构成乡村振兴政策体系，需要研究乡村振兴各领域政策与其他领域政策的关联程度，是否存在较高的互构、互动关系，以整体逻辑思维和统筹方法将错综复杂、碎片化的单项政策加以整合，并根据不同地区巩固拓展脱贫攻坚成果、衔接推进乡村振兴的进程、问题与质量需求做出及时的单项政策改进和新政策整合。

第二节　马克思主义经典作家关于城乡关系
与乡村发展的基本理论

马克思主义经典作家关于资本主义乡村衰败、农民破产，城乡关系撕裂，以及社会主义国家乡村建设的思想，虽然产生于 19—20 世纪，但是蕴含的规律性认识对于当前的新农村建设和乡村振兴战略具有极强的真理性启发价值与实践指导意义。

一、马克思主义城乡关系理论

马克思主义城乡关系理论是马克思主义理论的重要组成部分，是马克思、恩格斯关于城乡关系的总看法和理论观点，集中体现在城乡对立和城乡融合两个方面。

（一）资本主义城乡对立关系的弊端与根源

1. 资本主义城乡对立关系的形成

马克思、恩格斯指出，随着机器的普及和工业革命的推进，机器大工业得到迅速发展，劳动产品的数量与精细化程度也得到较大程度的提高，要完成某一工艺所需的劳动力数量远远高于未分工之前的劳动力数量，工业劳动生产率的大幅度提升，吸引了一部分农村人口脱离农业生产专门从事某一工业产品的生产，这类人口的聚集地最先形成了城市；而一部分农业人口聚集于农地附近从事农业生产，工场手工业已经在乡村遍地开花。蒸汽机的发明与使用进一步促进了城市工业化的迅速扩展，不仅使工业主要在城市聚集，也把乡村一步步城镇化。由此可见，分工在大工业发展中起到了决定性的引导作用，大工业的集中是城市兴起的直接原因，大量失地农民流入城市成为产业工人，为城市工业提供了所需的劳动力，产生了城市和乡村的分离。因此，马克思在《资本论》第一卷中指出："一切发达的、以商品交换为中介的分工的基础，都是城乡的分离。可以说，社会的全部经济史，都概括为这种对立的运动。"①

2. 资本主义城乡对立关系的弊端

资本主义机器大工业和市场扩张使城市迅速崛起，逐渐打破了原始的城乡隔离状态，资本主义生产"在一极是财富的积累，同时在另一极，即在把自己的产品作为资本来生产的阶级方面，是贫困、劳动折磨、受奴役、无知、粗野和道德堕落的积累"②。资本家对剩余价值无止境的追求，引发了工人阶级的普遍贫困，引发了严重的阶级分化、城乡分化、环境污染等一系列社会问题。"城市已经表明了人口、生产工具、资本、享乐和需求的集中这个事实，而在乡村则是完全相反的情况：隔绝和分散。"③ 资本主义"大土地所有制使农业人口减少到一个不断下降的最低限量……，造成一个不断增长的拥挤在大城市中的工业人口。由此产生了各种条件，这些条件在社会的以及由生活的自然规律所决定的物质变换的联系中造成一个无法弥补的裂缝"④。恩格斯在《共产主义原理》中指出："乡村农业人口的分散和大城市工业人口的集中，仅仅适应于工农业发展水平还不够高的阶段，这种状态是一切进一步发展的障碍，这一点现在人们就已经深深地感到了。"⑤

3. 资本主义城乡对立关系的根源

圣西门认为，只有把财产逐渐转为整个社会所有的社会主义才能改变这个"黑白颠倒的世界"⑥。傅立叶提出，要以理想的和谐制度取代资本主义现存制度。和谐制度下的人们，以工农结合与城乡结合的生产消费协作社为基本单位，人人参加劳动，劳动者和资本家都可以入股，产品按资本、劳动和才能进行分配。欧文认为"私有制是一切社会罪恶之母"⑦。马克思、恩格斯继承了空想社会主义者的合理观点，将城乡矛盾归结于资本主义私有制的发

---

① 马克思，恩格斯．马克思恩格斯文集：第5卷 ［M］．北京：人民出版社，2009：408.

② 马克思，恩格斯．马克思恩格斯文集：第5卷 ［M］．北京：人民出版社，2009：743-744.

③ 马克思，恩格斯．马克思恩格斯文集：第1卷 ［M］．北京：人民出版社，2009：556.

④ 马克思，恩格斯．马克思恩格斯文集：第7卷 ［M］．北京：人民出版社，2009：918-919.

⑤ 马克思，恩格斯．马克思恩格斯文集：第1卷 ［M］．北京：人民出版社，2009：689.

⑥ 圣西门．圣西门选集：上卷 ［M］．北京：商务印书馆，1962：275.

⑦ 摩莱里．自然法典 ［M］．北京：商务印书馆，1959：154.

展，即生产力极大进步的同时，产生了城乡分化的负面影响。

在《德意志意识形态》中，马克思、恩格斯提出，社会分工和私有制是导致城乡关系走向对立的两个原因，即"工商业劳动同农业劳动的分离……引起城乡的分离和城乡利益的对立"①。"城乡之间的对立只有在私有制的范围内才能存在。城乡之间的对立是个人屈从于分工、屈从于他被迫从事的某种活动的最鲜明的反映，这种屈从把一部分人变为受局限的城市动物，把另一部分人变为受局限的乡村动物，并且每天都重新产生二者利益之间的对立。"② 私有制下的资产阶级为了维护其地位和占有的财产，开始注重和加强对城市政治功能的开发。资本主义生产发展了社会生产过程的技术和结合，同时也破坏了一切财富的源泉——土地和工人，资本主义农业的任何进步，都不仅是掠夺劳动者的技巧的进步，而且是掠夺土地的技巧的进步。③ 土地所有权的垄断是资本主义生产方式的历史前提和基础。资本主义生产方式在农业中，"它是以农业劳动者的土地被剥夺，以及农业劳动者从属于一个为利润而经营农业的资本家为前提"。④ 产生这种对立的经济基础，是城市对乡村的剥削，是资本主义制度下工业、商业、信用系统的整个发展进程所造成的对农民的剥夺和大多数农村居民的破产。因此，资本主义制度下的城市和乡村之间的对立，应当看作利益上的对立。在这个基础上产生了农村对城市、对一般"城里人"的敌对态度。在《共产党宣言》中，马克思、恩格斯指出："共产党人可以把自己的理论概括为一句话：消灭私有制。"⑤

（二）社会主义城乡融合发展的条件与实现路径

1847 年，恩格斯在《共产主义原理》一文中首次对城乡融合做了概念表述：在共产主义联合体下，"通过城乡的融合""从事农业和工业的将是同一

---

① 马克思，恩格斯．马克思恩格斯文集：第1卷［M］．北京：人民出版社，2009：520.
② 马克思，恩格斯．马克思恩格斯文集：第1卷［M］．北京：人民出版社，2009：556-557.
③ 马克思，恩格斯．马克思恩格斯文集：第5卷［M］．北京：人民出版社，2009：579-580.
④ 马克思，恩格斯．马克思恩格斯文集：第7卷［M］．北京：人民出版社，2009：693-694.
⑤ 马克思，恩格斯．马克思恩格斯文集：第2卷［M］．北京：人民出版社，2009：45.

些人，而不是两个不同的阶级""城市和乡村之间的对立也将消失"。① 马克思、恩格斯不但指出了城乡融合的内涵特征，而且深刻指出了从城乡对立到融合发展的条件。马克思强调未来新社会的创建"是以生产力的巨大增长和高度发展为前提的""如果没有这种发展，那就只会有贫穷、极端贫困的普遍化；而在极端贫困的情况下，必须重新开始争取必需品的斗争，全部陈腐污浊的东西又要死灰复燃"。② 恩格斯在《反杜林论》第二编中也指出："只有大工业所达到的生产力的极大提高，才有可能把劳动无例外地分配于一切社会成员，从而把每个人的劳动时间大大缩短，使一切人都有足够的自由时间来参加社会的理论的和实际的公共事务——理论的和实际的公共事务。"③ 无产阶级获取政权以后的首要任务是利用政治统治地位，尽可能地增加生产力总量。④ 只有从根本上解放和发展生产力，并把这种生产力真正归属于人民，才能实现劳动人民反贫困的最终目标，实现共同富裕。恩格斯指出："由社会全体成员组成的共同联合体来有计划地利用生产力；把生产发展到能够满足所有人需要的规模；结束牺牲一些人的利益来满足另一些人的需要的状况；彻底消灭阶级和阶级对立。"⑤ 马克思、恩格斯认为：消灭城乡对立和工农差别已经日益成为工业生产和农业生产的实际要求，大工业在全国尽可能平衡的分布和农业的工业化以及交通运输工具的革命化是消灭城乡对立和工农差别的重要条件，而这绝不是无法实现的空想，尽管实现这些条件需要一个长期的过程。

对于消除城乡对立的可能性和好处，恩格斯指出："城市和乡村的对立的消灭不仅是可能的，而且已经成为工业生产本身的直接需要，同样也已经成为农业生产和公共卫生事业的需要。只有通过城市和乡村的融合，现有的空气、水和土地的污染才能排除，只有通过这种融合，才能使目前城市中病弱

---

① 马克思，恩格斯．马克思恩格斯文集：第 1 卷 ［M］．北京：人民出版社，2009：689.
② 马克思，恩格斯．马克思恩格斯文集：第 1 卷 ［M］．北京：人民出版社，2009：538.
③ 马克思，恩格斯．马克思恩格斯文集：第 9 卷 ［M］．北京：人民出版社，2009：189-190.
④ 马克思，恩格斯．马克思恩格斯文集：第 2 卷 ［M］．北京：人民出版社，2009：52.
⑤ 马克思，恩格斯．马克思恩格斯文集：第 1 卷 ［M］．北京：人民出版社，2009：689.

群众的粪便不致引起疾病，而被用作植物的肥料。"① "消灭城乡对立不是空想，不多不少正像消除资本家与雇佣工人的对立不是空想一样。消灭这种对立日益成为工业生产和农业生产的实际要求。"②

对于如何消灭城乡对立，马克思指出，消灭城乡对立是社会统一的首要条件之一，并且"这个条件又取决于许多物质前提，而且任何人一看就知道，这个条件单靠意志是不能实现的。城市和乡村的分离还可以看作是资本和地产的分离，看作是资本不依赖于地产而存在和发展的开始"③。"把农业和工业结合起来，促使城乡之间的对立逐步消灭。"④ "把城市和农村生活方式的优点结合起来，避免二者的片面性和缺点。"⑤ 等，都可以消除城乡对立，实现城乡融合。马克思、恩格斯还对小农制和小农消失之后"城乡融合"的社会进行了美好的展望：在小农消失之后，"城市和乡村之间的对立也将消失。从事农业和工业劳动的将是同样的一些人，而不再是两个不同的阶级"⑥。

苏联在建立社会主义制度后，对于消灭城乡对立问题，斯大林也有专门的论述。斯大林指出："关于消灭城市和乡村之间、工业和农业之间的对立的问题，是马克思和恩格斯早已提出的大家知道的问题。产生这种对立的经济基础，是城市对乡村的剥削，是资本主义制度下工业、商业、信用系统的整个发展进程所造成的对农民的剥夺和大多数农村居民的破产。因此，资本主义制度下的城市和乡村之间的对立，应当看作是利益上的对立。""无意地，在我国，随着资本主义和剥削制度的消灭，随着社会主义制度的巩固，城市和乡村之间、工业和农业之间利益上的对立也必定消失。"⑦ 关于消灭城乡对立的手段，斯大林指出："必须实行电气化，因为这是农村接近城市和消灭城乡对立的手段。"⑧

---

① 马克思，恩格斯. 马克思恩格斯文集：第9卷 [M]. 北京：人民出版社，2009：313.
② 马克思，恩格斯. 马克思恩格斯文集：第3卷 [M]. 北京：人民出版社，2009：326.
③ 马克思，恩格斯. 马克思恩格斯文集：第1卷 [M]. 北京：人民出版社，2009：557.
④ 共产党宣言 [M]. 北京：人民出版社，1949：45.
⑤ 马克思，恩格斯. 马克思恩格斯文集：第1卷 [M]. 北京：人民出版社，2009：686.
⑥ 马克思，恩格斯. 马克思恩格斯文集：第1卷 [M]. 北京：人民出版社，2009：689.
⑦ 斯大林. 斯大林选集：第2卷 [M]. 北京：人民出版社，1979：557-558.
⑧ 斯大林. 斯大林选集：第1卷 [M]. 北京：人民出版社，1979：355.

马克思和恩格斯认为："城乡之间的对立是随着野蛮向文明的过渡、部落制度向国家的过渡、地域局限性向民族的过渡而开始的，它贯穿着文明的全部历史直至现在。"① 关于城市和乡村分离的后果，恩格斯指出："第一次大分工，即城市和乡村的分离，立即使农村居民陷于数千年的愚昧状况，使城市居民受到各自的专门手艺的奴役。它破坏了农村居民的精神发展的基础和城市居民的肉体发展的基础。"② 因此，只有通过消除旧的分工，通过产业教育、变换工种、所有人共同享受大家创造出来的福利，通过城乡的融合，使社会全体成员得到全面发展，才能从城乡之间对立走向城乡融合。

1. 社会主义城乡融合发展的必然

马克思、恩格斯指出，未来社会的生产力发展，应当让"所有人共同享受大家创造出来的福利"③，并"以所有的人富裕为目的"④。消灭异化、消灭贫困与实现共产主义"都是以生产力的巨大增长和高度发展为前提的"⑤。"消灭城乡对立并不是空想，不多不少正像消除资本家与雇佣工人间的对立不是空想一样。消灭这种对立日益成为工业生产和农业生产的实际要求。"⑥ 依据马克思主义基本观点，城乡对立是伴随着资本主义生产方式的产生发展而产生和发展的，但随着生产力水平的提高，特别是社会生产方式的演进，人类进入更高级的社会形态即共产主义社会后，城乡对立将会消失，城乡融合将是普遍的社会经济发展状态。"单从纯粹物质方面的原因来看，这也是共产主义联合体的必要条件。"⑦

2. 社会主义城乡融合发展的条件

马克思、恩格斯指出，消灭城市和乡村分离，实现城乡融合发展的条件是"大工业在全国的尽可能均衡的分布"⑧，蒸汽机、现代化的机器等足以把"每个人的生产力提高到能生产出两个人、三个人、四个人、五个人或六个人

① 马克思，恩格斯. 马克思恩格斯文集：第1卷 [M]. 北京：人民出版社，2009：556.
② 马克思，恩格斯. 马克思恩格斯文集：第9卷 [M]. 北京：人民出版社，2009：308.
③ 马克思，恩格斯. 马克思恩格斯文集：第1卷 [M]. 北京：人民出版社，2009：689.
④ 马克思，恩格斯. 马克思恩格斯文集：第8卷 [M]. 北京：人民出版社，2009：200.
⑤ 马克思，恩格斯. 马克思恩格斯文集：第1卷 [M]. 北京：人民出版社，2009：538.
⑥ 马克思，恩格斯. 马克思恩格斯选集：第3卷 [M]. 北京：人民出版社，2009：326.
⑦ 马克思，恩格斯. 马克思恩格斯选集：第1卷 [M]. 北京：人民出版社，2012：308.
⑧ 马克思，恩格斯. 马克思恩格斯文集：第3卷 [M]. 北京：人民出版社，2012：684.

消费的产品；那时，城市工业就能腾出足够的人员，给农业提供同此前完全不同的力量"①。"通过消除旧的分工，进行生产教育、变换工种、所有人共同享受大家创造出来的福利，通过城乡的融合，使社会全体成员的才能得到全面的发展。"② 无产阶级要利用自己的政治统治，一步一步地夺取资产阶级的全部资本，把一切生产工具集中在国家即组织成为统治阶级的无产阶级手里，把农业和工业结合起来，把教育同物质生产结合起来，尽可能快地增加生产力的总量，促使城乡对立逐步消灭。③ 斯大林指出，合作化是把农民经济纳入社会主义建设总体系的手段，电气化是农村接近城市和消灭城乡对立的手段。④

恩格斯在《反杜林论》中指出，城市和乡村之间对立的消灭不是引导到"大城市的毁灭"。对此，斯大林也指出，社会主义制度下，工人和集体农庄农民，仍然是两个在地位上彼此不同的阶级，但是这个差别丝毫不会削弱他们的友谊关系。不仅大城市不会毁灭，而且要出现新的大城市，它们是文化最发达的中心，它们不仅是大工业的中心，而且是农产品加工和一切食品工业部门强大发展的中心。这种情况将促进全国文化的繁荣，将使城市和乡村有同等的生活条件。⑤ 关于城乡对立的时间，列宁指出："要废除任何生产资料私有制，要消灭城乡之间、体力劳动者和脑力劳动者之间的差别。这是很长时期才能实现的事业。要完成这一事业，必须大大发展生产力，必须克服无数小生产残余的反抗（往往是特别顽强特别难以克服的消极反抗），必须克服与这些残余相联系的巨大的习惯势力和保守势力。"⑥

在此，马克思、恩格斯明确提出了城乡融合的可能性以及实现路径，即实现城乡融合发展。实现城乡融合发展的条件是消除旧的分工，合理分布和利用生产力，合理调整居住结构，通过教育培训促进人的劳动能力的全面发

---

① 马克思，恩格斯. 马克思恩格斯文集：第10卷 [M]. 北京：人民出版社，2009：226.

② 马克思，恩格斯. 马克思恩格斯文集：第1卷 [M]. 北京：人民出版社，2009：689.

③ 马克思，恩格斯. 马克思恩格斯文集：第2卷 [M]. 北京：人民出版社，2009：52-53.

④ 斯大林. 斯大林选集：第1卷 [M]. 北京：人民出版社，1979：355.

⑤ 斯大林. 斯大林选集：第2卷 [M]. 北京：人民出版社，1979：557-558.

⑥ 列宁专题文集：论社会主义 [M]. 北京：人民出版社，2009：145-146.

展。需要指出的是，马克思、恩格斯始终认为，无论城乡怎样融合发展、工农业如何协调发展，都必须坚持农业的经济基础地位，因为"农业是整个古代世界的决定性的生产部门，现在它更是这样了"①。马克思主义经典作家关于消灭城乡对立理论揭示了经济社会发展的必然趋势。马克思主义经典理论体现的城乡融合理论启示我们，在现代化背景下，农村可以发展为城市，农民可以就地变成市民。

二、马克思主义农业发展理论

（一）农业集约规模经营

马克思在《资本论》中指出："小土地所有制的前提是：人口的最大多数生活在农村，占统治地位的，不是社会劳动，而是孤立劳动；在这种情况下，财富和再生产的发展，无论是再生产的物质条件还是精神条件的发展，都是不可能的，因而，也不可能具有合理耕作的条件。"② "小块土地所有制按其性质来说排斥社会劳动生产力的发展、劳动的社会形式、资本的社会积聚、大规模的畜牧和对科学的累进的应用。"③ 恩格斯在《论住宅问题——再论蒲鲁东和住宅问题》中指出，"让联合的劳动者来经营大规模的农业，只有在这种巨大规模下，才能利用一切现代工具、机器等等，从而使小农明显地看到通过联合进行大规模经营的优越性"④。考察现代资产阶级社会的工业关系和农业关系，就会发现"有一种使各个孤立的活动越来越为人们的联合活动所代替的趋势"。"在农业中，机器和蒸汽也越来越占统治地位，它们正缓慢地但却一贯地使那些靠雇佣工人耕作大片土地的大资本家来代替小自耕农。联合劳动、互相依赖的工作过程的错综复杂化，正在到处取代各个人的独立活动。"⑤ 而"土地耕作面积的扩大总是取决于一国资本市场和营业状态的整个情况。土地相互之间的竞争，不是取决于土地所有者是否让它们去进行竞争，

---

① 马克思，恩格斯．马克思恩格斯文集：第4卷［M］．北京：人民出版社，2009：168.
② 马克思，恩格斯．马克思恩格斯文集：第7卷［M］．北京：人民出版社，2009：918.
③ 马克思，恩格斯．马克思恩格斯文集：第7卷［M］．北京：人民出版社，2009：912.
④ 马克思，恩格斯．马克思恩格斯文集：第3卷［M］．北京：人民出版社，2009：331.
⑤ 马克思，恩格斯．马克思恩格斯文集：第3卷［M］．北京：人民出版社，2009：335.

而是取决于有没有资本可以在新的土地上同其他的资本进行竞争。在资本过剩时期，即使市场价格不上涨，只要其他方面具备了正常的条件，资本就会涌到农业上来。"科学也将"大规模地、像在工业中一样彻底地应用于农业……天然肥沃的地区将以空前巨大的规模进行开发"①。在《法德农民问题》一文中恩格斯又指出："正是以个人占有为条件的个体经济，使农民走向灭亡。如果他们要坚持自己的个体经济，那么他们就必然要丧失房屋和家园，大规模的资本主义经济将排挤掉他们陈旧的生产方式。"② 因此，农民进行大规模经营不是为了资本家的利益，而是为了他们自己的利益，这是他们得救的唯一途径。如果农民还不能下这个决心，那就给他们一些时间，"让他们在自己的小块土地上考虑考虑这个问题"。原始的生产方式逃脱不了最终的灭亡，"加速这种瓦解过程要比延长这种过程更人道一些"。"在人民中间传播的一切真正的教育因素都或多或少地有助于实现这个目的。"③

（二）农业合作社理论

马克思对于与农民相互依存的小农制的性质，有着比较深刻的认识。马克思认为，小农制不仅在前资本主义社会中占有主导地位，即使进入了现代资本主义社会以后，"它也是农业本身发展的一个必要的过渡阶段"。但"生产资料无止境地分散，生产者本身无止境地分离。人力发生巨大的浪费。生产条件越来越恶化和生产资料越来越昂贵是小块土地所有制的必然规律。对这种生产方式来说，好年成也是一种不幸"④。恩格斯晚年在《法德农民问题》中进一步强调：这种小生产正在无法挽救地走向灭亡和衰落，"他们的处境在资本主义还统治着的时候是绝对没有希望。资本主义的大生产将把他们那无力的过时的小生产压碎，正如火车把独轮车压碎一样是毫无问题的"⑤。但"我们永远也不能向小农许诺，给他们保全个人财产和个体经济去反对资

---

① 马克思，恩格斯. 马克思恩格斯文集：第 7 卷 [M]. 北京：人民出版社，2009：335.
② 马克思，恩格斯. 马克思恩格斯文集：第 4 卷 [M]. 北京：人民出版社，2009：526.
③ 马克思，恩格斯. 马克思恩格斯文集：第 10 卷 [M]. 北京：人民出版社，2009：450-451.
④ 马克思，恩格斯. 马克思恩格斯文集：第 10 卷 [M]. 北京：人民出版社，2009：912.
⑤ 马克思，恩格斯. 马克思恩格斯选集：第 4 卷 [M]. 北京：人民出版社，2012：372.

本主义生产的优势力量"①。"如果我们许下的诺言使人产生哪怕一点点印象，以为我们是要长期保全小块土地所有制，那就不仅对于党而且对于小农本身也是最糟糕不过的帮倒忙。"②

随着农业变为按照资本主义生产方式经营的工业部门——资本主义生产把自己的地盘扩张到农村——随着农业为市场而生，生产商品，农业越来按工厂方式经营。③ 要挽救和保全农民的房产和田产，只有把他们变成合作社的占有和合作社的生产才能做到。④ 因此，"必须变革劳动过程的技术条件和社会条件，从而变革生产方式本身，以提高劳动生产力"⑤。"随着新生产力的获得，人们改变自己的生产方式，随着生产方式即谋生的方式的改变，人们也就会改变自己的一切社会关系。"⑥ 对于加入合作社的方式，恩格斯在《法德农民问题》中指出，违反小农的意志，任何持久的变革都是不可能的。因此，"当我们掌握了国家权力的时候，绝不会用暴力去剥夺小农（不论有无报偿，都是一样）。……我们对于小农的任务，首先是把他们的私人生产和私人占有变为合作社的生产和占有，不是采用暴力，而是通过示范和为此提供社会帮助"⑦。"把自己的土地结合为一个大田庄，共同出力耕种，并按入股土地、预付资金和所出劳力的比例分配收入。"⑧ 在向合作社的过渡上，如果小农还未下定决心，工人阶级政党就要给小农一些时间，让他们在自己的小块土地上考虑这个问题而不能违反他们的意志强行干预他们的财产关系。

列宁认为，把小农组织成各种协作社是"从小商品农业过渡到共产主义农业的办法"⑨。"小农经济是最没有保障、最原始、最不发达、提供商品最少的经济。肥料、机器、农学知识以及其他改进办法，这都是些在大农场中

---

① 马克思，恩格斯. 马克思恩格斯选集：第4卷 [M]. 北京：人民出版社，2012：371.
② 马克思，恩格斯. 马克思恩格斯选集：第4卷 [M]. 北京：人民出版社，2012：372.
③ 马克思，恩格斯. 马克思恩格斯文集：第8卷 [M]. 北京：人民出版社，2009：428-429.
④ 马克思，恩格斯. 马克思恩格斯文集：第4卷 [M]. 北京：人民出版社，2009：525.
⑤ 马克思，恩格斯. 马克思恩格斯文集：第5卷 [M]. 北京：人民出版社，2009：366.
⑥ 马克思，恩格斯. 马克思恩格斯选集：第1卷 [M]. 北京：人民出版社，2012：222.
⑦ 马克思，恩格斯. 马克思恩格斯文集：第4卷 [M]. 北京：人民出版社，2009：524.
⑧ 马克思，恩格斯. 马克思恩格斯选集：第4卷 [M]. 北京：人民出版社，2012：370.
⑨ 列宁专题文集：论社会主义 [M]. 北京：人民出版社，2009：155-156.

可以有效地采用，而在小农经济中没有采用或者几乎没有采用的东西。"① 需要通过合作社（信用合作社、农业合作社、消费合作社和工艺合作社）把农民经济纳入社会主义建设总体系，② 通过农业合作总社把农民经济和国家工业联系起来③，用"流转自由"和"弄到商品和产品"满足农民的要求。

（三）农民改造理论

土地本身是劳动资料，但是它在农业上要起劳动资料的作用，还要以一系列其他的劳动资料和劳动力的较高发展为前提。一般来说，劳动过程只要稍有一点发展，就需要经过加工的劳动资料。④ "资本、劳动和科学的应用，可以使土地的生产力无限地提高。"⑤ 1892 年，恩格斯在谈到欧洲农业发展时指出："1680 年，小农业还是一种常见的生产方式，而大地产只是个别的，尽管不断增加，但总还是个别的。今天，大规模使用机器耕种土地已成了一种常规，而且日益成为唯一可行的农业生产方式。"⑥ 对于劳动力的较高的发展，马克思在《资本论》第一卷中指出："为改变一般的人的本性，使它获得一定劳动部门的技能和技巧，成为发达的和专门的劳动力，就要有一定的教育或训练。"⑦ 恩格斯在《共产主义原理》中也指出，教育使年轻人能够很快熟悉整个生产系统，使他们能够根据社会需要或者他们自己的爱好，轮流从一个生产部门转到另一个生产部门。⑧ 在谈到教育和训练方法时，马克思指出，智育、体育与生产劳动相结合的方法，不仅是提高社会生产的一种方法，而且是造就全面发展的人的唯一方法。⑨ 此外，马克思还十分重视培养工人子女的能力，他指出："工人阶级在不可避免地夺取政权之后，将使理论的和实

---

① 斯大林. 斯大林选集：第 2 卷 [M]. 北京：人民出版社，1979：16.
② 斯大林. 斯大林选集：第 1 卷 [M]. 北京：人民出版社，1979：347-348.
③ 斯大林. 斯大林选集：第 1 卷 [M]. 北京：人民出版社，1979：235.
④ 马克思，恩格斯. 马克思恩格斯文集：第 5 卷 [M]. 北京：人民出版社，2009：209-210.
⑤ 马克思，恩格斯. 马克思恩格斯文集：第 1 卷 [M]. 北京：人民出版社，2009：77.
⑥ 马克思，恩格斯. 马克思恩格斯《资本论》书信集 [M]. 北京：人民出版社，1975：528.
⑦ 马克思，恩格斯. 马克思恩格斯选集：第 2 卷 [M]. 北京：人民出版社，2012：166.
⑧ 马克思，恩格斯. 马克思恩格斯选集：第 1 卷 [M]. 北京：人民出版社，2012：308.
⑨ 马克思，恩格斯. 马克思恩格斯文集：第 5 卷 [M]. 北京：人民出版社，2009：556-557.

践的工艺教育在工人学校中占据应有的位置。"① 因为，未来社会化、组织化
程度高、流动性大的生产需要能力全面发展的人来适应。

马克思认为，古代根本不懂主体权利，它带来的不是主体自由，而是对
主体的奴役，个人权利局限于简单占有，资本主义剩余价值是资本家无偿占
有工人阶级劳动机会和权利的结果，是权利滥用。因此，要"立即唤醒一切
被压迫民族起来要求独立和自己管理自己事务的权利"②。当"生产劳动给每
一个人提供全面发展和表现自己全部能力即体能和智能的机会"③ 时，"生产
劳动就不再是奴役人的手段，而成了解放人的手段，因此，生产劳动就从一
种负担变成了一种快乐"④。可见，在马克思的能力学说中，机会公平和权利
平等是人的能力全面发展的重要条件之一。阿玛蒂亚·森在《贫困与饥荒：
论权利与剥夺》中也提出，收入不平等、社会歧视、医疗保健和公共教育设
施的匮乏、缺少就业机会等因素都会严重削弱甚至剥夺人的可行能力。联合
国开发计划署在《2013 年人类发展报告》中强调，经济和社会进步的愿景是
不断扩展人们的选择权和能力。可见，公平的机会和广泛的权利赋予也是个
体内生能力成长的必要条件。

在《社会主义从空想到科学的发展》一文中，恩格斯也强调了生产力与
人的能力发展的一致性："通过社会生产，不仅可能保证一切社会成员有富足
的和一天比一天充裕的物质生活，而且还可能保证他们的体力和智力获得充
分的自由的发展和运用。"⑤ 即人的能力提高促进生产力发展，生产力发展反
过来有利于人的能力提升，经过能力积累，人的能力发展达到一定程度，达
到全面性，最终完成了能力作为人本质的复归，实现个人和人类能力质的飞
跃，实现了对社会生产力的占有。芝加哥大学经济学系教授詹姆斯·赫克曼
从全生命周期的角度对能力的形成予以现代意义理解，他认为，成功主要取
决于一组核心能力的发展，能力形成是一个动态的联动过程，是"能力"不

---

① 马克思，恩格斯．马克思恩格斯选集：第 2 卷［M］．北京：人民出版社，2012：232．
② 马克思，恩格斯．马克思恩格斯选集：第 1 卷［M］．北京：人民出版社，2012：607．
③ 马克思，恩格斯．马克思恩格斯选集：第 1 卷［M］．北京：人民出版社，2012：302．
④ 马克思，恩格斯．马克思恩格斯选集：第 3 卷［M］．北京：人民出版社，2012：681．
⑤ 马克思，恩格斯．马克思恩格斯文集：第 3 卷［M］．北京：人民出版社，2009：563．

断创造"能力"的过程。需要指出的是,个体内生能力渐进增长,并不排除在特殊条件下的跨越式上升,出现质量互变当中的飞跃式发展,但这种情况不具有普遍性意义。

马克思曾在《德意志意识形态》一文中指出:"任何人的职责、使命、任务就是全面地发展自己的一切能力,其中也包括思维的能力。"① 在马克思看来,能力主体的能动性是能力发展的主观条件,其重要性已达到每个人职责、使命、任务的高度。为此,工人在有可能在一定程度上进行积蓄的时期,扩大自己的享受范围,如"订阅报纸,听课,教育子女,发展爱好等等"②。即个人在消费时若只停留在满足生存消费上,无主动性地安排发展性消费,能力的发展就会受到影响,因为"对于没有音乐感的耳朵来说,最美的音乐毫无意义"③。在马克思看来,能力包括创造和享受物质财富的能力,也包括创造和享受精神财富的能力,二者是否偏废,取决于能力主体的主观认识和能力发展能动性的发挥程度。

列宁指出,农民具有两重属性和作用:农民作为劳动者,倾向于社会主义,更愿意要工人专政而不要资产阶级专政;农民作为粮食出售者,倾向于资产阶级,倾向于自由贸易。就是说,要退到"惯常的""旧有的""历来的"资本主义去。空谈一般"民主",空谈"统一"或"劳动民主派的统一",空谈一切"劳动者的""平等"等,是无济于事的。要使无产阶级能引导农民和一切小资产阶级阶层前进,就必须有无产阶级专政,必须有一个阶级的政权,必须有这个阶级的组织性和纪律性的力量,必须有这个阶级的以资本主义文化、科学、技术的一切成果为基础的集中的实力,必须以无产阶级感情体会一切劳动者的心理,并在农村或小生产中的涣散的、不够开展的、政治上不够稳定的劳动者面前具有威信。④ 列宁指出,完全合作化的条件本身包括农民的文化水平问题,可以说,"没有一场文化革命,要完全合作化是不可能的"。⑤ 列宁认为,改造小农,改造他们的整个心理和习惯,这件事需要

① 马克思,恩格斯.马克思恩格斯全集:第3卷 [M].北京:人民出版社,1960:330.
② 马克思,恩格斯.马克思恩格斯全集:第30卷 [M].北京:人民出版社,1995:247.
③ 马克思,恩格斯.马克思恩格斯文集:第1卷 [M].北京:人民出版社,2009:191.
④ 列宁专题文集:论社会主义 [M].北京:人民出版社,2009:139-140.
⑤ 列宁专题文集:论社会主义 [M].北京:人民出版社,2009:354-355.

花几代人的时间。只有有了物质基础，只有有了技术，只有在农业中大规模地使用拖拉机和机器，只有大规模电气化，才能解决小农这个问题，才能像人们所说的，使他们的整个心理健全起来。只有这样才能根本地、非常迅速地改造小农。

第三节　中国传统乡村建设理论

中国是历史悠久的文明古国，农耕文明在中国有着悠久的历史和文化传承。早在《诗经》中就有专吟农事的《七月》《噫嘻》《丰年》《载芟》《良耜》等篇。中华民族几千年以来的乡土生产、村庄生活孕育了源远流长的古代农耕文明。传承中华优秀传统文化是实施乡村振兴战略的有效途径，《中共中央　国务院关于实施乡村振兴战略的意见》要求切实保护好优秀农耕文化遗产，推动优秀农耕文化遗产合理适度利用，深入挖掘农耕文化蕴含的优秀思想观念、人文精神、道德规范，充分发挥其在凝聚人心、教化群众、淳化民风中的重要作用。在保护传承的基础上对农耕文化进行创造性转化、创新性发展，有助于发挥优秀传统文化在贯彻新发展理念、构建新发展格局、促进乡村全面振兴中的特殊作用。

一、重农养民

在古代，土地和劳动力是农业生产的两大要素。长期以来，耕地被认为是最重要的农村家庭资产和农业生产资料，其经济产出和物质承载功能是小农经济发展的基础。为了促进农业生产的发展，古代思想家围绕"民富""国富""国富民强"提出了许多充满哲理的观点。两汉对勤于耕作的农民减免赋税，在经济上给以优惠，并采取假民公田等具体措施，吸引无地或少地的农民回归田亩，还在基层乡官中设有力田一职，专门负责农业生产之事。

战国时期的著名政治家、改革家、思想家商鞅把"治、富、强、王"列为国家的最高政治目标。商鞅认为，实现"国富"的途径，一方面要加强和发展农业生产；另一方面要增加税收，做到"民不逃粟（实物农业税），野无荒草"。此外，商鞅还提出了以"徕民"为中心的人口观点，在《商君书·算地第六》中，他说："凡世主之患，用兵者不量力，治草莱者不度地。故有地狭而民众者，民胜其地；地广而民少者，地胜其民。民胜其地务开；地胜其民者事徕。"也就是说，在土地少而民众多的情况下，须从事土地开垦。而在土地广而民众少的情况下，必须招徕国外人口移居本国，以解决本国的农业劳动力缺乏问题。可见，商鞅已认识到土地和劳动力这两大农业生产要素应保持合理的数量比例关系；否则，无论是民胜其地还是地胜其民，不论地广人稀还是地狭民众，都会影响农业生产的发展，不利于农战政策的实施。采取"利其田宅，而复三世""必与其所欲，而不使行其恶"等经济措施吸引外国移民。

西汉晁错认为，重农可为人民"开其资财之道"。他还认为，以粟为赏罚，可以达到富国目的。晁错以粟为赏罚的施行，使汉文帝有条件将田赋由十五税一减为三十税一，并十多年不收田租。此外，晁错以经济方式鼓励移民，并规定移民目的地须选择水味甘、土地宜、草木饶的地区，并先建筑房屋，备置器具，初到移民，政府发给衣物与食粮，到他们能自给为止，并予医、巫"以救疾病，以修祭祀"。

汉武帝时期著名思想家、儒学大师董仲舒提出："正其谊不谋其利，明其道不计其功。"董仲舒认为，土地自由买卖导致富者田连阡陌，而贫者无立锥之地。司马迁也提出，山林川泽为国家所有，故应该加以控制，不能自由开放。他认为，山泽之利必在深山穷谷之中，如果自由开放，事实上归豪强所专有，如此，小则兼并百姓，大则危害国家，故必须由国家加以控制。

汉末思想家王符认为，力乃民之本也而国之基。"力"即劳动，而重视劳动的具体办法首先是珍惜劳动时间。他指出，如能减轻赋役，政治清明，就能增加民众的生产时间，如违法乱纪，赋役繁多，则民众疲于力役，劳动时间就会减少。北宋著名思想家、政治家、文学家、改革家王安石认为，财富生产有二，即劳动与自然，"因天下之力以生天下之财""欲富天下，则资之天地"。

明末清初王夫之提出："谷者，民生死之大司也。""地之有稼也，天地所以给斯人之养者也。""轻之于租，民乃知耕之为利。"意思是，"谷""稼"

为民生之基、国富之本，减租有利于鼓励农民从事农耕，促进农业发展。王夫之还提出，土地"分别自种与佃耕，而差等以为赋役之制"。"人所自占为自耕者，有力不得过三百亩，审其子姓丁夫之数以为自耕之实，过是者皆佃耕之科。""轻自耕之赋，而佃耕者倍之，以互相损益，而协于什一之数。""水旱则尽蠲自耕之税，而佃耕者非极荒不得辄减。""地者，政之本也。""地不均乎和调，则政不可正也，政不正则事不可理也。""地不正""事不治"则"货不多"等观点。

中国古代属于典型的农业社会，农业为国家民生之本，国家稳定之基。然而，古代小农经济十分脆弱，就如何发展农业生产，思想家普遍认为"养民之政、首重农桑""均分地力""与之分货"，减轻赋税和徭役，增加农村劳动力数量，保护和提高农业劳动力的生产积极性，促进农业发展，进而实现兵强、民治、国兴目标。

二、农商齐备

春秋战国时期，称"立皂牢，服马牛，以为民利"之人为"贾"。战国时期的著名政治家商鞅首次在理论上将农业定位"本业"，而将农业以外的其他经济行业一概称为"末业"，主张"事本"而"抑末"，这就是我国历史上推行的"重农抑商"政策。到了战国末期，著名思想家、文学家、政治家，儒家代表人物之一荀子提出："农以力尽田，贾以察尽财，百工以巧尽器械。人积耨耕而为农夫，积斫削而为工匠，积反货而为商贾，积礼义而为君子。"[1] 荀子一方面认为"贾""生而有好利焉"，另一方面对商人的作用有了一定的肯定。管仲更是把商人派驻到各地的商贸市场，察其四时而监其乡之货，以知其市之价，负任担荷，服牛辂马以周四方，料多少，计贵贱，以其所有易其所无，买贱弩贵。

西汉桑弘羊是历史上第一个敢于对"农业富国"正统思想提出异议的人，他认为："物丰者民衍，宅近市者家富。富在术数，不在劳身；利在势居，不在力耕也。"这就是说，获利的关键在于技巧和手段，不在于种地耕耘的苦力

----

① 《荀子·荣辱》。

劳作，富庶的地方人口就会繁衍，靠近市镇的人家就容易致富，致各大都市的财富都是商贾之所臻，是智者运用术数从商品的流通中增殖出来的。因此，桑弘羊等竭力主张国家利用农产品交易中的价格变化规律，控制生产、分配、消费全过程以达到全面垄断国民经济的目的。这一过程的专门术语叫"行轻重之术"。

司马迁除了将生产划分为都市的生产与农村的生产两种类型外，还指出："本富为上，末富次之，奸富最下。""本富"指的是农林畜牧所生产的财富，"末富"指的是由工商业所获得的财富，"奸富"指的是通过"危身取给"获得的财富，如"劫人作奸""掘冢铸币""舞文弄法，刻章书伪"等，他将富商大贾视为贤人并积极宣扬他们的致富之道，提出了"待农而食之，虞而出之，工而成之，商而能之"以及"农不出则乏其食，工不出则乏其事，商不出则三宝绝，虞不出则财匮少"等惊世观点。

东汉王莽对工商业经济活动管制的措施是"六管"和"五均"政策，"六管"指盐、铁、酒由政府专卖，铸币、山林川泽、五均赊贷由政府掌握。"五均"赊贷是王莽经济管制的中心，其目的是"齐众庶，抑兼并"。关于"五均"政策，《汉书·食货志》注曰："天子取诸侯之士以立五均，则市无二贾，四民常均，强者不得困弱，富者不得要贫，则公家有余，恩及小民矣。"

农业为基，民以食为天，自古至今，农业都是一个国家的根本，历代统治者都比较重视发展农业，农民依靠付出劳动力，获得报酬，脚踏实地地生活。而商人不一样，"性贪冒，纵亲戚尼姗招纳财贿，狠屑相稽，若市贾然"。[1] 在《琵琶行》中，白居易也感叹"商人重利轻别离"。商人能够"家累千金"，会引致弃农投商、务农之力流失，且商人随利而走，不利于社会管理，因此商人地位处于农工之后。但不可否认，诚实善良的商人和商业活跃地区在一定程度上促进了中国古代经济理论的发展，促进了一些王朝的崛起，在一定范围内得到了支持和赞扬。如白圭提出的"人弃我取""知进知守"经商理论，范蠡提出的"人弃我取、人取我予，顺其自然、待机而动"经营

---

① 《新唐书·王缙传》。

理念，吕不韦提出的"奇货可居"等仍被尊为商业基本规则。古代统治者也默认商业在一定范围内发挥作用，唐代刘晏实施榷盐法后，盐利之入一度占到国家赋入的半数以上，宋代"农业领域的税赋和工商领域的收入成为国家财政两大并重的支柱"。一般来说，历朝来源于工商的收入要占国家赋入的1/3至半数左右。

总体来看，中国古代社会的统治基础是农民以及自给自足的农业经济，农业与农民问题，常常涉及社会的稳定，特别是皇权的巩固，而民间商人阶层会在一定程度上侵蚀封建国家和农民的利益，解构原有的社会秩序，中国古代为了调节农商从业人员比例，长期采取"重农""抑商"政策，在全社会形成了一种轻商、贱商观念。但中国古代统治者也对工商业在提高农业生产力、便利乡村生活方面的作用持一定程度的认可，于是出现了"法律贱商人，商人已富贵矣"的现实。古代民间工商业在夹缝中生存，农、工、商领域理论和农工商协调发展理论也在曲折中慢慢丰富和发展起来，积累了宝贵的国家管理、社会治理智慧和经验。

三、"自为心"尽人事

春秋战国时期之前，"以德配天"的神权理论长期占据思想主导地位。春秋战国时期，土地税赋改革和私有化进程加速，"家"作为社会生产生活的基本单元，通常以户为单位、以务农为主业、家庭自给自足的自然经济成为社会经济基础，家庭主要农业劳动者的体力、智力和技巧状况直接决定家庭收入状况，家庭成员彼此承担责任、履行义务，构成小的利益共同体，社会比较稳定，农业生产力得到一定程度的发展。在天人关系哲学理论中，关于人的问题的思考逐渐上升为核心，有的思想家认为，人在自然面前是消极被动的，因而提倡无为，绝对地顺应自然过程；有的思想家肯定人对自然的主观能动作用，提倡"制天命而用之"，即利用自然规律造福人类。在诸子百家中，在天人关系上，儒家和道家思想对此影响最大。

《吕氏春秋》曰："夫稼，为之者人也，生之者地也，养之者天也。"这里的"稼"指农作物，也可泛指农业生产活动，"天""地"则指农业生产的环境因素，"人"是农业生产活动的主体。老子一方面，认为"道"是宇宙万物产生根本，又是世界万事万物存在的普遍根据；另一方面否定"天"的权威，指出"天、地、人"三者皆为自然之法，"道大、天大、地大、人亦大"。荀子否定"尊德行""畏天命"的传统意识，认为自然界和人类社会都有自己的发展规律，明确提出"天人相分""天不为尧存、不为桀亡""天有其时，地有其财，人有其治"的观点。意思是"天"具有物质性、客观性、规律性，"人"具有主体能动性。

孔子提出的"畏天命，尽人事"的天命观，基本改变了人对天毫无影响、毫无主宰能力的状态。面对天命，孔子强调的是尽人事，承认人的主观能动性。孔子的天命观为人的自主能动性、自主创造性提供了基础，也为人们行"人道"指出了正确方向。孟子在孔子提出的"畏天命，尽人事"的基础上进一步完善，在天人关系上提出"天人相通"，把"尽心、知性、知天"结合起来。

法家韩非子认为，人皆具"自为心"，人的一切行为动机无不是从自为心出发去趋利避害的。在他看来，这种"自为心"并没有什么不好，它是人们积极行动的原动力。他说："鳝似蛇，蚕似蠋，人见蛇则惊骇，见蠋则毛起，然而妇人拾蚕，渔人握鳝，利之所在，则忘其所恶，皆为贲诸。"① 除此以外，韩非子还反对向穷人救济的福利政策。墨家代表性人物提倡强力从事，认为只有通过勤勤恳恳地劳动，人才能生存发展下去。

为了发挥农民生产的积极性，古代思想家也提出了一些农民自救和朝廷支持相结合的观点。管仲提出按土地征收差额税"相地而衰征"的政策。商鞅认为，农民"用力最苦而盈利少"，若长期下去，农民"则必避农"②。李悝提出实行丰年购粮储存，荒年平价售粮的平籴政策。隋唐时期刘晏反对财政赈济，主张生产救灾：一是扶持生产；二是运用常平，通过价格杠杆主动防灾。李悝认为，为保障农民具备基本的自救能力，国家应一方面抑制土地兼并，让农民具有基本的生产条件——土地；另一方面应防止土地撂荒或低效耕种。清初儒家、思想家、教育家颜元也说："有田者必自耕，毋募人以代耕。不为农则无田，士商工且无田，况官乎。官无大小皆不可以有田，惟农

---

① 《韩非子·内储说上》。
② 《商君书·农战第三》。

为有田耳。"

中国古代传统村庄主要依赖社区内部的家族宗族和邻里守望相助的村规民约来帮扶穷人，其途径大多是由社区力量给予穷人短期的救助和救济。这种防贫治理建立在村庄的血缘与地缘基础上①，村庄内部的经济扶贫，主要是由乡绅阶层实施社区救助、助学等举措，对村庄的穷人给予临时扶持，同时彼此之间也以社区互惠式劳动帮扶等方式应对外部生活压力。以往的宗族组织和乡绅阶层通过发展私塾、设立义仓等方式建立社区范围内的救助体制。②历朝历代官家都十分重视设常平仓，如陕西大荔县的"丰图义仓"，全县50多个村每村在这里都有一间粮仓，丰年时余粮放到粮仓，灾年时开仓救灾。常平仓丰年收储灾年放粮政策有益于平抑市场粮价，实现农民生活、农村社会秩序的基本稳定，是民间自救、民间自治制度中的优秀传统，如何传承和发扬下去是乡村振兴的重要内容。

四、"富""教"相成

古代思想家普遍主张，治理国家要把"足食"放在首位，对人民百姓，首先使之富裕起来，其次才能进行礼义教育，这样才便于治理。孟轲认为，人们拥有一定数量的财产是巩固社会秩序，维持"善良习惯"的必要条件。管仲在义利关系问题上提出了"仓廪实则知礼节，衣食足则明荣辱"，把"利"作为道德伦理规范（"义"）的基础的观点。商鞅说："民之性，饥而求食，劳而求佚，苦则素乐，辱则求荣，此民之情也……民之生，度而取长，称而取重，权而索利。"③法家在关于人的发展问题上，也不主张采用简单的道德教化，而是从经济基础出发，从物质生产条件中探索道德根源，从生活水平上提高人的道德境界。

孔子非常重民，提出了"先富后教"的主张。孔子主张实行富民政策，同时认为，人们的经济活动、求利求富不能漫无边际，必须加以一定的伦理

---

① 陆学艺.家庭赡养与社会保障的功能互补［J］.中国社会工作，1998（3）：32-33.
② 郝红暖.清代桐城望族的义田：以桂林方氏家族为中心的探讨［J］.安徽史学，2018（6）：118-128.
③ 《商君书·算地第六》。

规范限制。《论语·里仁》云："富与贵，是人之所欲也，不以其道得之，不处也。贫与贱，是人之所恶也，不以其道得之，不去也。"《论语·述而》云："不义而富且贵，于我如浮云。"也就是说，不论是富贵的获得还是贫贱的摆脱，都必须严格遵守一定的道德规范，否则就是"不义"，应该受到人们的鄙视。《论语·子路》有记载："子适卫，再有仆。子曰：'您矣哉！'冉有曰：'既庶矣，又何加焉？'曰：'富之'。曰：'既富矣，又何加焉？'曰：'教之'。"即既庶富之，既富教之。

《孟子·滕文公上》说："民之为道也，有恒产者有恒心，无恒产者无恒心。苟无恒心，放辟邪侈，无不为已。"这里"恒产"即不变财产。在孟子看来，人们拥有一定数量的财产是保持社会秩序和维护善良之心的必要条件。孟子还主张农户按井编组，"出入相友，守望相助"。汉末思想家王符认为，求学问也离不开财富，"学进于振而废于穷"。他还提出物质生活条件决定人的伦理规范，如《爱日》说："礼义生于富足，盗窃起于贫穷。"《务本》说："贫则厄而忘善，富则乐而可教。"

先"足食"后"教之"，"富之""教之"相辅相成，内含物质和精神、经济基础和意识形态之间的辩证关系。脱贫攻坚时期，国家倡导扶贫不能只给物，还要"扶智""扶志"，衔接推进乡村振兴时期，国家出台的文化振兴政策、乡风文明建设措施，是对"富""教"结合古代乡村治理智慧的新时代创新和发展。

五、善因"天道"

道家认为，自然的天通过"道"和"人"联系起来，道生一、一生二、二生三、三生万物，道是万物的起源，天和人都是"道"的产物。庄子认为，天是"自然"的天，一切人为地改变自然的行为都是"灭天"，即人要尊重自然，不以主观妄为来破坏自然，干涉自然的发展规律，从而达到人与自然"天人合一"和谐相处的状态。孟子将"天道"和"人道"通过"诚"达到合二为一。法家的韩非子也主张"天人相分"的观点，他发挥和改造老子的"道"和孔子的"德"，继承荀子"天人相分"的唯物主义自然观，提出"道"是万事万物发展规律，这些规律通过"理"体现出来，人们在"道"

"理"面前只有按照事物发展规律办事，才能取得成功。

殷周时期，人们就注意到农业生产的三个关键因素：天时、土地和劳动力。战国中期，随着重本思想的风行，思想家对发展农业生产的关键因素进行了较深入地探讨和较系统地论述，提出了合理使用劳动力，最优地使用土地，以增加农作物和牧业产量的观点。如《荀子·大略》中曰："故劳力而不当民务，谓之奸事。"《墨子·非乐土》中提出，劳动创造了财富，但要"赖其力而生"。《管子·小问》中提出了"力地而动于时"的观点。

范蠡认为，农业收获的丰歉取决于有规律性的天时变动，大体是六年一穰，六年一旱，十二年一大饥；较小的变动是三年一个循环。这样，农业生产乃至整个经济就会呈现一种有规律的周期波动，比较长的周期大约是十二年，而较小的周期是三年。① 这可能是世界上最早的经济周期理论，虽然没有多少科学根据，但是范蠡试图从整体上把握社会经济现象背后的规律性，这是十分难能可贵的。范蠡认为，丰年粮价过低会损害生产者（农民）的利益，歉年粮价过高会损害工商业者（消费者）的利益，因而他提出，国家应采取"平粜齐物"的政策，在丰年时以保护价（高于市价的价格）收购粮食，在歉年时则以低于市场的价格出售，使粮价在"上不过八十，下不过二十"的幅度波动，以达到"农末俱利"的目的。这就是范蠡的"计然之术"中的治国之道，实际上是范蠡的一种反经济周期的措施。自圭也提出一个与范蠡极为相似的农业生产周期循环说，根据对年岁丰歉，进而对万物商情进行预测，实行"人弃我取，人取我与"。

墨子比较深刻、有远见地指出，生产人口与非生产人口之间的比例失调，也是社会的一大问题。他说："今有人于此，有子十人，一人耕而九人处，则耕者不可以不益急矣。何故？则食者众而耕者寡也。"② 非生产人口不断增加、急剧膨胀的结果，必然是生产力遭到破坏。即"食者众，则岁无丰"③。因此他除了主张众民、增加人口外，还主张使生产人口和非生产人口保持一个合理的比例，这在古代社会是比较难能可贵的。

---

① 胡寄窗. 中国经济思想史：上册 [M]. 上海：上海人民出版社，1962：179.

② 《墨子·贵义》。

③ 《墨子·七惠》。

《汉书·食货志上》记载，李悝向魏文侯提出"尽地力之教"的建议：将一部分荒地分给农民，国家因此增加什一之税的收入。据《太平御览》卷八二一引用的《史记》逸文，李悝说："必杂五谷，以备灾害，力耕数耘，收获如寇盗之至。"《史记·货殖列传》记载，司马迁提出了"善因论"："善者因之，其次利道之，其次教诲之，其次整齐之，最下者与之争。"① 这段话的核心是"因之"，司马迁在它之前加上"善者"，观点十分明确，即主张国家应当顺应经济的自然运行，减少对经济活动的干预。北魏农学家、《齐民要术》作者贾思勰指出："顺天时，量地利，则用力少而成功多。任情返道，劳而无获。"② 他甚至将"任情返道"（违反客观规律的行为）讽喻为"入泉伐木，登山求鱼"。即如果违反客观规律就会事与愿违，事倍功半。古代思想家在提出"地利不可竭""禁发有时"③（规定封禁和开放山泽的时间）、"按天道行事"的同时，也提出了"制天命而用之"的观点，这些理论和观点至今仍熠熠生辉，对当前按照乡村建设内在规律要求统筹协调递进推进乡村振兴有很好的启发意义。

到了清朝末年，洋务运动的兴起，使中国工业实现了从无到有再到比较先进的发展。与此同时，农业生产逐渐衰落，粮食供应问题突出，乡村建设运动也随之开启。第一次振兴乡村的尝试，以"官民（间）合作"为特点，始于1904年河北定县翟城村米迪刚父子发起的地方自治与乡村自救，加之同期清末状元张謇的江苏南通试验，以及20世纪20年代起晏阳初、梁漱溟、卢作孚等乡村建设派在河北、山东、重庆等地的自觉行动，进行了"自下而上"的乡村建设探索。

1928年，黄质夫在其撰述的《中国乡村的现状和乡村师范生的责任》中指出乡村的问题有四：一是乡村人民生计的困苦，二是乡村人民知识的浅陋，三是乡村风俗的颓废，四是乡村人才的缺乏。他认为，解决上述问题的步骤有三：第一步是使乡村经济富足，第二步是增进乡民知识，第三步是指导乡

① 《史记·货殖列传》。
② 《齐民要术》。
③ 《管子·七臣七主》。

民组织与建设。① "唯有教育"能够指导农民、组织农民、训练农民，进而实现理想中"野无旷土，村无游民，人无不学，事无不举"的乡村。第一，以乡村学校为改造社会的中心；第二，以学生和先知先觉的农友为改造乡村社会的同志；第三，就乡村实际的生活逐渐地加以改良。教育者有改造乡村的决心，尽力去指导农民，组织农民，训练农民，使整个农村向上发展进步。②

孙中山清醒地认识到中国是一个农业大国，"养民之政"必须"首重农桑"。如果农业发展不起来，中国人民苦难的生活局面就不会改变。他在《拟创立农学会书》中明确指出："诚以中华自古养民之或，首重农桑，非如边外游牧及西欧以商贾强国可比。且国中户口甲于五洲，倘不于农务大加整顿，举行新法，必至民食日艰，哀鸿遍野，其弊可预决也。"③ 孙中山继承了中国传统的农本思想，从强国意识出发，不仅发自肺腑地重视农业的首要地位，而且把改造农业、发展农村作为改变中国人民苦难局面的重要途径，加大力度整顿农务，在农村推行新法，力求人民足食温饱。

孙中山既深知农业是国家富强的根本，"商贾"是其末，又深刻地认识到，只有两者齐备，才能富国安民。他指出："以农为经，以商为纬，本末具备，巨细毕赅，是即强兵富国之先声，治国平天下之枢纽也。"④ 否则，舍本求末或舍末求本都不足以治国平天下。孙中山认为，农业不仅是"首要"，是"根本"，而且是"基础"，只有农业得到充分发展，其他行业才能在此基础上发展起来。优先发展农业以足民食，才是"民生"之首要。他在《建国大纲》第二条中规定："建设之首要在民生。故对于全国人民衣食住行四大需要，政府当与人民协力，共谋农业之发展，以足民食；共谋织造之发展，以裕民衣；建筑大计划之各式屋舍，以乐民居；修治道路、运河，以利民行。"⑤

我们不难看出，孙中山的重农思想是相当超前的，也符合当代经济学关

---

① 王文岭. 黄质夫乡村教育文集［M］. 南京：东南大学出版社，2017：21.
② 王文岭. 黄质夫乡村教育文集［M］. 南京：东南大学出版社，2017：10.
③ 中国社会科学院近代史研究所. 孙中山全集：第 1 卷［M］. 北京：中华书局，1981：24.
④ 中国社会科学院近代史研究所. 孙中山全集：第 1 卷［M］. 北京：中华书局，1981：6.
⑤ 孙中山. 孙中山文集：第 1 卷［M］. 北京：团结出版社，1997：565.

于统筹城乡协调发展的基本精神。但后来由于政治上的变局，孙中山的思想未能得到贯彻。

第四节 中国共产党振兴乡村的基本理论

乡村振兴战略，首次由党的十九大报告提出，并在 2018 年的中央"三农"工作一号文件中具体化。乡村振兴战略是面向第二个百年奋斗目标，全面实现农业、农村、农民现代化的重大决策部署。而振兴乡村作为党的一项伟大事业，则贯穿社会主义革命、建设、改革开放全过程，尤其是改革开放以来，推行家庭联产承包责任制，赋予农民土地生产经营自主权和一定的财产支配权，不断探索农村土地经营权流转形式和农民合作收益的利益联结机制，农民人均纯收入快速增长，已稳步实现全面小康。"十四五"期间将进入连片贫困地区继续巩固脱贫攻坚成果并衔接推进乡村振兴，有条件的农村地区率先进入全面振兴新阶段。

一、根据地的农村建设和农业发展

农民问题是中国的根本问题。新民主主义革命本质上是中国共产党领导的以土地革命为中心的农民战争，即以革命手段分配土地、满足农民利益需求，农民阶级依靠中国共产党推翻整个反动阶级统治，最终保障自身的土地利益不再失去。毛泽东不仅提出了农业在根据地经济建设中的地位和作用，还阐述了除要解决土地问题这一发展农业根本条件外的其他一系列发展农业的条件和措施。

毛泽东在 1943—1945 年的几篇经济论著，如《经济问题与财政问题》（1942 年 12 月）、《开展根据地的减租、生产和拥政爱民运动》（1943 年 10 月 1 日）、《论合作社》（1943 年 10 月 14 日）、《组织起来》（1943 年 11 月 29 日）、《最根本的问题是生产力向上发展的问题》（1944 年 3 月 22 日）、《游击区也能够进行生产》（1945 年 1 月 31 日）、《在中国共产党第七次全国代表大会上的口头报告》（1945 年 4 月 24 日）、《论军队生产自给，兼论整风和生产两大运动的重要性》（1945 年 4 月 27 日）对根据地经济建设思想做了重要补充与发挥，有大量关于根据地农村建设和发展根据地农业生产的论述。如抗日根据地开展大生产运动应"包括公私农业、工业、手工业、运输业、畜牧业和商业，而以农业为主体"①"为着人民的需要"②"用互相帮助共同劳动的方法来解决各部门各单位各个人物质需要的群众的生产活动"③。根据地经济建设的中心是"发展农业生产，发展工业生产，发展对外贸易和发展合作社""在目前的条件之下，农业生产是我们经济建设工作的第一位，它不但需要解决最重要的粮食问题，而且需要解决衣服、砂糖、纸张等项日常用品的原料即棉、麻、蔗、竹等的供给问题。森林的培养，畜产的增殖，也是农业的重要部分"。④

　　毛泽东还特别提出了劳动力、畜力水利、推广农业科技等措施。毛泽东强调，"劳动力问题，耕牛问题，肥料问题，种子问题，水利问题等"，我们都"必须用力领导农民求得解决"⑤。"有组织地调剂劳动力和推动妇女参加生产，是我们农业生产方面的最基本的任务。而劳动互助社和耕田队的组织，在春耕夏耕等重要季节我们对整个农村民众的动员和督促，则是解决劳动力问题的必要的方法。不少的一部分农民（大约百分之二十五）缺乏耕牛，也是一个很大的问题。组织犁牛合作社，动员一切无牛人家自动地合股买牛共同使用，是我们应该注意的事。水利是农业的命脉，我们也应予以极大的注意。目前自然还不能提出国家农业和集体农业的问题，但是为着促进农业的发展，在各地组织小范围的农事试验场，并设立农业研究学校和农产品展览所，却是迫切地需要的。"⑥

　　毛泽东重视农业、农村、农民问题的思想在实践中表现为两个方面：一是解决农民的实际问题——土地问题，实行"耕者有其田"；二是减轻农民负担，解决农民困难。当时的中国，农民问题实质上是土地问题，"谁解决了土

　　① 毛泽东. 毛泽东选集：第 3 卷 [M]. 北京：人民出版社，1991：911.
　　② 毛泽东. 关于经济建设问题 [J]. 党的文献，1993（2）：5.
　　③ 毛泽东. 毛泽东选集：第 3 卷 [M]. 北京：人民出版社，1991：931.
　　④ 毛泽东. 毛泽东选集：第 1 卷 [M]. 北京：人民出版社，1991：130-131.
　　⑤ 毛泽东. 毛泽东选集：第 1 卷 [M]. 北京：人民出版社，1991：131-132.
　　⑥ 毛泽东. 毛泽东选集：第 1 卷 [M]. 北京：人民出版社，1991：132.

地问题，谁就赢得了农民"。以毛泽东同志为代表的中国共产党人在新民主主义革命中正确解决了农民的土地问题，满足了广大农民对土地的迫切要求，调动了农民支持革命的热情，为革命胜利做出巨大贡献。

二、新中国成立至改革开放前的农村建设和农业发展

在新中国成立前的七届二中全会上，毛泽东指出："从一九二七年到现在，我们的工作重点是乡村，在乡村聚集力量，用乡村包围城市，然后取得城市。采取这样一种工作方式的事情现在已经完结。从现在起，开始了由城市到乡村并由城市领导乡村的时期。党的工作重心由乡村移到了城市。"① 同时，毛泽东也强调，要使工业和农业紧密地联系起来，决不可以丢掉乡村，仅顾城市。1953 年，国家开始实施重工业优先发展的"一五"计划，为解决落后的农业不能满足工业化快速发展的要求的矛盾，政府开始在农村实行"统购统销"政策，并实施农业合作化运动。

1951 年，中共中央印发《关于农业生产互助合作的决议（草案）》。1953 年，在总结互助合作成功经验的基础上，中共中央颁布了《关于发展农业生产合作社的决议》，决定通过互助组、合作社的形式，逐步建立农村土地集体所有、统一经营、共同劳动、按劳分配的社会主义农业经营体制。毛泽东依据马克思主义关于改造小农经济的原理、结合中国农业落后的实际，撰写了《把农业互助合作当作一件大事去做》（1951 年 12 月）、《关于农业互助合作的两次谈话》（1953 年 10 月、11 月）、《关于农业合作化问题》（1955 年 7 月）以及《中国农村的社会主义高潮》的序言和按语（1955 年 9 月、12 月）等论著，系统地阐述了一条适合我国国情的农业社会主义改造道路。毛泽东认为，通过合作化道路使个体农民走向社会主义，这是他们"得到解放的必由之路，由穷苦变富裕的必由之路"②。"没有农业社会化，就没有全部的巩固的社会主义。"③ "社会主义工业化是不能离开农业合作化而孤立地去

---

① 毛泽东. 毛泽东选集：第 4 卷［M］. 北京：人民出版社，1991：1426.
② 毛泽东. 毛泽东选集：第 3 卷［M］. 北京：人民出版社，1991：932.
③ 毛泽东. 毛泽东选集：第 4 卷［M］. 北京：人民出版社，1991：1477.

进行的。"① "社会主义工业化的一个最重要的部门——重工业，它的拖拉机的生产，它的其他农业机器的生产，它的化学肥料的生产，它的供农业使用的现代化运输工具的生产，它的供农业使用的煤油和电力的生产等等，所有这些，只有在农业已经形成了合作化的大规模经营的基础上才有使用的可能，或者才能大量地使用。" "农民的经济是分散的，根据苏联的经验，需要很长的时间和细心的工作，才能做到农业社会化。"②

农业的社会主义改造将亿万个体农户组织起来，极大地激发了广大农民的生产积极性。据统计，从 1953 年到 1956 年，中国农业总产值年均增长4.8%，农民安居乐业，农业生产有所发展，农民生活有所改善，农业生产力不断进步，中国农村完成了从几千年的小农经济、分散劳动向集体经营、共同生产、集体所有的历史性转变。尽管"大跃进""人民公社"运动迟滞了中国农村、农业的稳定发展，但通过农村集体组织把农民组织起来，发展农业生产，推进农村进步的探索是有益的。

三、经济体制改革深化乡村建设阶段③

新中国成立后，党领导农民开垦农田、兴修水利，大力培养乡村医生，村村通广播，开办农民识字班，农业、农村、农民面貌有了较大改善，但由于脱离生产力实际、过高估计生产关系反作用力，农业农村长期落后，农民仍然普遍的绝对贫困。改革开放后，党中央调整、巩固、完善农村基本经济制度和基本经营体制，优化农户经济行为，活跃涉农资本，升级农业产业链，畅通城乡市场，为农业、农村、农民现代化提供源源不断的动力，为"十四五"深化乡村经济体制改革，推动贫困地区衔接推进乡村振兴以及有条件地区农村的全面振兴积累了宝贵经验。

---

① 毛泽东.建国以来毛泽东文稿：第5册［M］.北京：中央文献出版社，1991：248-249.
② 毛泽东.建国以来毛泽东文稿：第5册［M］.北京：中央文献出版社，1991：249.
③ 刘金新.中国共产党领导的振兴乡村经济体制改革研究［J］.安顺学院学报，2021，23（6）：1-5.

（一）以建立家庭联产承包责任制为主要内容的农村经济体制改革阶段（1978—1985 年）

1978 年，全国农村住户平均纯收入 133.57 元，贫困人口总数为 2.5 亿人，贫困发生率为 30.7%。全国（缺西藏自治区统计数据）农民人均分配收入低于 50 元的穷队数 139 万个，占全国总队数的 29.5%。[①] 中国农村处于普遍的绝对贫困。邓小平同志非常重视农业的发展，他强调指出，我国是个农业大国，而且是一个落后的农业大国，农业发展水平如何，直接关系到战略目标能否实现。"我们要克服困难，争取财政经济状况的根本好转，要从恢复农业着手。农业搞不好，工业就没有希望，吃、穿、用的问题也解决不了。"[②] "我们首先是解决占人口百分之八十的农村问题。从中国的实际出发，中国有百分之八十的人口住在农村，中国稳定不稳定首先要看这百分之八十稳定不稳定。"[③] "中国社会是不是安定，中国经济能不能发展，首先要看农村能不能发展，农民生活是不是好起来。翻两番，首先要看这百分之八十的人口能不能达到。"[④] 因此，他提出要把农业部门列为战略重点，给予优先发展。"重视发展农业。不管天下发生什么事，只要人民吃饱肚子，一切就好办了。"[⑤] "我们首先要解决农村问题，在农村实行搞活经济和开放政策，调动全国百分之八十的人口的积极性。"[⑥] "对内经济搞活，我们首先从农村着手。"[⑦] 他提出，农业要恢复，要有一系列的政策，主要有两个方面的政策：一方面是把农民的积极性调动起来，使农民能够发展农业生产，多搞点粮食，把经济作物恢复起来；另一方面是工业支持农业，他要求增强和改善为农业需要服务的工业生产，减轻农业的负担。

1979 年，施行政社分离，推行家庭联产承包责任制。1982—1986 年，中央连续五年发布以"三农"为主题的中央一号文件，对农村改革和农业发展

---

① 农业部人民公社管理局.1977—1979 年全国穷县情况［J］.农业经济丛刊，1981（1）：48-52.
② 邓小平. 邓小平文选：第 1 卷［M］.北京：人民出版社，1994：322.
③ 邓小平. 邓小平文选：第 3 卷［M］.北京：人民出版社，1993：65.
④ 邓小平. 建设有中国特色的社会主义［M］.增订本.北京：人民出版社，1987：66.
⑤ 邓小平. 邓小平文选：第 2 卷［M］.北京：人民出版社，1994：406.
⑥ 邓小平. 建设有中国特色的社会主义［M］.增订本.北京：人民出版社，1987：55.
⑦ 邓小平. 建设有中国特色的社会主义［M］.增订本.北京：人民出版社，1987：66.

做出部署。1983 年,中央一号文件明确提出要调整购销政策,打破乡村分割和地区封锁,广辟流通渠道。1984 年,中央一号文件提出要促进城乡人才和技术流动,发展农村工业,改变"八亿农民搞饭吃"局面。1985 年,中央一号文件提出"改革农产品统派购制度""鼓励易于分散生产或需要密集劳动的产业,从城市向小城镇和农村扩散"。① 这些政策措施极大解放了农业生产力。据统计,1984 年,我国粮食总产量 8146 亿斤,比 1978 年的 6095 亿斤增长 34.3%;人均粮食占有量 781 斤,相对 1978 年的 633 斤增加了 23.4%。农民人均纯收入从 1978 年的 134 元增长到了 1985 年的 397.6 元,年均增长 16.2%。② 以家庭联产承包责任制为主要内容的经济体制改革,使农民成为独立的经营主体,提高了农民农业生产经营的积极性。城乡交易市场的逐步开放,提高了农产品商品化程度,涌现了一批个体经营户和乡镇企业。多劳多得、勤劳致富理念,以及商业思维的活跃极大缓解了农村的普遍贫困和绝对贫困。

（二）以促进农民稳定增收为主要目的的农村经济体制改革阶段（1986—2000 年）

农村经济体制改革初期,农村发展较快,但 1985 年以后,农业缺乏后劲问题开始呈现。不断加重的负担、工农业产品价格剪刀差、城市和工业的吸引,使农民务农积极性下降,工业对农业资金的虹吸也使农业持续资金投入严重不足,弃农务工、土地撂荒现象增多,全国农产品增量出现低速徘徊。一方面,中国经济持续高速增长,农村绝对贫困人口大规模减少;另一方面,农民收入增长放缓,且稳定性较差。其中,1986—1990 年,农村居民人均纯收入增长率仅为 11.60%;1991 年由于遭受严重自然灾害;收入增速下降为 3.24%。1992—2000 年分为两个明显的阶段,1992—1996 年,农村人均纯收入年均增长 22.39%;1997—2000 年,下降为 4.03%。而农业税费支出占农村居民总支出的比重由 1986 年的 3.59% 增长到 2000 年的 4.01%。③ 增收放缓与

---

① 中共中央 国务院关于"三农"工作的一号文件汇编:1982—2014［M］.北京:人民出版社,2014:56,60.
② 陈锡文.从农村改革四十年看乡村振兴战略的提出［J］.上海农村经济,2018,372（8）:4-9.
③ 国家统计局农村社会经济调查总队.中国农村住户调查年鉴:2001［M］.北京:中国统计出版社,2001:30-33.

负担加重叠加，使农民家庭，尤其纯农户家庭实际可支配收入出现较大波动，甚至实质下降。农闲季节义务劳动加超额劳动适当报酬相结合的措施，提高了农村剩余劳动力利用率，较好地维护和改善了农村生产生活条件，但较高的义务劳动抵扣金和较低的超额劳动报酬，使经商、务工人员陷入留与走的两难境地。

针对严重的"三农"问题，党的十四大报告重申"必须坚持把加强农业放在首位，全面振兴农村经济"。江泽民多次强调"加强农业"不能仅写在党的文件上，重要的是要落到实处，而不是"口头上重要，实际上次要"。① 党的十六大报告指出："建设现代农业，发展农村经济，增加农民收入，是全面建设小康社会的重大任务。""没有农民的小康，就不可能有全国人民的小康。"② 这一时期经济体制改革的重心始终围绕留守农民稳定增收和流动农民有序流动展开：一方面，稳定和完善农村土地承包关系，引导在村农民承接撂荒土地种植经济作物改善农村产业结构，鼓励农民建立规范化集体经营合作组织，进一步取消双轨价格，逐步提高农产品商品化程度；另一方面，进一步破除城乡绝对对立关系，提高择业、就业市场化程度，政府主导组织贫困地区农村剩余劳动力向沿海发达地区有序流动，以提高农村家庭财产性收入。

（三）以农民持续增收为主要目标的农村经济体制改革阶段（2001—2012 年）

21 世纪初，农民增收困难增加、城乡收入差距扩大，农村基层党组织弱化、农村"空心化"问题累积，中国农业、农村、农民领域重大问题显现。因此，中央一号文件再次聚焦"三农"问题，2004 年至 2012 年连续 8 年，中央一号文件均把提高农业生产能力、农民增收、农村稳定作为解决"三农"问题的核心对策。党的十六大召开之后不久，中共中央就召开了政治局会议对解决"三农"问题进行了专题讨论。会上，胡锦涛提出："解决'三农'问题是全党工作的重中之重。"党的十六届三中全会特别强调，要积极拓展农村就业空间，取消各种对农民进城就业的限制性规定，为农民创造更多的就业机会，并明确提出要"逐步统一城乡劳动力市场，形成城乡劳动者平等就业的制度，为农民创造更多就业机会"。在党的十六届四中全会上，胡锦涛提

---

① 十五大以来重要文献选编：中册［M］. 北京：人民出版社，2001：1074.

② 江泽民论中国特色社会主义（专题摘编）［M］. 北京：中央文献出版社，2002：118.

出在工业化初始阶段，农业支持工业、为工业提供积累是带有普遍性的趋向；在工业化达到相当程度后，工业反哺农业、城市支持农村，实现工业与农业、城市与农村协调发展，也是带有普遍性的趋向的"两个趋向"的重大历史论断。国民经济和社会发展第十一个五年规划明确提出了"建设社会主义新农村"的重大历史任务，强调要继续坚持"多予、少取、放活"的方针，按照生产发展、生活富裕、乡风文明、村容整洁、管理民主的要求，建设新农村。党的十七大报告提出，要统筹城乡发展，建立以工促农、以城带乡长效机制，形成城乡经济社会发展一体化新格局。党的十七届三中全会通过的《中共中央关于推进农村改革发展若干重大问题决定》提出，加快农村要素市场建设，深化农村产权综合改革。党的十七届五中全会提出，在深入发展工业化、城镇化中同步推进农业现代化。这些重要决策，对于加快农村发展、促进农民富裕、实现全面建设小康社会奋斗目标，具有重大意义。

主要措施包括：免除农业税、粮食直补、增加补贴、防止谷贱伤农，引导产销区建立利益联结机制；实施新农村实用人才、新成长劳动力免费劳动预备制培训工程，加大贫困地区劳动力转移培训力度；新增财政支出和固定资产投资向"三农"倾斜，鼓励社会资本参与农业基础设施建设；实施"一村一品""订单农业""循环农业"，扶持龙头企业带动贫困地区调整结构；加大统筹城乡发展力度，进一步夯实农业农村发展基础等。这一时期农村经济体制改革有五个最大特点。一是农业减负又补贴，农民基本具备完全自由流动和自主经营权。二是从城乡统筹的高度切实推动农村发展，涌现一批特色鲜明、城镇化水平较高的新型农民社区。三是着力升级传统农业，规划区域特色农产品。四是加大新型职业农民培育力度。这时期存在的一个典型问题是，因农业税费免除，几乎无返还收入，农村普遍陷入公共发展经费极度短缺、村级事务无钱无人管理的窘境。农村基层党组织的弱化，在一定程度上减弱了部分经济体制改革的效力。五是振兴乡村的尝试，不再局限于乡村，而是动员包括市民、文化人等在内的更广泛的社会力量跨界参与。

（四）以创造农村、农业新动能为主要目标的农村经济体制改革新阶段（2013—2020 年）

针对"三农"新情况、新问题、新矛盾、新困难，2014—2022 年的中央一号文件均明确要求"加大改革创新力度,加快农业现代化建设、培育新动能"。如 2014 年的中央一号文件提出,下决心破除体制机制弊端,逐步下放涉农资金项目审批权,赋予农民更多财产权,建立农产品目标价格制度,发展混合所有制产业化龙头企业,推行合作式、订单式、托管式农业社会化服务体系。2015 年的中央一号文件强调要繁荣农村,则必须坚持不懈地推进社会主义新农村建设,推进农村电商、村民自治、法治农村建设试点,全面深化促进土地流转和规模经营的农村集体所有制有效实现形式与农村集体经济运行机制,提升农村基础设施水平,推进城乡基本公共服务均等化。2016 年和 2017 年的中央一号文件的主线索是推动农业供给侧结构性改革,培育现代农民、推进农业转型、发展绿色农业,提高农业供给质量。2018 年的中央一号文件对乡村振兴做了战略性部署。2019 年的中央一号文件《中共中央 国务院关于坚持农业农村优先发展做好"三农"工作的若干意见》和 2020 年的中央一号文件《中共中央 国务院关于抓好"三农"领域重点工作确保如期实现全面小康的意见》对 2020 年全面打赢脱贫攻坚战后的乡村全面振兴做了精心布局。2021 年的中央一号文件《中共中央 国务院关于全面推进乡村振兴加快农业农村现代化的意见》提出,要坚持把解决好"三农"问题作为全党工作重中之重,持续巩固拓展脱贫攻坚成果,接续推进脱贫地区乡村振兴,加强农村低收入人口常态化帮扶,强化现代农业科技和物质装备支撑,构建现代乡村产业体系,推进农业绿色发展,推进现代农业经营体系建设,大力实施乡村建设行动,强化五级书记抓乡村振兴的工作机制,加强新时代农村精神文明建设,让广大农民过上更加美好的生活。2022 年的中央一号文件《中共中央 国务院关于做好 2022 年全面推进乡村振兴重点工作的意见》指出,要牢牢守住保障国家粮食安全和不发生规模性返贫两条底线,强化现代农业基础支撑,聚焦产业促进乡村发展,加大政策保障和体制机制创新力度,突出年度性任务、针对性举措、实效性导向,充分发挥农村基层党组织领导作用,扎实有序做好乡村发展、乡村建设、乡村治理重点工作,推动乡村振兴取得新进展、农业农村现代化迈出新步伐。

四、中国共产党振兴乡村的基本经验

边干边学边总结、以不断创新的理论指导新的实践,是中国共产党人的

优良传统。中国共产党在百年奋斗史中形成了党管农村、农村为基、农民利益为上，以经济体制改革为基本动力，稳步振兴乡村的基本经验。这些经验是进一步坚定走好中国特色乡村振兴道路的宝贵精神财富。

（一）坚持党管农村

坚持共产党的领导是马克思主义的基本原则，中国最大的制度优势是不断发挥党集体领导的体制优势。毛泽东指出："中国共产党是全中国人民的领导核心。没有这个核心，社会主义事业就不能胜利。"① 邓小平在改革开放之初就明确强调，"从根本上说，没有党的领导，就没有现代中国的一切"②。江泽民指出，把我们的事业全面推向 21 世纪，关键在于坚持、加强和改善党的领导，进一步把党建设好。习近平总书记反复强调，全面深化改革必须加强党的领导，提高党的领导水平和执政能力。中国"三农"工作取得巨大历史成就的关键之处就在于能始终坚持中国共产党的正确领导，而且越到全面乡村振兴接力加速时期，越需要进一步坚持、加强和改善党的领导。

（二）走共同富裕之路

拥有一定数量的财富，是公民维持"善良习惯"，社会巩固稳定秩序的必要条件。全心全意为人民服务，实现共同富裕、促进人的全面发展是党的宗旨。毛泽东多次强调，要把不断满足、保护、提高农民利益与保持农民革命、建设的积极性统筹起来。改革开放以来，共同富裕和人的全面发展理念在党的文献和领导人讲话以及社会主义建设实践的各个方面得到全面体现。邓小平指出，共同富裕是社会主义的本质要求，是实现人的全面发展的物质基础，但共同富裕是一个长期的过程，需要先富带动后富，基本途径是梯度发展、渐次推进、先富带动后富，只要"人民的物质生活好起来，文化水平提高了，精神面貌会有大的变化"③。江泽民从人的生存权和发展权的角度，提出扶贫治理首先要保障人民最基本的生存需要，认为生存权是最直接的人权，发展权基于生存权，二者相辅相成，社会主义的最终目标是共同富裕。习近平总书记从改革和全面小康社会建设的角度，指出中国共产党领导全国人民建设

---

① 毛泽东.毛泽东文集：第 7 卷［M］.北京：人民出版社，1999：303.
② 邓小平.邓小平文选：第 2 卷［M］.北京：人民出版社，1994：266.
③ 邓小平.邓小平文选：第 3 卷［M］.北京：人民出版社，1993：89.

小康社会而进行的各项改革的根本目的，就是要通过解放和发展生产力，不断提高人民物质和文化生活水平来推进人的全面发展。

中国的反贫困治理继承和发展了马克思反贫困理论中的共同富裕和人的全面发展思想。毛泽东认为，共同富裕是社会主义的根本特征，要摆脱贫穷、改善生活，只有联合起来，走合作化的道路，才能达到共同富裕的目的。此外，为了实现人的全面发展，毛泽东时期还建立了大量的农技推广站，发展了免费教育、乡村合作医疗、"赤脚医生"等公共服务，初步建立了以"五保户"、特困户和其他生活困难群体救济为主的农村社会保障体系，虽然层次较低，但与当时极弱的国力相比较，这些措施还是为人民的全面发展创造了极大条件。在改革开放以来的乡村建设实践中，党和政府一直把改善农村农业基础设施建设，提高农村人口收入水平，健全以权利公平、机会公平、规则公平为主要内容的社会公平保障体系，保障全体人民共享改革发展成果作为治国理政的基本方略，为城乡人民群众的共同富裕和全面发展提供了更坚实的制度和政策保障。

（三）不断巩固完善农村基本经营制度

中国最大的不平衡是城乡发展不平衡，最主要的是农村发展滞后于城市。中国共产党领导的土地革命，新中国成立后至改革开放前推行的农业社会主义改造、农业基础设施建设、农村公共服务提升工程、农民文化革命运动等，改革开放以来对农村土地所有权与经营权"统""分"形式、程度、方式的探索，本质上都以缩小城乡发展差距为基本出发点，把农民增收问题作为根本问题，把理顺农村产权制度和经营体制作为农民增收动力的核心问题。这些体现了我们党在不断巩固完善农村基本经营制度，实现中国乡村振兴政策方面的连续性和一致性。当前，农村土地边际效益整体下降，制约农村振兴深层次的矛盾日益凸显。对此，习近平总书记指出，要坚持农村土地集体所有，坚持家庭经营基础性地位，保持土地承包关系稳定，把体制改革摆在全面深化改革的突出位置，优先推进与乡村振兴密切相关制度建设，鼓励基层创新，发现和培养更多优秀基层党员干部，提高涉农部门扶贫合作效率，建立符合市场经济要求的集体经济运行机制，确保集体资产保值增值，确保农民真正受益。

（四）始终保持坚如磐石的战略定力

战略定力体现为战略自信、意志和毅力，形势越是错综复杂越需要执政党具备坚定的战略定力。实现战略意图的战略定力是党和政府执政能力的重要组成部分，具有战略定力是我们党的政治基因，始终保持战略定力是我们党的政治优势。新民主主义革命时期，以毛泽东同志为核心的第一代领导集体，从农业国、农民占多数且极度贫困、城乡发展极度不平衡的革命形势出发，坚定地以土地革命为中心、以为人民服务为宗旨发动农民战争，建立了人民当家做主的新中国。新中国成立后，颁布土地法、持续改善农业、农村、农民发展基础条件，探索互助合作道路。改革开放以来，党和政府立足国力不强且区域发展极不平衡的现实，由农村改革到城市改革再到城乡统筹、城乡一体化发展，由东部沿海地区优先的梯度发展到东部率先发展、中部崛起、西部大开发再到区域一体化协调发展，从全国各地几无差别的种荞麦、豆、稻、黍到农产品主产区、重点生态功能区、城市化地区及更细致功能区划分。一个目标接着一个目标干，一个台阶接着一个台阶上，既不好高骛远，也不轻言放弃，这充分体现了党和政府坚如磐石的战略定力。从发达国家的工业化、农业现代化、城镇化历程来看，乡村振兴绝不是一年、五年就能轻言解决的问题，而是贯穿中国现代化"两个十五年"期间的艰难任务。党领导人民主动求变、处变不惊、科学应变、不断增强战略定力，是党建引领乡村全面振兴的基本着力点。

第三章

衔接推进乡村振兴的丰富内涵

巩固拓展脱贫攻坚成果、衔接推进乡村振兴战略充分考虑了不同地区农村发展阶段的差异性，充分考虑到了贫困面较广、贫困程度较深地区持续巩固拓展脱贫攻坚成果的必要性以及有效衔接推进乡村振兴任务中问题的复杂性。设置过渡期，把防止规模性返贫作为底线任务，同时做好政策和机制的有效衔接，积极弘扬脱贫攻坚精神，保持历史耐心，坚持梯次推进、积极推进又不冒进，是以人民为中心发展思想和实事求是党的优良作风的生动体现。

第一节　衔接推进乡村振兴的政策演变

振兴乡村是中国革命、建设、改革开放的重要任务。尤其是改革开放以来，我国依照梯度发展、全面统筹、稳步推进原则，进行不间断顶层制度设计和体制改革，形成了中国特色乡村振兴道路、理论、制度和政策体系。2017 年，党的十九大报告首次提出乡村振兴战略，要求以乡村振兴战略统领脱贫攻坚战略。2020 年，脱贫攻坚战取得决定性胜利，随后进入过渡时期，即巩固拓展脱贫攻坚成果同乡村振兴有效衔接时期，连片贫困地区需要继续巩固脱贫攻坚成果并实现与乡村振兴的有效衔接，有条件地区农村率先进入全面振兴新阶段。

一、初步探索阶段

2013 年，习近平总书记提出"精准扶贫"理念，要求创新扶贫工作机制。2014 年，国家完成贫困户建档立卡工作。2015 年，中央扶贫开发工作会议做出"决不能落下一个贫困地区、一个贫困群众"的承诺，提出了实现脱贫攻坚目标的总体要求，发出了打赢脱贫攻坚战的总攻令。2016 年，全面拉开了新时代脱贫攻坚的序幕。

2017 年 10 月，习近平总书记在党的十九大报告中提出，从现在起到 2020 年是全面建成小康社会的决胜期，要动员全党全国全社会力量，坚决打赢脱贫攻坚战，做到脱真贫、真脱贫，同时提出要坚持农业农村优先发展，按照"产业兴旺、生态宜居、乡风文明、治理有效、生活富裕"的总要求实施乡村振兴战略。在 2017 年年底的中央农村工作会议上，习近平总书记系统阐释了走中国特色社会主义乡村振兴道路的基本内涵，坚持走城乡融合发展之路、共同富裕之路、质量兴农之路、乡村绿色发展之路、乡村文化兴盛之路、乡村善治之路和中国特色减贫之路。

2018 年 1 月，《中共中央　国务院关于实施乡村振兴战略的意见》提出：贫困地区乡村振兴的首要任务是脱贫攻坚，同时要做好实施乡村振兴战略与打好精准脱贫攻坚战有机衔接的工作。2018 年 2 月，习近平总书记在四川视察时指出，实施乡村振兴战略，基础和前提还是要把脱贫攻坚战打赢、打好。中央政治局第八次集体学习对有效衔接问题进行了重申和强调，要把乡村振兴战略作为新时代"三农"工作总抓手，促进农业全面升级、农村全面进步、农民全面发展。3 月 8 日，习近平总书记在参加十三届全国人大一次会议山东代表团审议时强调，要推动乡村产业振兴，紧紧围绕发展现代农业，围绕农村一、二、三产业融合发展，构建乡村产业体系，实现产业兴旺，把产业发展落到促进农民增收上来，全力以赴消除农村贫困，推动乡村生活富裕。9 月 22 日，在主持中央政治局第八次集体学习时，习近平总书记对实施乡村振兴战略进行了系统阐述，进一步明确了实施乡村振兴战略的总目标、总方针、总要求和制度保障，要求按规律办事，处理好长期目标和短期目标的关系、顶层设计和基层探索的关系、充分发挥市场决定性作用和更好发挥政府作用的关系、增强群众获得感和适应发展阶段的关系。

《中共中央　国务院关于打赢脱贫攻坚战三年行动的指导意见》提出，要统筹衔接脱贫攻坚与乡村振兴，脱贫攻坚期内，贫困地区乡村振兴主要任务是脱贫攻坚，乡村振兴相关支持政策要优先向贫困地区倾斜，补齐基础设施和基本公共服务短板，以乡村振兴巩固脱贫成果，抓紧研究制定 2020 年后减贫战略，研究推进扶贫开发立法。《乡村振兴战略规划（2018—2022 年）》系统回答了"为什么实施乡村振兴""实现怎样的乡村振兴""如何实施乡村振兴"等理论和现实问题，明确要把打好精准脱贫攻坚战作为实施乡村振兴战略的优先任务，推动脱贫攻坚与乡村振兴有机结合、相互促进，确保到 2020 年我国现行标准下农村贫困人口实现脱贫，贫困县全部摘帽，解决区域性整体贫困。聚焦革命老区、民族地区、边疆地区、集中连片特困地区的乡村精准发力，科学把握我国乡村区域差异，尊重并发挥基层首创精神，发掘和总结典型经验，推动不同地区、不同发展阶段的乡村有序实现农业农村现代化。

2019 年的中央一号文件《中共中央　国务院关于坚持农业农村优先发展做好"三农"工作的若干意见》对做好脱贫攻坚与乡村振兴有效衔接做出了具体部署。2019 年 3 月，习近平总书记在参加内蒙古代表团的审议中强调，"要把脱贫攻坚同实施乡村振兴战略有机结合起来"。2019 年 8 月，党中央制定颁布《中国共产党农村工作条例》，为脱贫攻坚和乡村振兴的组织建设指明了方向。2019 年 9 月，习近平总书记在解决"两不愁三保障"突出问题座谈会上强调：要扶上马，送一程，缓冲期内"摘帽不摘责任、摘帽不摘政策、摘帽不摘帮扶、摘帽不摘监管"，确保脱贫群众不返贫。

在 2020 年年初的决胜脱贫攻坚座谈会上，习近平总书记进一步指出，要将脱贫工作统筹到乡村振兴中来。2020 年的中央一号文件《中共中央　国务院关于抓好"三农"领域重点工作确保如期实现全面小康的意见》更是基于协同推进的安排，明确了做好有效衔接的基本思路、目标任务和主要原则，分别从补齐农村发展短板、促进农民持续增收、加强基层治理等方面统筹提出了有效衔接的二十四项重点工作。

2020 年 5 月印发的《中共中央　国务院关于新时代推进西部大开发形成新格局的指导意见》提出，西部地区发展不平衡不充分问题依然突出，巩固脱贫攻坚任务依然艰巨，与东部地区发展差距依然较大，维护民族团结、社会稳定、国家安全任务依然繁重，仍然是全面建成小康社会、实现社会主义现代化的短板和薄弱环节。2020年全面完成脱贫攻坚任务后，要在此基础上巩固脱贫攻坚成果，设立五年过渡期，合理把握调整节奏、力度和时限，增强脱贫稳定性，着力提升脱贫地区整体发展水平，压茬推进乡村振兴战略。

2020年12月，在脱贫攻坚战即将取得全面胜利的情况下，中共中央、国务院印发了《关于实现巩固拓展脱贫攻坚成果同乡村振兴有效衔接的意见》，明确了实现巩固拓展脱贫攻坚成果同乡村振兴有效衔接的指导思想、基本思路、目标任务和政策措施，并将"脱贫攻坚成果巩固拓展，乡村振兴战略全面推进"列为"十四五"时期经济社会发展的主要目标，将"实现巩固拓展脱贫攻坚成果同乡村振兴有效衔接"作为未来五年全国农业农村发展的重点任务，明确要着力提升脱贫地区整体发展水平，建立健全巩固拓展脱贫攻坚成果长效机制，聚力做好脱贫地区巩固拓展脱贫攻坚成果同乡村振兴有效衔接重点工作。2020年12月28日，习近平总书记在中央农村工作会议上强调：脱贫攻坚取得胜利后，要全面推进乡村振兴，这是"三农"工作重心的历史性转移。要坚决守住脱贫攻坚成果，做好巩固拓展脱贫攻坚成果同乡村振兴有效衔接，工作不留空当，政策不留空白。

表1　2017—2020年关于巩固拓展脱贫攻坚成果同乡村振兴有效衔接的文件

年份	文件名称	相关内容
2017	《决胜全面建成小康社会夺取新时代中国特色社会主义伟大胜利》	衔接推进脱贫攻坚与乡村振兴。
2018	《中共中央　国务院关于实施乡村振兴战略的意见》	做好实施乡村振兴战略与打好精准脱贫攻坚战有机衔接的工作。
2018	《中共中央　国务院关于打赢脱贫攻坚战三年行动的指导意见》	统筹衔接脱贫攻坚与乡村振兴。
2018	《乡村振兴战略规划（2018—2022年）》	推动脱贫攻坚与乡村振兴有机结合相互促进。
2019	《中共中央　国务院关于坚持农业农村优先发展做好"三农"工作的若干意见》	决战决胜脱贫攻坚，扎实推进乡村建设，对摘帽的贫困县通过实施乡村振兴战略巩固发展成果。

续表

年份	文件名称	相关内容
2019	《关于加强和改进乡村治理的指导意见》	夯实乡村振兴基层基础。
2020	《中共中央　国务院关于抓好"三农"领域重点工作确保如期实现全面小康的意见》	坚决打赢脱贫攻坚战，巩固脱贫成果防止返贫，强化农村补短板保障措施。加强解决相对贫困问题顶层设计，纳入实施乡村振兴战略统筹安排。抓紧研究制定脱贫攻坚与实施乡村振兴战略有机衔接的意见。
2020	《中共中央　关于制定国民经济和社会发展第十四个五年规划和二〇三五年远景目标的建议》	"十四五"要实现巩固拓展脱贫攻坚成果同乡村振兴有效衔接，接续推进脱贫地区发展。
2020	《中共中央　国务院关于新时代推进西部大开发形成新格局的指导意见》	巩固脱贫攻坚成果，压茬推进乡村振兴战略。
2020	《关于实现巩固拓展脱贫攻坚成果同乡村振兴有效衔接的意见》	设立五年过渡期，做好巩固拓展脱贫攻坚成果同乡村振兴有效衔接。

二、稳步落实阶段

小康不小康，关键看老乡，关键在贫困的老乡能不能脱贫。党的十八大以来，以习近平同志为核心的党中央把脱贫攻坚摆在治国理政的突出位置，把脱贫攻坚作为全面建成小康社会的底线任务纳入"五位一体"总体布局和"四个全面"战略布局，发挥我国社会主义制度能够集中力量办大事的政治优势，把握减贫规律，坚持精准扶贫方略，坚持调动广大贫困群众积极性、主动性、创造性，激发脱贫内生动力，出台了一系列超常规政策举措，构建了一整套行之有效的政策体系、工作体系、制度体系，攻克了一个又一个贫中之贫、坚中之坚。其间，习近平总书记先后 7 次主持召开中央扶贫工作座谈会，50 多次调研扶贫工作，走遍 14 个集中连片特困地区、考察调研了 20 多个贫困村，总书记看真贫，与贫困群众拉家常、算细账，了解真扶贫、扶真贫、脱真贫的实际情况。在习近平总书记的部署下，全国 22 个省区市向党中央立下"军令状"，形成省、市、县、乡、村"五级书记抓扶贫"的工作格局，派出了 25 万多个驻村工作队，300 多万县级以上单位派出了驻村干部，做到了户户有责任人，村村有帮扶队。

胜利来之不易，巩固胜利更难。2021 年，党中央进一步明确脱贫地区要把巩固拓展脱贫攻坚成果、防止规模性返贫作为首要任务。国家扶上马送一程，出台系列支持性政策文件（见表 2），鼓励脱贫地区做好乡土空间规划，结合资源禀赋发展提升各具特色的富民产业，自治、德治、法治相结合推动乡村治理现代化，实现巩固拓展脱贫攻坚成果与乡村振兴的有效衔接。

2021 年 2 月，中央一号文件《中共中央　国务院关于全面推进乡村振兴加快农业农村现代化的意见》提出，设立衔接过渡期，持续巩固拓展脱贫攻坚成果，接续推进脱贫地区乡村振兴，加强农村低收入人口常态化帮扶，大力实施乡村建设行动，加快推进农业现代化，实现巩固拓展脱贫攻坚成果同乡村振兴有效衔接，为全面建设社会主义现代化国家开好局、起好步提供有力支撑。

2021 年 2 月 3 日，习近平总书记在贵州省毕节市黔西县新仁苗族乡化屋村考察调研时强调，中华民族是个大家庭，五十六个民族五十六朵花，全面建成小康社会，一个民族不能落下；全面建设社会主义现代化，一个民族也不能落下。脱贫之后，要接续推进乡村振兴，加快推进农业农村现代化。2 月 25 日，习近平总书记在全国脱贫攻坚总结表彰大会上庄严宣告：我国脱贫攻坚战取得了全面胜利，现行标准下 9899 万农村贫困人口全部脱贫，832 个贫困县全部摘帽，12.8 万个贫困村全部出列，区域性整体贫困得到解决，完成了消除绝对贫困的艰巨任务，创造了又一个彪炳史册的人间奇迹！同时，习近平总书记强调要切实做好巩固拓展脱贫攻坚成果同乡村振兴有效衔接各项工作，要扶上马送一程，设立过渡期，保持主要帮扶政策总体稳定，让脱贫基础更加稳固、成效更可持续。

2021 年 4 月，十三届全国人大常委会第二十八次会议通过了《中华人民共和国乡村振兴促进法》，为全面实施乡村振兴战略，促进农业全面升级、农村全面进步、农民全面发展，加快农业农村现代化，全面建设社会主义现代化国家提供了法治依据和法律保障。同月，教育部等四部门《关于实现巩固拓展教育脱贫攻坚成果同乡村振兴有效衔接的意见》（教发〔2021〕4号）提出，做好巩固拓展教育脱贫攻坚成果同乡村振兴有效衔接重点工作，延续完善巩固拓展脱贫攻坚成果与乡村振兴有效衔接的对口帮扶工作机制，到2025年，实现教育脱贫攻坚成果巩固拓展，乡村教育振兴和教育振兴乡村的良性循环基本形成。财政部等六部门印发《关于继续支持脱贫县统筹整合使用财政涉农资金工作的通知》要求，地方各级财政部门要结合本地实际，明确本级整合资金范围；教育、医疗、卫生等社会事业方面资金，要结合巩固拓展脱贫攻坚成果和乡村振兴任务，突出重点，集中投入，形成合力；脱贫县根据本地巩固拓展脱贫攻坚成果同乡村振兴有效衔接规划和相关行业规划等，编制年度整合资金实施方案，健全完善巩固拓展脱贫攻坚成果和乡村振兴项目库，确定好重点项目和建设任务，整合资金优先安排用于既有利于巩固拓展脱贫攻坚成果，又有利于完成行业发展任务的项目。

2021年5月，中共中央办公厅《关于向重点乡村持续选派驻村第一书记和工作队的意见》提出，坚持有序衔接、平稳过渡，在严格落实脱贫地区"四个不摘"要求基础上，合理调整选派范围，优化驻村力量，拓展工作内容，逐步转向全面推进乡村振兴。健全常态化驻村工作机制，为全面推进乡村振兴、巩固拓展脱贫攻坚成果提供坚强组织保证和干部人才支持。对脱贫村、易地扶贫搬迁安置村（社区），继续选派第一书记和工作队。将乡村振兴重点帮扶县的脱贫村作为重点，加大选派力度。对巩固脱贫攻坚成果任务较轻的村，可从实际出发适当缩减选派人数。对乡村振兴任务重的村，选派第一书记或工作队，发挥示范带动作用。对党组织软弱涣散村，按照常态化、长效化整顿建设要求，继续全覆盖选派第一书记。对其他类型村，各地可根据实际需要做出选派安排。

2021年6月，国家乡村振兴局、中央农办、财政部印发《关于加强扶贫项目资产后续管理的指导意见》提出，党的十八大以来，国家持续加大扶贫投入力度，实施了大量扶贫项目，形成了较大规模的资产，极大地改善了贫困地区生产生活条件，为贫困户脱贫增收、打赢脱贫攻坚战奠定了重要基础。要在巩固拓展脱贫攻坚成果同乡村振兴有效衔接框架下，按照现有资产管理制度及农村集体产权制度改革等要求，建立健全扶贫项目资产的长效运行管理机制，确保项目资产稳定良性运转、经营性资产不流失或不被侵占、公益性资产持续发挥作用，为巩固拓展脱贫攻坚成果、全面实现乡村振兴提供更好保障。

2021 年 7 月，习近平总书记在西藏自治区考察时强调，要坚持以人民为中心的发展思想，推动巩固拓展脱贫攻坚成果同全面推进乡村振兴有效衔接，更加聚焦群众普遍关注的民生问题，办好就业、教育、社保、医疗、养老、托幼、住房等民生实事，一件一件抓落实，让各族群众的获得感成色更足、幸福感更可持续、安全感更有保障。同月，民政部、财政部、国家乡村振兴局发布《关于巩固拓展脱贫攻坚兜底保障成果进一步做好困难群众基本生活保障工作的指导意见》和《中央财政衔接推进乡村振兴补助资金管理办法》，在保持农村社会救助兜底保障政策总体稳定的基础上，统筹发展城乡社会救助制度，加强低收入人口动态监测，完善分层分类的社会救助体系，适度拓展社会救助范围，创新服务方式，提升服务水平，切实做到应保尽保、应救尽救、应兜尽兜。衔接资金用于支持巩固拓展脱贫攻坚成果，支持衔接推进乡村振兴，衔接资金项目审批权限下放到县级，衔接资金按照巩固拓展脱贫攻坚成果和乡村振兴、以工代赈、少数民族发展、欠发达国有农场巩固提升、欠发达国有林场巩固提升、"三西"农业建设任务进行分配。

2021 年 8 月，中央财经委第十次会议强调，要促进农民农村共同富裕，巩固拓展脱贫攻坚成果，全面推进乡村振兴，加强农村基础设施和公共服务体系建设，改善农村人居环境。11 月，国务院印发的《"十四五"推进农业农村现代化规划》指出，脱贫地区产业发展基础仍然不强，内生动力和自我发展能力亟待提升。部分脱贫户脱贫基础还比较脆弱，防止返贫任务较重。要把乡村建设摆在社会主义现代化建设的重要位置，大力弘扬脱贫攻坚精神，做好巩固拓展脱贫攻坚成果同乡村振兴有效衔接，实现巩固拓展脱贫攻坚成果同乡村振兴政策体系和工作机制同乡村振兴有效衔接。加快补齐农业农村短板，增强脱贫地区内生发展能力，提升脱贫地区整体发展水平。科学把握农业农村发展的差异性，保持历史耐心，分类指导、分区施策，稳扎稳打、久久为功，推进不同地区、不同发展阶段的乡村实现现代化。2021 年 12 月

22 日，2021 年度巩固拓展脱贫攻坚成果同乡村振兴有效衔接考核评估工作动员部署会在北京召开，会议提出考核工作要突出重点，紧盯成果巩固，统筹用好考核评估方法手段，创新综合核查方式，发挥好考核评估的"指挥棒"作用，并向中西部 22 个省（自治区、直辖市）派出 22 个综合核查组，对各地 2021 年巩固拓展脱贫攻坚成果同乡村振兴有效衔接工作做出综合分析。这也说明了"十四五"时期开展巩固拓展脱贫攻坚成果同乡村振兴有效衔接评价工作的现实必要性和紧迫性。随后，财政部六部门印发《衔接推进乡村振兴补助资金绩效评价及考核办法》，国家乡村振兴局、中华全国工商业联合会印发《"万企兴万村"行动倾斜支持国家乡村振兴重点帮扶县专项工作方案》，人力资源和社会保障部、国家乡村振兴局印发《关于加强国家乡村振兴重点帮扶县人力资源社会保障帮扶工作的意见》。

2022 年 3 月，农业农村部发布《关于落实党中央国务院 2022 年全面推进乡村振兴重点工作部署的实施意见》（农发〔2022〕1 号）提出，立足新发展阶段、贯彻新发展理念、构建新发展格局、推动高质量发展，坚持稳字当头、稳中求进，牢牢守住保障国家粮食安全和不发生规模性返贫两条底线，扎实有序推进乡村发展、乡村建设、乡村治理重点工作。5 月，中共中央办公厅、国务院办公厅印发《乡村建设行动实施方案》，坚持农业农村优先发展，把乡村建设摆在社会主义现代化建设的重要位置，以普惠性、基础性、兜底性民生建设为重点，强化规划引领，统筹资源要素，建设宜居宜业美丽乡村。同月，国家乡村振兴局、民政部印发《社会组织助力乡村振兴专项行动方案》提出，充分发挥社会组织作用，加大帮扶力度，助力守牢不发生规模性返贫底线。积极探索创新，加快推进社会组织参与乡村产业、人才、文化、生态、组织全面振兴。组织动员部分重点社会组织对 160 个国家乡村振兴重点帮扶县进行对接帮扶，做好巩固拓展脱贫攻坚成果同乡村振兴有效衔接工作。同月，农业农村部、财政部、国家发展改革委印发《关于开展 2022 年农业现代化示范区创建工作的通知》部署推进农业现代化示范区创建，推动农业现代化示范区带动全面推进乡村振兴、加快农业农村现代化。

2022 年 6 月，共青团中央办公厅、农业农村部办公厅联合印发《关于开展 2022 年度高素质青年农民培育工作的通知》部署开展高素质青年农民培育工作：要重点聚焦乡村振兴和农业农村现代化人才需求，支持有条件、有需求的省份开展高素质青年农民培育工作。参与省份要根据实际需求，举办3—5期各层级高素质青年农民专题示范班，先行示范、稳步推进，每期培育50—100人。鼓励支持160个国家乡村振兴重点帮扶县因地制宜举办适度规模的高素质青年农民专题班。要重点围绕农村青年致富带头人、青年家庭农场经营者、农村合作社带头人等乡村青年，返乡创业大学生，脱贫不稳定户、边缘易致贫户、突发严重困难户"三类户"青年等群体开展培训。同月，为便于广大农民和社会各界了解国家强农惠农政策，发挥政策引导作用，财政部、农业农村部发布《2022年重点强农惠农政策指南》。8月，中国科协、国家乡村振兴局发布《关于实施"科技助力乡村振兴行动"的意见》（科协发普字〔2022〕27号）要求，以科技服务乡村人才振兴为核心，发挥人才和智力优势，推动科技创新成果惠及广大农民、高质量科普服务广泛人群，全面提升农民科技文化素质，催生乡村振兴内生动力，营造乡村创新创业创造氛围。以服务乡村人才振兴为切入点，以农民科技文化素质提升为落脚点，坚持科技赋能、深化智志双扶，团结动员广大科技工作者大力开展"科技助力乡村振兴行动"，服务巩固拓展脱贫攻坚成果和乡村振兴。

表2　2021年以来关于巩固拓展脱贫攻坚成果同乡村振兴有效衔接的文件

年份	中央和部委文件名称	相关内容
2021	《中共中央　国务院关于全面推进乡村振兴加快农业农村现代化的意见》	设立衔接过渡期，持续巩固拓展脱贫攻坚成果，接续推进脱贫地区乡村振兴。
2021	《中华人民共和国乡村振兴促进法》	为全面实施乡村振兴战略提供法治依据和法律保障。
2021	《关于实现巩固拓展教育脱贫攻坚成果同乡村振兴有效衔接的意见》	实现教育脱贫攻坚成果巩固拓展，乡村教育振兴和教育振兴乡村的良性循环。
2021	《关于继续支持脱贫县统筹整合使用财政涉农资金工作的通知》	编制年度整合资金实施方案，结合巩固拓展脱贫攻坚成果和乡村振兴任务，突出重点，集中投入，形成合力。

续表

年份	中央和部委文件名称	相关内容
2021	《关于向重点乡村持续选派驻村第一书记和工作队的意见》	健全常态化驻村工作机制,为全面推进乡村振兴、巩固拓展脱贫攻坚成果提供坚强组织保证和干部人才支持。
2021	《关于加强扶贫项目资产后续管理的指导意见》	建立健全扶贫项目资产的长效运行管理机制,为巩固拓展脱贫攻坚成果、全面实现乡村振兴提供更好保障。
2021	《中央财政衔接推进乡村振兴补助资金管理办法》;《衔接推进乡村振兴补助资金绩效评价及考核办法》	衔接资金用于支持巩固拓展脱贫攻坚成果,支持衔接推进乡村振兴。
2021	《"十四五"推进农业农村现代化规划》	实现巩固拓展脱贫攻坚成果同乡村振兴政策体系和工作机制同乡村振兴有效衔接。
2022	《农业农村部关于落实党中央国务院2022年全面推进乡村振兴重点工作部署的实施意见》	牢牢守住保障国家粮食安全和不发生规模性返贫两条底线,扎实有序推进乡村发展、乡村建设、乡村治理重点工作。
2022	《乡村建设行动实施方案》	以普惠性、基础性、兜底性民生建设为重点,强化规划引领,统筹资源要素,建设宜居宜业美丽乡村。
2022	《社会组织助力乡村振兴专项行动方案》	将巩固拓展脱贫攻坚成果放在突出位置,进一步动员社会组织积极参与巩固脱贫攻坚成果和全面推进乡村振兴。
2022	《关于开展2022年度高素质青年农民培育工作的通知》	重点围绕农村青年致富带头人、青年家庭农场经营者、农村合作社带头人等乡村青年,返乡创业大学生,脱贫不稳定户、边缘易致贫户、突发严重困难户"三类户"青年等群体开展培训。
2022	《关于实施"科技助力乡村振兴行动"的意见》	大力开展"科技助力乡村振兴行动",服务巩固拓展脱贫攻坚成果和乡村发展、乡村建设、乡村治理。

三、加快推进新阶段

党的二十大报告对全面建设社会主义现代化国家、全面推进中华民族伟大复兴进行了战略谋划，为新时代新征程党和国家事业发展、实现第二个百年奋斗目标指明了前进方向、确立了行动指南。中国要强，农业必须强。习近平总书记在党的二十大报告中强调："加快建设农业强国，扎实推动乡村产业、人才、文化、生态、组织振兴。"① 习近平总书记指出，没有农业现代化，没有农村繁荣富强，没有农民安居乐业，国家现代化是不完整、不全面、不牢固的。全面建设社会主义现代化国家，农业不仅是基础、是支撑，更体现强国建设的速度、质量和成色。与新型工业化、信息化、城镇化相比，农业现代化还是明显短板弱项。农业农村现代化是实施乡村振兴战略的总目标，要把加快建设农业强国摆在优先位置，坚持农业现代化和农村现代化一体设计、一并推进，大力推进农业现代化，培育农业农村发展新动能，促进农业高质高效，实现农业大国向农业强国跨越。

2022 年 11 月 28 日，中共中央办公厅、国务院办公厅发布《乡村振兴责任制实施办法》，进一步明确，在党中央领导下，中央农村工作领导小组负责巩固拓展脱贫攻坚成果、全面推进乡村振兴的牵头抓总、统筹协调。省级、县级党委和政府主要负责人是本地区乡村振兴第一责任人，把巩固拓展脱贫攻坚成果摆在突出位置，确保乡村振兴责任制层层落实，乡镇党委和政府应当把乡村振兴作为中心任务，发挥基层基础作用，健全统一指挥和统筹协调机制，"一村一策"加强精准指导服务，组织编制村庄规划，抓好乡村振兴资金项目落地、重点任务落实。村党组织书记是本村乡村振兴第一责任人，带领村两委班子成员抓好具体任务落实，全面落实"四议两公开"制度，组织动员农民群众共同参与乡村振兴。县级以上地方党委和政府定期对下级党委和政府乡村振兴战略实施情况开展监督，及时发现和解决存在的问题，及时总结推介乡村振兴经验典型，推动政策举措落实落地，增强脱贫地区和脱贫

---

① 习近平. 高举中国特色社会主义伟大旗帜　为全面建设社会主义现代化国家而团结奋斗［N］. 人民日报，2022-10-26（1）.

群众内生发展动力，努力让脱贫群众生活更上一层楼。①

2022 年 12 月 21 日，为贯彻落实党的二十大关于巩固拓展脱贫攻坚成果，增强脱贫地区和脱贫群众内生发展动力有关精神，落实中共中央、国务院关于巩固拓展脱贫攻坚成果同乡村振兴有效衔接决策部署，财政部提前下达2023 年中央财政衔接推进乡村振兴补助资金 1485 亿元，将此次提前下达的衔接资金继续纳入直达资金管理要求各地分解到县，细化到项目，要求守牢底线，确保不发生规模性返贫，优先支持联农带农富农产业发展，增强脱贫地区和脱贫群众内生发展动力。②

2022 年 12 月 23—24 日中央农村工作会议在北京举行，习近平总书记出席会议并发表重要讲话强调，没有农业强国就没有整个现代化强国；没有农业农村现代化，社会主义现代化就是不全面的。建设农业强国要体现中国特色，立足我国国情，立足人多地少的资源禀赋、农耕文明的历史底蕴、人与自然和谐共生的时代要求，走自己的路，不简单照搬国外现代化农业强国模式。全面推进乡村振兴是新时代建设农业强国的重要任务，人力投入、物力配置、财力保障都要转移到乡村振兴上来。要依靠科技和改革双轮驱动，做好"土特产"文章，开发农业多种功能、挖掘乡村多元价值，向一、二、三产业融合发展要效益，强龙头、补链条、兴业态、树品牌，推动乡村产业全链条升级。巩固拓展脱贫攻坚成果是全面推进乡村振兴的底线任务，要继续压紧压实责任，把脱贫人口和脱贫地区的帮扶政策衔接好、措施落到位。因地制宜、注重实效，立足资源禀赋和发展阶段，循序渐进、稳扎稳打，多做打基础、利长远的事情。③

2023 年 1 月 6 日，国家乡村振兴局、农业农村部等六部门印发《农民参与乡村建设指南（试行）》（国乡振发〔2023〕2 号）指出，要组织农民群众决策共谋、发展共建、建设共管、效果共评、成果共享，采取以工代赈、先建后补、以奖代补等方式，引导村民投工投劳、就地取材开展建设，吸纳

---

① 中办国办印发《乡村振兴责任制实施办法》[N].人民日报，2022-12-14（1）.

② 龙成.财政部提前下达衔接推进乡村振兴补助资金 1485 亿元 [N].农民日报，2022-11-11（7）.

③ 习近平在中央农村工作会议上强调：锚定建设农业强国目标，切实抓好农业农村工作[N].人民日报，2022-12-25（1）.

更多农民就地就近就业。健全农村准经营性、经营性基础设施收费机制，充分考虑成本变化、农户承受能力、财政支持能力，合理确定收费标准，引导农民自觉缴纳有偿服务费用。加强农民参与乡村建设理念教育和技能培训，培养一批乡村建设工匠、土专家等本土人才，结合基层干部培训，提高乡镇干部、村党组织书记等组织农民参与乡村建设的能力。重视发挥乡村"邻里效应"，将农民参与乡村建设作为全国文明村镇、国家乡村振兴示范县及省级部门按规定开展的乡村振兴示范乡镇、示范村创建的重要内容，纳入美丽宜居村庄示范创建和美丽庭院评选指标。支持县（市、区）选树一批农民参与乡村建设先进村、模范户，促进形成农民群众愿参与、会参与、能参与乡村建设的生动局面。①

党的二十大至今，党中央围绕巩固拓展脱贫攻坚成果、有效衔接推进乡村振兴、全面推动乡村振兴，优化强化顶层设计，密集出台执行性极强、分工明确又相互补充的系列政策（见表3），乡村振兴"政策群"效应日益明显。以党的二十大为起点，发达地区的乡村振兴将进入全面推进新阶段，传统非贫困地区进入对标2035年基本实现农业农村现代化目标、加快改造传统农业新阶段。国家对贫困地区保持巩固拓展脱贫攻坚成果同乡村振兴有效衔接政策稳定，保持各级财政衔接推进乡村振兴补助资金和信贷投入规模稳定，保持脱贫人口务工就业规模稳定，同时努力在增强脱贫地区和脱贫群众内生发展动力上实现新突破，不断缩小脱贫群众与其他农民的收入差距、缩小脱贫地区与其他地区的发展差距。贫困地区自身要进一步弘扬脱贫攻坚精神，全面贯彻新发展理念，认真研究乡村区域优势资源的分布空间及贡献力，持续优化区域发展空间结构，不断提高"闯新路""开新局""抢新机"的本领，形成内外、多边相结合的合力，在衔接推进乡村振兴的"有效性"上下足功夫，推动巩固拓展脱贫攻坚成果同乡村振兴有效衔接工作上台阶、见实效，在宜居宜业和美乡村建设上迈出新步伐。

2023年1月18日，国务院新闻办公室举行2022年农业农村经济运行情况新闻发布会，介绍了2022年农业农村经济运行情况。据统计，2022年，脱

---

① 国家乡村振兴局等七部门印发《农民参与乡村建设指南（试行）》［J］. 农民文摘，2023（2）：20.

贫攻坚成果得到了进一步巩固拓展，65.3%的监测对象已消除返贫风险，其余均落实了帮扶措施。脱贫劳动力就业规模达到3277.9万人，脱贫人口人均纯收入达到14342元，同比增长14.3%，低收入组脱贫人口人均纯收入增速明显加快。① 中央财政衔接推进乡村振兴补助资金用于产业发展的比重超过55%，家庭农场、农民合作社分别达到390万家、222万个，每个脱贫县都培育了2—3个特色主导产业，近3/4的脱贫人口与新型经营主体建立紧密利益联结关系。明确2023年和今后一个时期，要把增强脱贫地区和脱贫群众内生发展动力作为巩固拓展脱贫攻坚成果工作的重中之重来抓，补短板、强弱项，拓宽脱贫地区农产品销售渠道，统筹用好财政衔接推进乡村振兴补助资金等资源，加强资产经营管理，支持脱贫地区农村特别是经济薄弱村培育壮大集体经济，推动脱贫地区与发达地区深化经济交流合作，培育多元经营主体，培育新经济增长点，稳住脱贫群众务工就业规模，聚焦脱贫家庭新成长劳动力，聚焦脱贫家庭青壮年劳动力，提高技能专业化水平，提高就业率。②

2023年的中央一号文件《中共中央　国务院关于做好2023年全面推进乡村振兴重点工作的意见》提出，要压紧压实各级巩固拓展脱贫攻坚成果责任，落实巩固拓展脱贫攻坚成果同乡村振兴有效衔接政策，开展国家乡村振兴重点帮扶县发展成效监测评价，扎实推进乡村发展、乡村建设、乡村治理等重点工作。把增加脱贫群众收入作为根本要求，把促进脱贫县加快发展作为主攻方向，在国家乡村振兴重点帮扶县实施一批补短板促振兴重点项目，对有劳动能力、有意愿的监测户，落实开发式帮扶措施。中央财政衔接推进乡村振兴补助资金用于产业发展的比重力争提高到60%以上，按照市场化原则加大对帮扶项目的金融支持、保持脱贫地区信贷投放力度不减，更好地发挥驻村干部、科技特派员产业帮扶作用，管好用好扶贫项目资产，鼓励脱贫地区有条件的农户发展庭院经济，支持脱贫地区打造区域公用品牌，深入开展"雨露计划+"就业促进行动，组织东部地区经济较发达县（市、区）与脱贫

---

① 龙成．推动巩固拓展脱贫攻坚成果同乡村振兴有效衔接高质量发展：访中央农办副主任，农业农村部党组成员，国家乡村振兴局党组书记、局长刘焕鑫［N］．农民日报，2023-02-06（1）．

② 安然．经受住多重考验，农业农村经济取得超预期成效：国务院新闻办就2022年农业农村经济运行情况举行新闻发布会［J］．中国食品，2023（3）：22-29．

县开展携手促振兴行动，带动脱贫县更多承接和发展劳动密集型产业。深入推进"万企兴万村"行动，健全经营性帮扶项目的利益联结机制。①

表3　党的二十大以来的关于有效衔接推进乡村振兴的系列政策文件

时间	文件名称	主要内容
2022 年 10 月	《关于开展万名"乡村建设带头工匠"培训活动的通知》	认真梳理摸排本地"乡村建设带头工匠"情况，加强乡村建设工匠队伍建设，重点开展万名"乡村建设带头工匠"培训活动，重点面向农村转移劳动力、返乡农民工、脱贫劳动力。
2022 年 10 月	《"百校联百县兴千村"行动实施方案》	组织引导高等学校深入参与乡村建设行动，引导高等学校人才技术下乡，加强乡村建设规划咨询、人才培养、技术支持、农民辅导、学生实践服务，探索智力下乡机制、校地共建机制、陪伴式建设机制，促进乡村建设科技创新能力、人才支撑能力和组织动员能力提升。
2022 年 11 月	《2022—2023 年国家乡村振兴重点帮扶县"农村青年主播"培育工作方案》	为国家乡村振兴重点帮扶县培养一批有文化、会直播、能带动的高素质青年农民，增强国家乡村振兴重点帮扶县自身发展能力和"造血"功能，带动脱贫人口持续增收。
2022 年 11 月	《乡村振兴责任制实施办法》	构建职责清晰、各负其责、合力推进的乡村振兴责任体系，巩固拓展脱贫攻坚成果、全面推进乡村振兴。
2022 年 11 月	《关于铸牢中华民族共同体意识扎实推进民族地区巩固拓展脱贫攻坚成果同乡村振兴有效衔接的意见》	一个民族不能少、巩固拓展脱贫攻坚成果，推进民族地区乡村建设，推动各民族广泛交往交流交融，在实现乡村振兴进程中不断铸牢中华民族共同体意识，构筑中华民族共有精神家园。
2022 年 10 月	《关于扩大当前农业农村基础设施建设投资的工作方案》	聚焦农业农村基础设施短板弱项，突出抓好大中型灌区等水利设施、小型农田水利设施，以及现代设施农业和农产品仓储保鲜冷链物流设施等项目建设。

---

① 　中共中央　国务院关于做好 2023 年全面推进乡村振兴重点工作的意见［N］．人民日报，2023-02-14（1）．

续表

时间	文件名称	主要内容
2022 年 12 月	《关于进一步推进东西部人社协作的通知》	通过市场化方式继续保持协作关系。西部地区要指导国家乡村振兴重点帮扶县、大型易地搬迁安置区等重点地区与结对帮扶县（市、区）在就业、技工教育和技能培训、人才引智等方面加强工作联动。东部地区要将劳务协作、技能提升、人才支援等列入东西部协作重要内容，加大资金、资源、项目投入。
2023 年 1 月	《关于坚决守牢防止规模性返贫底线健全完善防范化解因病返贫致贫长效机制的通知》	明确过渡期内对因病纳入防止返贫监测范围的困难群众给予定额资助，守牢防止因病规模性返贫底线。
2023 年 1 月	《乡村建设项目库建设指引（试行）》《乡村建设任务清单管理指引（试行）》	强化乡村建设项目布局、项目统筹和项目管理，实行乡村建设任务清单管理，将年度任务清单与乡村建设项目库有效对接，对照中期建设任务，谋划未来 3 年重点建设项目，渐次推进成熟项目储备入库，滚动实施建设。
2023 年 1 月	《"雨露计划+"就业促进行动实施方案》	以脱贫家庭新成长劳动力为重点，增强脱贫家庭新成长劳动力的技能水平和就业竞争力，促进脱贫人口收入持续增长，为全面推进乡村振兴提供人才支撑。
2023 年 1 月	《农民参与乡村建设指南（试行）》	落实乡村建设为农民而建的要求，完善农民参与机制，激发农民参与意愿，强化农民参与保障，使农民内生动力得到充分激发、民主权利得到充分体现、主体作用得到充分发挥。
2023 年 1 月	《关于开展文化产业赋能乡村振兴试点的通知》	探索实施文化产业赋能乡村振兴新路径，促进乡村文化和旅游深度融合发展，形成可复制、可推广的典型经验做法在全国推广。
2023 年 2 月	《中共中央　国务院关于做好2023 年全面推进乡村振兴重点工作的意见》	落实巩固拓展脱贫攻坚成果同乡村振兴有效衔接政策，压紧压实各级巩固拓展脱贫攻坚成果责任，扎实推进乡村发展、乡村建设、乡村治理等重点工作。

第二节　衔接推进乡村振兴的战略构想和阶段目标

有效衔接的概念内涵大致经历了从 2018 年的"以贫困地区脱贫为重中之重",到 2019—2020 年的"协同推进",再到 2021—2025 年过渡期间"巩固拓展"的变化。其概念和内容一脉相承,并随着两大战略推进阶段的变化和理论讨论的逐年深入而不断完善。有效衔接的概念内涵和理论研究仍在不断地完善和丰富中,但分阶段安排、分梯次推进贫困地区乡村振兴的构想、阶段目标和远景目标已非常清晰明确。

一、分阶段安排、梯次推进的构想

2018 年 1 月,中共中央、国务院在《关于实施乡村振兴战略的意见》中提出了乡村振兴三个阶段战略构想,明确到 2020 年,乡村振兴取得重要进展,制度框架和政策体系基本形成;到 2035 年,乡村振兴取得决定性进展,农业农村现代化基本实现;到 2050 年,乡村全面振兴,农业强、农村美、农民富全面实现。

《乡村振兴战略规划（2018—2022 年）》提出,要充分认识乡村振兴任务的长期性、艰巨性,保持历史耐心,准确聚焦阶段任务,科学把握节奏力度,统筹谋划,典型带动,有序推进、梯次推进乡村振兴,避免超越发展阶段,不搞齐步走。到 2020 年,乡村振兴的制度框架和政策体系基本形成,各地区各部门乡村振兴的思路举措得以确立,全面建成小康社会的目标如期实现。到 2022 年,乡村振兴的制度框架和政策体系初步健全,脱贫攻坚成果得到进一步巩固,探索形成一批各具特色的乡村振兴模式和经验,乡村振兴取得阶段性成果,东部沿海发达地区、人口净流入城市的郊区、集体经济实力强以及其他具备条件的乡村率先基本实现农业农村现代化。到 2035 年,乡村振兴取得决定性进展,相对贫困进一步缓解。革命老区、民族地区、边疆地区、集中连片特困地区的乡村,到 2050 年如期实现农业农村现代化。

《中共中央　国务院关于实现巩固拓展脱贫攻坚成果同乡村振兴有效衔接的意见》（2020 年 12 月 16 日）提出了要坚持有序调整、平稳过渡的原则。过渡期内在巩固拓展脱贫攻坚成果上下更大功夫、想更多办法、给予更多后续帮扶支持，对脱贫县、脱贫村、脱贫人口扶上马送一程，确保脱贫群众不返贫。在主要帮扶政策保持总体稳定的基础上，分类优化调整，合理把握调整节奏、力度和时限，增强脱贫稳定性。

从脱贫攻坚到乡村振兴是"三农"工作的历史性转移。"历史性"表明，不是短期目标任务，需要保持历史耐心。"转移"表明，不是脱贫攻坚战的简单延伸，也不是某个方面的转移，而是全面转移。巩固脱贫攻坚成果的目标是实现绝对贫困人口动态清零，而有效衔接的方向是乡村振兴，如果不能实现乡村发展水平的整体提升，巩固拓展脱贫成果将会处于低质量水平，脱贫成果的稳定性和抗逆性就会维持在较低"阈值"。因此，巩固—拓展—衔接的基本逻辑，是在脱贫的基础上巩固绝对贫困治理、防止规模性返贫，在巩固的基础上拓展增收渠道、提高增收、防止贫困的逆向转化，在拓展的基础上衔接好乡村振兴，夯实乡村全面振兴的基础。对于脱贫摘帽的原深度贫困地区，应坚持巩固型的制度和政策设计策略，继续加大对该地区的后续帮扶力度，不断补齐基础设施、基本公共服务等方面短板，推动乡村脱贫与振兴有机衔接，增强乡村的内生发展动力。对于经济基础较好的传统非贫困地区，应坚持推进深化型的制度和政策设计策略，在继续加强基础设施建设、基本公共服务供给的基础上，积极引导城乡融合发展，实现农业农村现代化。对于经济社会发展水平较高且不会发生返贫风险的"先行区"，要全面支持城乡深度融合发展，以城乡公共服务均等化缩小城乡差距和助推乡村振兴。[1]

2021 年，中央一号文件提出，脱贫县自脱贫之日起设立五年过渡期，以巩固脱贫成果、实现与乡村振兴的有效衔接。因各地贫困县脱贫时间并不一致，客观上就存在成果巩固与乡村振兴实施时间上的各地差异。从区域上来看，发达地区的富裕农村已经迈向"农村城市化"，而欠发达地区的农村还普遍未形成"产业现代化"，在乡村振兴新的历史节点上各地并非处于同一起跑

---

①　张明皓，叶敬忠. 脱贫攻坚与乡村振兴有效衔接的机制构建和政策体系研究［J］. 经济学家，2021，274（10）：110-118.

线上。西南山区历史上连片贫困、深度贫困地区较多，部分群众思想观念滞后，资金、人才、科技等要素支撑较薄弱，乡村文化特色不鲜明，农产品产地初加工在技术、设备和基础设施方面还有不足，农产品加工企业融资难，产业规模化程度不高，农村集体经济支撑力不强，抵御市场风险能力较弱，传统农业比重大，主导产业品种多、规模小，产业链短，农业园区和龙头企业引领带动能力不强，乡村振兴基础不牢，返贫压力较大。按照国家分阶段安排、分梯次推进的战略构想，西南山区处于分阶段安排中的第二阶段和分梯次推进中的第三梯次，即五年过渡期内西南山区的重点任务是，巩固脱贫攻坚成果、提高脱贫攻坚质量，衔接推进乡村振兴，为过渡期后开启乡村的全面振兴打下坚实基础。西南山区衔接乡村振兴需要遵循时序推进原则，既要保持历史耐心，又要积极作为（见图2）。

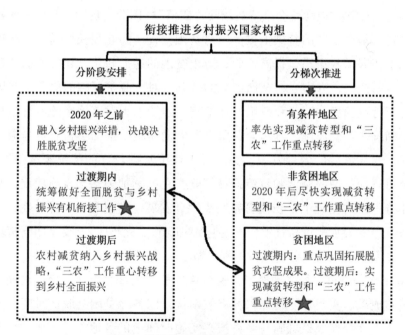

图 2　衔接推进乡村振兴的国家构想

二、衔接推进乡村振兴的阶段目标

五年衔接过渡期的设置，综合考虑了成果巩固、平稳转型等多方面因素，既不能太短，也不宜过长。如果过渡期太短，既不利于巩固脱贫成果和提高脱贫质量，也不利于系统谋划国家减贫战略的转型和新旧政策的衔接；如果过渡期太长，既不利于乡村振兴战略的全面实施，也不利于尽快建立减少相对贫困的长效机制。五年过渡期内，脱贫地区实现巩固拓展脱贫攻坚成果同乡村振兴有效衔接总体目标是，脱贫地区要根据形势变化，厘清工作思路，做好过渡期内领导体制、工作体系、发展规划、政策举措、考核机制等有效衔接，从解决建档立卡贫困人口"两不愁三保障"为重点转向实现乡村产业兴旺、生态宜居、乡风文明、治理有效、生活富裕，从集中资源支持脱贫攻坚转向巩固拓展脱贫攻坚成果和全面推进乡村振兴。具体而言，可包括巩固拓展脱贫攻坚成果、完善衔接推进体制机制政策、乡村振兴取得实质性进展三个基本目标。一般认为，五年过渡应坚持"巩固""拓展""衔接"一体推进、有序推进原则，前三年，贫困地区应当留"七分精力"给"巩固""拓展"脱贫攻坚成果，留"三分精力"给"衔接乡村振兴"。五年过渡期的后两年，逐步过渡到精力"五五分"或"四六分"……侧重点的取舍取决于外部资源介入状况和脱贫户的生计状况，一般认为，当脱贫户实现了收入稳定增长，无劳动能力贫困户实现了社会保障全覆盖时，即使临时返贫，返贫后的贫困程度比乡村振兴实现之前的贫困程度也低，通过短暂扶持即可达到一般农户生活状态时，资源应当及时向乡村整体重建倾斜；当存在大量边缘户且返贫风险较大时，应集中资源解决脱贫稳定问题，尤其要防止出现大规模返贫。

（一）前期目标：巩固脱贫攻坚成果

脱贫是静态的，而稳固脱贫则是一个动态的过程。[①] 要保持历史耐心，处理好"稳"与"变"的辩证关系。"稳"代表巩固之意，巩固脱贫成果是过渡期内的首要目标。"变"含拓展之意，即拓展脱贫攻坚成果。"衔接"含该保留就保留、该优化就优化，该新订就新订之意，脱贫攻坚期的帮扶政策和措施必须在过渡期内实现向乡村振兴目标的跟进。深度贫困地区生态环境相对恶劣，产业基础薄弱，劳动力素质相对较低，在过渡期内，尤其过渡期前两年，应把巩固拓展脱贫攻坚成果作为重要性任务、关键性工作来抓。首先，

---

① 蒋和胜，田永，李小瑜."绝对贫困终结"后防止返贫的长效机制 [J]. 社会科学战线，2020，303（9）：185-193+282.

坚持脱贫不脱政策、脱贫不脱责任、脱贫不脱帮扶、脱贫不脱监管，严格落实"四个不摘"要求，保持现有帮扶政策、资金支持、帮扶力量总体稳定，推进扶贫政策的可持续发展；实施帮扶对象动态管理，构建工作村组日常监测、乡镇研判预警、县级调度帮扶"多位一体"预警机制，逐户研究解决返贫风险问题，确保不出现大规模返贫。其次，到 2022 年，实现产业扶贫项目数量和质量，产业扶持资金的到位率、使用效率和产出效益，对口帮扶消费扶贫产品销售额，农村文化广场数量、义务教育巩固率、有村规民约和卫生站行政村的比重，村干部平均受教育年限，建档立卡户和边缘户人均可支配收入增长率，比 2020 年有稳定性的增长或提高。

（二）中期目标：在拓展中完善衔接的政策体制机制

过渡期的中期目标。一是拓展脱贫攻坚成果，二是完善衔接推进体制机制政策。把发展产业作为拓展脱贫成果的关键，把脱贫扶贫的有效模式、业态转变为拓展脱贫攻坚成果的模式，转变为与乡村振兴战略有效衔接的模式。进一步接续和拓展产业扶贫、教育扶贫、科技扶贫、消费扶贫、电商扶贫等行之有效的扶贫业态和模式，并使之常态化、制度化，千方百计开辟就业门路，拓展增收渠道，提高收入水平，防止相对贫困群体陷入绝对贫困，选择经济基础扎实、资源禀赋优厚、具有充分发展意愿的农村，重点探索乡村振兴的可行道路。拓展脱贫攻坚成果的目标包括：产业扶贫项目带动率，农户经营性收入增长率，高标准农田占耕地面积比重，高效农业占农作物总播种面积的比重，农业机械总动力增长率，休闲农业经营增长率，农民可支配收入中工资性收入和财产性收入之和的占比，驻村干部职称和学历，年均普法次数，道德"红黑榜"发榜次数，文化广场演出次数，16 岁以上青年农民职业技能培训率，"四通"农户比重，进村主干道硬化的比重，使用净化水农户比重，卫生厕所普及率，比 2022 年有稳定性的增长或提高，而农药化肥使用强度、义务教育辍学率、乡村刑事和治安事件发生次数、村党支部书记平均年龄、农户家庭恩格尔系数则比 2022 年有稳定性的下降或减少。完善衔接推进体制机制政策的目标包括：实现领导体制、工作体系、发展规划、政策举措、考核机制等的有效衔接，制订符合贫困地区实际的短期过渡计划，将脱贫后待完成或完成质量有待提高的项目纳入衔接推进实施方案，资产底数比较清晰；及时跟进国家衔接政策，制定地区成体系的贯彻意见和配套文件，有效地把现有扶贫政策划分为需要取消、需要延续、需要完善、需要强化四类，通过"不变"避免"政策断层"，通过"变"适应新形势，建立起前后衔接、互不重叠的新减贫政策体系，调整原有的特惠性政策体系为预防性政策体系，以更加系统的普惠性社会政策体系，在更大的群体和范围内破解贫困韧性、抑制贫困再生；脱贫攻坚时期积累和形成的优良作风、成功经验、模式和较为成熟的机制，能够随驻村帮扶的"压茬交接"传承和发扬下去。

（三）后期目标："衔接"取得实质性进展

过渡期后期以衔接取得实质性进展，为乡村产业、人才、文化、生态、组织等的全面振兴，为全面建设社会主义现代化国家开好局、起好步奠定坚实基础为目标。表现为，脱贫地区经济活力和发展后劲显著增强，家庭农场数量和质量，农业龙头企业年总产量，合作社年总产值，全年村集体经济收入，一、二、三产业融合程度，农业土地生产率，农业社会化服务体系有了显著增加或提升，乡村产业质量效益和竞争力获得明显提高；农村基础设施和基本公共服务质量，有农民业余文化组织的行政村的比重，高中或大专以上农民占农村人口的比重，有了进一步提升，乡风文明建设取得显著进展；生态环境持续改善，美丽宜居乡村建设扎实推进，单位农业产值能耗明显下降，耕地资源利用强度、农作物秸秆综合利用率、有机食品播种面积和产量明显提高；农村基层组织建设不断加强，基层干部平均受教育年限和平均年龄基本合理，文明家庭户数比例有较大提高；农村低收入人口分类帮扶长效机制比较完善，脱贫地区农民收入增速高于全国农民平均水平；五年过渡期内建立的减贫防贫的长效机制最终实现与乡村振兴的有机衔接，乡村振兴也成为治理相对贫困、实现农业农村现代化的总抓手。

第三节 衔接推进乡村振兴的价值取向

马克思主义价值观包括三个含义：价值是评判尺度，物的层面指的是商品的有用性程度和凝结在其中的无差别劳动大小，社会层面指的是个人价值和社会价值的大小；人是价值主体和价值客体、工具性价值和目的性价值的统一，社会人享有价值客体、获得价值目的的同时，必须发挥自身作为价值主体的能动性，发挥工具性价值来满足自身需要和社会需要；以人民为中心、全心全意为人民服务是党的根本宗旨，共同富裕是社会主义的本质要求和奋斗目标，也是我国社会主义的根本原则。坚持以人民为中心的发展思想，自觉践行群众路线，把"物质生活的富裕、精神文化生活的丰富、人的自身文明素质的提高"有机结合起来，不断实现人民对美好生活的向往，是衔接推进乡村振兴的价值追求。

一、价值立场：以人民为中心

《管子》曰："王者以民为天，民以食为天，能知天之天者，斯可矣。"唐代政论家陆贽曾说："人者邦之本也，其本伤，则枝干颠瘁而根蹶拔俟矣。立国而不先养人，国固不立矣。"明末清初思想家黄宗羲认为，君主应为"天下之人"，应以为一般人民谋利益为己任。乾隆时期郑板桥写出了"衙斋卧听萧萧竹，疑是民间疾苦声。些小吾曹州县吏，一枝一叶总关情"的著名诗句。以人民为国家之根本，以民众为君主执政之基础，重视百姓在社会发展中的地位和作用，是中国古代民本思想的精髓。

马克思指出：人类进行一切实践和历史活动的前提，是需要的满足。而且"已经得到满足的第一个需要本身、满足需要的活动和已经获得的为满足需要而用的工具又引起新的需要，而这种新的需要的产生是第一个历史活动"①。在《德意志意识形态》中，马克思指出，在一定历史条件下，从事物质资料生产实际活动的人，总是在现实地创造着个人历史，同时创造着社会的历史。因此，劳动塑造了人，共同劳动创造了人类社会，劳动者是推动社会发展的主体力量。马克思认为，历史活动是群众的活动，社会物质财富和精神财富都是由从事具体实践活动的劳动者创造，人民性是无产阶级政党先进性的最显著体现，无产阶级政党领导的无产阶级运动，始终为绝大多数人谋利益，坚持人民性是无产阶级保证运动正义性的前提，是无产阶级政党扩

---

① 马克思，恩格斯.马克思恩格斯选集：第1卷［M］.北京：人民出版社，2012：159.

大群众队伍、夯实执政基础，始终保持先进性的内在动力。

中国共产党从成立之日起，就秉持"全心全意为人民服务"的宗旨，始终坚持以人民为中心立场。毛泽东指出："人民，只有人民，才是创造世界历史的动力。"① "我们这个队伍完全是为着解放人民的，是彻底地为人民的利益工作的。"邓小平在"三个有利于"标准中明确提出改革和发展都要有利于提高人民的生活水平。江泽民也提出，党的事业是为人民谋利益的事业，只有相信和依靠群众，充分发挥他们的积极性、创造性，才能获得成功。② 胡锦涛科学发展观的核心要义就是以人为本，指出发展的成果要为人民所共享。习近平总书记多次强调，人民性是马克思主义最鲜明的品格，人民立场是党的根本立场，为人民谋幸福、为中华民族谋复兴是党的初心和使命，全心全意为人民服务是党的根本宗旨。群众路线是党的生命线和根本工作路线，只有尊重群众、善于做群众的学生，我们党才能不断汲取前行智慧。只有依靠群众、不断实现好维护好发展好群众利益，人民群众才能像石榴籽一样紧紧抱在一起，形成众志成城的磅礴力量。

新民主主义革命本质上是无产阶级领导的以土地革命为中心的农民战争，即以革命手段分配土地、满足农民利益需求。新中国成立后，党领导农民开垦农田、兴修水利，大力培养乡村医生，村村通广播，开办农民识字班，农业、农村、农民面貌有了较大改善。改革开放后，家庭联产承包责任制赋予了农民一定的财产自主权，有效缓解了温饱问题。1986 年，国家成立扶贫开发办公室统一领导全国扶贫工作，中国扶贫进入了系统化、组织化、规范化阶段。20 世纪 90 年代，实施"八七扶贫攻坚计划"极大减少了温饱以下人口绝对贫困人口数量。21 世纪以来连续两个十年的农村扶贫开发纲要，进一步调整、巩固、完善了农村基本经济制度和基本经营体制，优化了农户经济行为，活跃了涉农资本。党的十八大以来，党中央针对连片贫困、深度贫困、贫中之贫地区发起了脱贫攻坚战，坚持"一个不能少""一个民族都不落下"，注重扶贫先扶智，增强贫困人口自我发展能力，让贫困群众最大限度分享改革发展成果。2020 年，实现了全部贫困人口"两不愁三保障"目标，提

---

① 毛泽东. 毛泽东选集：第 3 卷［M］. 北京：人民出版社，1991：1031.
② 论党的建设［M］. 北京：中央文献出版社，2001：226.

前十五年完成了《联合国 2030 年可持续发展议程》减贫目标。

脱贫攻坚阶段，我国农村贫困人口的收入水平有了很大提升，"不愁吃、不愁穿"的温饱问题得到了彻底解决，教育、住房和医疗保障情况也有了很大改善。但个别原深度贫困地区还有可能出现返贫问题，对满足人民群众对美好生活的向往还有一定差距。巩固拓展脱贫攻坚成果、衔接推进乡村振兴内含对贫困群众获得感的"巩固"和"拓展"，以及向"幸福感""升华"的衔接推进，是对以人民为中心发展思想的进一步实践。对此，中央明确，实现巩固拓展脱贫攻坚成果同乡村振兴有效衔接，农民满不满意、答不答应是检验衔接工作成效的根本标准，应着力解决农民群众"急难愁盼"问题，进一步完善利益联结机制，真正让农民群众成为乡村振兴的参与者、建设者和受益者。

第一，注重发挥人民群众主体性和主动性，明确农民在巩固拓展脱贫攻坚成果、衔接推进乡村振兴中的主体地位，鼓励农民成立专业合作组抱团发展，支持农民资产入股农村集体合作社，实现收入来源多样化，倡导移风易俗，重视培养法治思维，加快可持续生计能力培育，提升由"脱贫"到"振兴"的内生动力。

第二，注重总结、提炼、推广人民群众创造的成功实践和经验。毛泽东提出，领导干部要先做群众的学生，才能做群众的先生。巩固拓展脱贫攻坚成果、衔接推进乡村振兴时期，许多贫困村村民主动参与传统村落周边垃圾和污水治理、风貌管控和环境整治工作，踊跃捐资捐物筹建民俗陈列馆、村史馆、民族歌舞露天表演场、生态"海绵体系"绿化带，利用传统文化建筑依法从事旅游经营相关活动，涌现了一大批特色种植、特色养殖、特色手工、特色休闲旅游等新型经营主体和新业态，需要加大宣传推广这些来自基层人民创造的典型经验做法的力度，逐步学习提炼上升为理论高度，形成理论自觉和实践自觉。

第三，坚持共建共享发展理念。共建是手段、共享是目的，共建共享是"工具性价值与目的性价值""个人价值与社会价值""发展动力与发展目标"的辩证统一。以共建推动共享，同时又以共享促进共建，渐进性、持续性地提高人民的生活水平，是共建共享发展理念的核心要义。理念体现了农民乡村建设中对标乡村振兴总要求和第一个十五年现代化强国奋斗目标，"实现好""维护好""发展好"农民对美好生活的向往。"实现好""维护好"偏重于"巩固""拓展"脱贫攻坚成果方面，衔接推进乡村振兴是"发展好"的基础性工作，是全面推进乡村振兴过程中的重点任务。"巩固""拓展""衔接"工作要求在经济上充分关心农民的物质利益；在政治上切实保障农民的民主权利，优先支持农业合作社等与农户具有密切联系的经营组织；在支农资金分配、涉农企业扶持等方面，向有利于农民分享增值收益的融合主体倾斜，确保农民更好分享产业链增值的收益。

二、价值追求：共同富裕

共同富裕是"生产将以所有的人富裕为目的"①，共同富裕不仅体现在经济收入维度，还体现在城乡基础设施、公共服务、民生事业等方面发展差距缩小上。② 共同富裕是社会主义的本质要求，是共产党人的奋斗目标，是中国式现代化的重要特征。共同富裕是一个历史过程，从脱贫攻坚到乡村振兴是迈向共同富裕的关键步骤，其中，巩固脱贫攻坚成果是乡村振兴的底线任务，乡村全面振兴是实现共同富裕的必经之路。中国共产党成立以来在"三农"领域的百年奋斗史，就是一部党带领农民逐步实现共同富裕的光辉历史。

第一，共同富裕是全体人民的共同富裕。就共同富裕的覆盖面而言，共同富裕是全体人民的共同富裕，不是少数人的富裕；是包括城乡人民在内所有人的共同富裕，不是普遍的城市繁荣和农村的普遍凋敝；是东、中、西部各区域的共同富裕和各民族的共同富裕，不是"插花式"富裕。脱贫攻坚是乡村振兴的前提，巩固拓展脱贫攻坚成果、衔接推进乡村振兴、增强农村集体和农户内生发展能力，是实现农业、农村、农民现代化的必经阶段，乡村振兴是推进共同富裕取得明显性、实质性成果的关键阶段。全面建设小康社会时期"一个都不能落下"，现代化道路上"一个也不掉队"，是我们党向人

---

① 马克思，恩格斯. 马克思恩格斯全集：第46卷（下）[M]. 北京：人民出版社，1980：222.

② 王春光. 迈向共同富裕：农业农村现代化实践行动和路径的社会学思考 [J]. 社会学研究，2021，36（2）：29-45+226.

民、向历史做出的庄严承诺，是践行党的根本宗旨的重要体现，是对马克思主义共同富裕理论的创新发展。

第二，共同富裕是物质和精神的全面富裕，体现为政治、经济、文化、生态、社会的全面现代化。脱贫攻坚消除了农村的绝对贫困，使脱贫农户实现了"两不愁三保障"，在团结带领人民创造美好生活、实现共同富裕的道路上迈出了坚实的一大步。但仍存在农户内生发展动力不足，农民精神贫困和权利贫困，农村集体资产存量不足、质量不高，以及城乡之间和内部相对贫困等问题。对此，中央提出，在过渡期内，贫困地区要对标产业、人才、文化、生态、组织五个方面振兴的评判标准，巩固拓展脱贫攻坚成果、衔接推进乡村振兴，实现不同群体差别、工农差别和城乡差别逐步缩小，人民群众经济收入稳定增长，强化社会主义核心价值观引领，加强爱国主义、集体主义、社会主义教育，发展公共文化事业，完善公共文化服务体系，不断满足人民群众多样化、多层次、多方面的精神文化需求，实现普遍的精神生活状态较好，幸福感、满足感得到提升。

第三，共同富裕是一个动态渐进的历史过程，不是整齐划一的平均主义，而是非均衡和均衡发展战略的辩证统一。在一定程度上，先富带后富、帮后富，"三步走"战略安排属于非均衡发展战略，解决发展不平衡不充分问题、缩小城乡区域发展差距、实现人的全面发展和全体人民共同富裕属于均衡发展战略。非均衡发展可以促成局部效率和竞争优势，均衡发展有助于实现全社会公平正义，波浪式发展为中国经济社会提供了源源不断的动力，也使中国经济社会呈现明显的阶梯式特征。脱贫攻坚时期的东西部协作帮扶，是先富帮后富、推动区域协调发展，最终实现共同富裕的有力举措。脱贫攻坚战的全面胜利，标志着我们党在团结带领人民创造美好生活、实现共同富裕的道路上迈出了坚实的一大步。但共同富裕是一个长期的发展目标，一个渐进的实践过程，一项前所未有的崭新事业，不可能一蹴而就。对此，党中央明确提出了分阶段促进共同富裕的战略谋划：到"十四五"时期末，全体人民共同富裕迈出坚实步伐；到 2035 年，全体人民共同富裕取得更为明显的实质性进展；到 21 世纪中叶，全体人民共同富裕基本实现。脱贫攻坚与乡村振兴有效衔接是在更大范围和更高程度上推动共同富裕"取得实质性进展"的关键过渡性措施，共同富裕的对象也因此由贫困群体拓展至贫困群体和非贫困群体的统筹发展，共同富裕的范围也由农村拓展至城乡一体，更多群体将共享经济社会发展成果。

三、价值引领：党的先进性建设

中国共产党的先进性建设是党通过对时代特征的把握，从思想、组织、作风、制度等方面入手，不断提高党组织科学制定和执行政策和策略能力、不断提高党员先锋模范作用的一系列建设性工程的总称。[①] 先进性是马克思主义政党的根本属性，党的先进性建设是我们党的立党之本，是我们党的生命所系，是我们党的力量所在。早在 1939 年，毛泽东就在《〈共产党人〉发刊词》中强调要"建设一个全国范围内的、广大群众性的、思想上政治上组织上完全巩固的布尔什维克化的中国共产党"[②]。1945 年 4 月，党的六届七中全会通过的《关于若干历史问题的决议》中提出党的"先进部队"的先进性建设思想。新中国成立后，为了防止执政后的中国共产党产生脱离群众的倾向，中共中央于 1950 年 4 月做出了《关于在报纸刊物上展开批评与自我批评的决定》；1951 年下半年，开展有计划、有准备、有领导的整党运动以及以"反贪污、反浪费、反官僚主义"的"三反运动"；1952 年，政务院要求设立人民检察通讯员、人民检举接待室和人民意见箱；1957—1958 年，开展整风运动；1963—1966 年，开展"四清运动"。改革开放后，中国共产党立足改革开放的伟大实践，不断加强党的先进性建设，围绕"执政党应该是一个什么样的党以及如何建设执政党"的问题，先后开展了整党运动，以"讲学习、讲政治、讲正气"为主要内容的"三讲"教育活动，保持共产党先进性教育活动（2004—2006 年），深入学习实践科学发展观活动，以及创先争优活动（2010—2012 年）。

党的十八大以来，以习近平同志为核心的党中央以加强党的长期执政能力建设、先进性和纯洁性建设为主线，把全面从严治党与全面建成小康社会、全面深化改革、全面依法治国一同提出，把全面从严治党提高到了"四个全

---

① 程又中. 百年大党先进性建设的历程与经验 [J]. 社会主义研究，2021，258（4）：1-9.
② 毛泽东. 毛泽东选集：第 2 卷 [M]. 北京：人民出版社，1991：602.

面"战略布局的高度，全方位地加强党的各项建设，把党的先进性建设发展到了新的阶段，立足新时代新发展阶段，提出了新发展理念、构建新发展格局，带领人民群众打赢了脱贫攻坚战、全面建成了小康社会，实施乡村振兴战略，开启了现代化国家建设新征程。

脱贫攻坚时期，党中央坐镇中军帐、五级书记抓扶贫、党员干部冲在最前守到最后，先后有1800多名党员干部为减贫事业献出了宝贵生命，形成了"上下同心、尽锐出战、精准务实、开拓创新、攻坚克难、不负人民"的伟大脱贫攻坚精神，深刻诠释了"坚持真理、坚守理想，践行初心、担当使命，不怕牺牲、英勇斗争，对党忠诚、不负人民"的伟大建党精神。脱贫攻坚领域取得的前所未有的成就，彰显了中国共产党领导和我国社会主义制度的政治优势。

巩固脱贫成果防止脱贫人口返贫、预防新的贫困出现，拓展脱贫攻坚成果、衔接推进乡村振兴，更加需要全党全社会的共同努力。对此，习近平总书记强调，党没有自己的利益，党的领导干部更不应该有自己的私利，要坚持党的根本宗旨和党的群众路线，把所有的精力都用在让老百姓过好日子上。① 各级党委和政府要深入贯彻党中央关于"三农"工作的大政方针和决策部署，强化粮食安全保障，稳住农业基本盘，巩固拓展好脱贫攻坚成果，扎实推进乡村振兴，推动实现农村更富裕、生活更幸福、乡村更美丽。举全党全社会之力推动乡村振兴，乡村振兴各项政策，最终要靠农村基层党组织来落实。乡村振兴，关键在人、关键在干。必须建设一支政治过硬、本领过硬、作风过硬的乡村振兴干部队伍。② 大道至简，实干为要，巩固拓展脱贫攻坚成果同乡村振兴有效衔接需要更多的勇担、当敢作为的青年人尤其青年党员积极投身"三农"工作一线，俯下身、沉下心、察实情、说实话、动真情，转思路、转职能、转作风、提素质，在基层锤炼中增长才干，在实践中精进专业技能，在服务群众中提高党性修养。

---

① 2022年4月11日，习近平总书记来到海南五指山脚下的水满乡毛纳村 ［N］. 人民日报，2022-09-23（1）.

② 习近平. 坚持把解决好"三农"问题作为全党工作重中之重，举全党全社会之力推动乡村振兴 ［N］. 人民日报，2022-04-01（1）.

做好"三农"工作，关键在党。党管农村工作，是我们党的优良传统，也是最大的政治优势。事实充分证明，中国共产党领导和我国社会主义制度是抵御风险挑战、聚力攻坚克难的根本保证。保持科学的理论指导、坚定的理想信念、坚如磐石的初心使命、勇于自我革命的政治品格是党永葆先进性的根本所在。只要我们坚持党的领导、坚定走中国特色社会主义道路，就能办成更多像脱贫攻坚这样的大事难事，在巩固拓展脱贫攻坚成果同乡村振兴有效衔接道路上行稳致远，不断从胜利走向新的胜利。

第四章

衔接推进乡村振兴的国际实践

生产分工产生商品交易需求，商品交易的扩大催生了市场，市场规模的扩大与配套生活设施的完善产生了城市，城市以生产和提供工业品为主，乡村则以提供城市工业原材料和生活资料为主，此为城乡的第一次分离。随着第一次工业革命和第二次工业革命的发展，城市以多就业机会、高收入来源、便利的基础设施和公共服务吸引传统农民离开传统农业、弃地入城，农村和农业开始凋敝，农民普遍贫困，城乡收入差距扩大。20 世纪 50 年代后，并存的"城市病"和"乡村病"促使发达国家重新审视工业与农业、城市与乡村的关系，掀起了重建乡村的热潮，随后的信息化革命又加速了这一进程。城乡分离到融合的过程具有历史必然性，围绕"建设一个什么样的农业和农村才能与工业化和城市化相匹配"的现实问题，发达国家和部分发展中国家做了有益的探索，如 20 世纪 50 年代以来，日本开展的"新村建设"、德国的"乡村地区发展"、英国的"乡村农业发展"、韩国的"新村运动"、基于可持续理念的美国"乡村规划与建设"等。这为其他国家的贫困治理和乡村重建提供了很好的借鉴，也为新发展阶段我国贫困地区如何巩固拓展脱贫攻坚成果、衔接推进乡村振兴以及全国乡村的全面振兴带来诸多启示。

第一节 衔接推进乡村振兴的欧美实践

一、北美地区：美国、加拿大

北美地区农业发展的最大优势在于土地面积辽阔、土壤富饶、气候条件适宜，劣势是人烟稀少、农业劳动力匮乏，但高度工业化、机械化和信息化在一定程度上弥补了劳动力不足的缺陷。农业生产专门化、商品化和高度机械化使美国以不到2%的农业生产人员产出了世界第一大农产品出口量。加拿大也以占就业总人数2%的农业人口贡献了全球农产品出口总额的3.3%，农产品出口量居世界第四位。农民早已撕掉贫困标签、完成向职业农民身份的转换，农村也不再是落后地域的代名词而是城市的后花园、有产阶层闲暇时间的休养首选地。

（一）美国：城乡共生模式

美国发展农业具有得天独厚的自然条件，实行规模化、产业化和区域化的经营模式，农业现代化、机械化程度、农业生产率居于世界前列，现代农业成为美国最具竞争力的优势产业之一。家庭农场、合伙农场的养殖或种植全部使用机械化作业，农场主和农场工作人员的人均产值、收入水平、生活水平均高于一般非农户家庭。

1. 完善的农业支持和保护政策

1862年，美国农业部在成立之初就明确定位"农业是制造业和商业的基础"，并制定《宅地法》。1933年，美国通过《农业调整法》。20世纪80年代后，美国农业法成为一个独立的法律部门。1948—1990年，美国政府相继出台了《清洁水法案》《安全饮水法案》《农产品贸易发展和援助法》《粮食安全法》《国家荒野和风景河流法案》《国家走道系统法案》《食品、农业、水土保持和贸易法》《美国环保局公共参与政策》，提出了"土地休耕计划""土壤保护计划""沼泽地保护计划""乡村发展计划"等一系列规划，从根本上遏制了污染源，保护和推动了绿色农业发展。2007年，美国出台了《新农业法案》。2009 年，美国政府在《美国复苏与再投资法案》中明确提出加强乡村通信与宽带建设。2018 年颁布的《农业提升法案》强调继续加强对乡村互联网建设的投入，这在很大程度上促进了互联网技术与农业生产经营的结合。迄今，美国已形成以农业法为基础、100 多部重要法律为配套的完善的农业法律体系。

美国农业全面支持政策源于 20 世纪 30 年代的罗斯福新政，经过几十年的强化和发展，目前形成了庞大的农业政策体系，内容涵盖农业市场、土地和水资源的利用与保护、农业资源和环境保护、病虫害防治、免费或低成本农业科技服务、大型灌溉设施和交通基础设施由联邦政府投资、农业价格和收入支持、联邦政府提供保证贷款和直接贷款、减税减负、农业保险、农产品贸易支持、土地休耕补贴等。其中，农业补贴始终是农业政策核心，按目标价格对农产品进行价格补贴，补贴资金直接落实到个人。农业支持和保护政策在促进美国农业发展、提高美国农业竞争力等方面发挥了重要作用。

2. 农业生产高度的专业化和企业化

美国充分利用不同地区的自然条件，科学规划，使农业生产实现了地区生产的专业化，形成了一些著名的生产带，如玉米带、小麦带、棉花带等。玉米、小麦、大豆生产区域主要是在美国的中西部地区，牛、羊饲养主要集中在美国中西部地区的得克萨斯州东北到伊利诺伊州一带。这种区域分工使美国各个地区能充分发挥各自比较优势，有利于降低成本，提高生产率。此外，每个农场只能选择生产特定的农产品，或者某种农产品生产经营的特定环节。专业化经营有利于提高农业生产者的熟练程度，进而提高专业化水平和生产效率，增加总产出。美国农业企业化经历了家庭农场制、农业合作化和农业现代化发展三大阶段，各阶段的发展均推动了农业企业化发展，美国农业企业化大大提高了美国农业的规模化和集约化程度，提高了美国农业的发展速度和步伐。

3. 农业生产高度的科学化和机械化

美国农业企业化发展的一个重要推动因素是科技的广泛运用，以及科技产品与农业生产的有机结合。根据美国农业部的报道，到 1950 年前后，美国农业科技进步贡献率已超过 90%。到 20 世纪中后期，遗传学、生物化学、生物工程、基因工程、细胞工程、酶工程和发酵工程等农业生物新技术在农业上得到广泛应用，极大提高了美国农作物产量。随着工业革命和科技革命的兴起，土地耕翻、整地、播种、田间管理、收获、干燥等全过程实现了机械化。卫星通信、遥感技术、电子计算机等高尖技术在拖拉机等农机具上的应用，使各种农业机械能更准确、迅速地实现耕地、播种、施肥、除草、除病虫害等作业。生产的技术化、机械化、管理的科学化，大大提高了农业生产效率，推动农业种植规模、农产品产值不断增加，保持了美国农业在国际市场上的竞争力，推动美国农业进入了一个更高水平、高速化的发展阶段。

4. 小城镇建设带动城乡一体化发展

20 世纪初，美国城市人口不断增加导致城市中心过度拥挤，许多中产阶级选择向城市郊区迁移，极大地推动了小城镇的成长。再加上汽车等交通工具的普及、小城镇功能设施的齐全以及自然环境的优越，进一步助推了小城镇的发展。美国小城镇的发展与政府推行的小城镇建设政策有着密不可分的关系。1960 年，美国推行的"示范城市"试验计划的实质就是通过对大城市的人口分流来推进中小城镇的发展。在小城镇的建设上，美国政府强调结合区位优势和地区特色，开发富有个性化的功能，兼具生活环境和休闲旅游的多重目标。小城镇有着良好的管理体制和规章制度，它们能够对全镇的经济社会进行统筹监管，保证小城镇发展的有序与稳定。由于美国城乡一体化已经基本形成，美国小城镇建设能够很好地带动乡村发展。

美国城乡共生型模式，一方面产生于特殊的社会人文环境，另一方面与其经济发展程度较高有关。该模式以农村完善的公共服务体系和发达的城乡交通条件为基础，能够全面提升国家的现代化水平。在城乡共生模式下，政府在追求经济目标的同时，更加重视乡村生态、文化、生活的多元化发展。在促进乡村农场、牧场发展的同时探索出了新的农业经营模式——建立了"嗜好农场"等，为游客提供骑马、挤奶等休闲娱乐项目，实现了休闲娱乐与乡村旅游的融合。美国联邦政府还提高对乡村医疗卫生以及养老保障的财力支持，动员社会各界力量参与，形成了适合不同需求的居家养老模式、社区集中养老模式以及商业化程度比较高的专业机构养老模式等多元化的养老模式。

（二）加拿大：城乡均衡发展模式

加拿大是世界公认的发达国家之一。城市人口主要居住在多伦多、蒙特利尔、温哥华、卡尔加里、埃德蒙顿、魁北克等大城市，农业产业能容纳190多万就业人口，就业人口在全国各业中排第三名。尽管早在20世纪40年代加拿大就基本实现了农业机械化，农业上升为"国家经济的主要动力"，但其面临着城市和农村之间的发展不均衡问题，按照特鲁多政府在2018年制定的第一个官方贫困线标准，加拿大存在100万以上的贫困人口。为缓解相对贫困，促进本国欠发达农村地区发展，加拿大出台了一系列政策，进行了许多有益尝试。

1. 贫困治理

加拿大的贫困主要是城乡间和城乡内部的相对贫困。加拿大政府把减少贫困作为一项核心的优先事项，于2018年推出了"给所有人以机会"的加拿大首个减贫战略。减贫战略的目标是，到2020年将贫困率降低20%，到2030年将贫困率降低50%（相对于2015年）。这些目标与联合国消除贫困的"可持续发展目标"保持一致。减贫战略确立"市场菜篮子衡量"指标作为加拿大的官方贫困线，列出了指导当前和未来政府减贫行动的计划，对投资做出了长期承诺。对低收入水平的"市场菜篮子衡量"，是根据代表个人或家庭的适度、基本生活水准的食品、衣物、住房、交通及其他因素的一篮子费用确定贫困的分界线。加拿大政府先后成立加拿大儿童福利金（Canada Child Benefit）、老年人收入保障补助金（Guaranteed Income Supplement）和十年投资550亿加元的《国家住房战略》。2018年7月至2019年6月，加拿大全国约有370万个家庭收到近240亿加元的年度儿童福利金。加拿大政府还在住房、清洁饮用水、卫生、交通、早期学习和育儿，以及技能和就业等领域进行了长期投资，这也有助于解决贫困的多个方面。《国家住房战略》以帮助减少无家可归者并改善有需要的加拿大人的住房供应和质量为目的，明确从2020年春开始的8年时间里将投资40亿加元用于加拿大住房补贴计划，要满足53万加拿大人的住房需求，以减少加拿大一些人长期无家可归现象。自2015年以来，已有超过100万加拿大人摆脱了贫困，其中包括33.4万名儿童和7.3万名老年人。

2. 发展现代农业

加拿大农业高度发达、农业竞争力较强，是世界最大的粮食出口国之一，也是仅次于美国的第二大粮食援助提供国。农业对农民增收、农村繁荣和国家对外贸易贡献较大。

一是法律保障和政府协调。早在 1912 年，国会就通过了《谷物收购和质量检验法》；1933 年，出台《农业调整法》；1935 年，制定《草原农场复兴法》；1961 年，制定《农业发展支持法》。20 世纪 80 年代后，加拿大农业法成为一个独立的法律部门。1998 年，加拿大开始实施《加拿大农村协作伙伴计划》。2007 年，加拿大出台了新农业法案，形成了以农业法为基础的完善的农业法律体系。此外，为更好地协调各部门在农村发展问题上的工作，1996 年，加拿大农业部成立了国家农业研究、教育和经济顾问委员会以及农业科研攻坚战略计划署。后来，在农业部内设立农村秘书处，负责协调和推动农村协作伙伴关系的建立和相互联系；组建由加拿大农业部牵头，由 32 个联邦政府部门参加的跨部门工作小组。省市一级政府也建立由政府农村事务官员组成的"农村工作组"。各层级工作小组定期召开会议交流信息，一起解决重大的农村问题，确定需要政府优先解决的问题。许多金融机构、私营公司、协会在技术研发、推广、信息服务等方面也发挥了重要作用，各部门、各机构互相协调，共同推动农业可持续发展。

二是直接资助农村发展项目。农村秘书处每年都根据"农村对话"的结果，推出和资助不同主题的农村发展项目，如"试验创业项目"投资近 1200 万加元，分四批共资助了全国 307 个项目。联邦政府支农项目比较全面，涉及支付农业保险项目、科研与检验项目、农业发展及与贸易有关的项目、运作资金、库存和运输等。

三是注重提高农业发展技术含量。加拿大把农业经济效益、环境效益及社会效益的协调统一作为农业生产的出发点，其可持续发展的理念得到广大农民和其他国家的普遍认可。加拿大构建了包括联邦农业部、各省农业厅、农业大专院校和工业企业在内的农业科研体系且分工明确，联邦一级的科研机构侧重于基础理论方面，省级和大专院校、企业的科研则偏重于应用研究。联邦政府支农资金中，科研与检验资金占支农资金总量的 1/5 以上。加拿大的农业从业者大都具有较高的科技文化水平，在采用先进生产技术、增强环境保护观念、提高农产品品质和效率等多方面都具有强烈的主动意识。

此外，加拿大与美国一样，重视专业化、机械化和规模化农业生产。一个家庭农场一般只生产经营一种或很少几种农产品。为改进技术装备和增强竞争能力，加拿大政府采取了淘汰小农场，促进土地集中的措施，各类农场数量下降，经营规模却逐步扩大，田间生产和畜牧养殖依靠大型农机具和现代化设备与设施来完成，农场就业人数持续减少但农业劳动生产率和收入水平却在不断提高。加拿大在广大农村地区建立社区信息接入站点，农村居民可以获得一般性的咨询服务，可以就一些具体问题寻求相关信息、向有关专家直接咨询。上述措施对于提高农村社会的整体效益，平衡城乡经济社会发展水平，实现加拿大城乡的统筹协调发展起了较大推动作用。

二、欧盟地区：德国、法国、瑞典

（一）欧盟的统一支持政策

欧盟现有 27 个成员国。近年来，欧盟的财政支农政策比较强调协助解决农民增收、农业风险管理，以及农业农村环境的外部性和创新问题。在欧盟的财政支持农业农村现代化的政策中，农业补贴是一种最主要、最常用的政策工具。农业补贴政策包括价格补贴、休耕补贴、自然条件限制地区补贴、单一农场补贴、青年农民投资补贴等。对农场主的直接补贴实行强制性动态调整制度，2012 年年底，欧洲议会通过"CAP2014—2020"取消农产品价格支持政策，实施"生产者直接支付"制度，由"基本补贴"代替"单一农场补贴"，引入与生产脱钩、兼具奖励性与惩罚性的绿色补贴制度，明确规定绿色补贴额占直接补贴总额的 30%。为鼓励支持青年农民从事农业生产经营，加大对掌握足够的农业技能且首次以实际控制人身份经营农场的青年农民的补贴力度。同时，欧盟还积极协调成员国减少直接补贴标准差异，以实现外部和内部的趋同。欧盟在优化完善农业财政补贴政策的同时，还注重创新财政资金支持农业农村现代化的投入方式，设立欧洲农业担保基金和欧洲农业农村发展基金两大支持乡村发展专项基金，立法规定基金资金统筹用于支持"增加农民收入""促进农村发展"。

　　欧盟促进乡村建设及条件差地区农业发展的主要项目是 LEADER 项目①，LEADER 项目意为调整农村经济振兴策略的欧盟计划项目，该项目的主要目标有两个：一个主要目标是奖励与促进地方富有创意的振兴乡村策略，并对各地方的农村各类活动团体予以资助；另一个主要目标是通过开发农村网络，促进加盟成员国之间的信息经验交流。在 LEADER 项目下，海拔较高、山陡坡、生物生长期短、农机具利用程度小的丘陵地带山区，土壤贫瘠、农业收入低、自然灾害频发但还有必要继续进行农业生产的地区可直接获得资助，常年获得高于其他地区的补贴，并享受农村社会奖励金。

　　欧盟的农村环境整治措施主要通过融入农业奖励政策来实施，如减少化肥、农药使用的农户，采用有机肥料并且行为持续的农户，自觉采用休耕轮种的农户，在生产中保护天然资源、维持农村地带景观的农户，为了公众利益和休闲活动自觉进行土地减让的农户，均可获得欧盟的奖励。此外，因参加环境保护而使农业收入减少的农户，可获得不低于正常生产条件下的补偿金。

　　欧盟各国的乡村振兴与贫困治理政策基本同步实施，如法国强制淘汰无生命力的小农场，在落后地区推行农场现代化的"开发计划"，鼓励土地合并；德国提倡农业粗放式耕种，强制土地休耕，国家予以补助，加大落后地区道路、水资源基础设施和教育、医疗等公共服务的投入，通过价格补贴稳定农业产量，保障农业生产者的利益，推行农业结构改革，规定农业生产者不得生产没有市场或市场过剩的农产品，调整经济结构，加大职业教育培训力度，转移农业剩余劳动力，促进农民收入渠道多元化。

　　总体来看，欧盟的乡村振兴为成员国的贫困治理和乡村建设提供了更可靠的物质保障，起到了强有力的协调作用，其反对社会排斥和社会歧视的社会行动，强化援助和保护弱势群体的社会保障服务政策，积极的劳动力市场政策，援助和提高落后地区的区域政策，对带动落后农村地区经济社会的发展、环境的改善和穷人的稳定增收起到较大促进作用。

---

　　① 王伟光. 建设社会主义新农村的理论与实践 [M]. 北京：中共中央党校出版社，2006：115.

（二）德国、法国、瑞典的特色

欧盟成员国在遵守欧盟委员会制度、法律、政策的前提下，也结合本国情况，探索形成了各具特色的贫困治理和乡村建设的国别路径。

1. 德国：循序渐进式村庄更新

德国主要通过实施土地整理计划、村庄更新计划和乡村"再振兴计划"支持农业农村现代化。[①] 为顺利推进乡村地区的综合发展，德国建立严格的农业农村发展法律法规和规划控制体系，如《农业法》《土地整理法》《"改善农业结构和海岸保护"共同任务法》《村庄更新条例》《村镇发展规划》《市场结构法》《联邦空间规划》等，力图通过土地整理、村庄更新的方式实现"城市与农村生活不同类但等值"目标。土地整理包括：细碎土地合并与整治，特殊农作物田块整理，高山草地与林地整理，流转集中小规模农户退出后的土地，调整较少经济收益的土地为公共设施用地。村庄更新规划包括：禁止拆除具有特色性、历史性、代表性的历史文化建筑，改变失去功能的农业经济房屋的用途，重新调整剩余建筑物的形状、规模、开发状态和建筑物现状，强化村庄产业配套与服务功能，保护和发挥乡村的文化价值、休闲价值和生态价值。乡村"再振兴"计划旨在支持农业农村转型与创新发展，让农村成为生态美好、生活宜居、可持续发展的地区。权属管理贯穿乡村土地整理的整个过程，村庄更新规划特别强调公众参与的重要性。此外，德国政府为缩小乡村网络与城市的差距，于 2016 年推出"数字战略 2025"，旨在引导社会资本参与乡村互联网建设，缓解城乡互联网发展不均衡不协调问题。德国通过实施土地整理计划、村庄更新计划和乡村"再振兴计划"，显著改善了农业经济结构，重构了农村生产、生活、生态"三生"空间格局，协调了乡村地域人地关系。目前，德国乡村生活和生产条件已基本与城市化发展相适应。

2. 法国：农村综合发展

1945 年以前，法国还是一个农业人口占人口总数近一半的国家，主要农产品依靠从殖民地进口，有很多贫困人口居住在贫民窟。"光辉 30 年的高速发展"时期，法国政府采取了一系列反贫困政策，建立并不断完善覆盖全民

---

① 叶兴庆，程郁，于晓华. 产业融合发展推动村庄更新：德国乡村振兴经验启事［J］. 资源导刊，2018，341（12）：50-51.

的社会保障制度，实施国土整治方案，实行区域协调发展政策，以促进经济落后乡村地区的发展，平衡城乡地区之间的发展差异。到 20 世纪 70 年代，法国大规模的贫困现象已基本消失，但仍存在中心城市与外围乡村之间发展差距较大，资源要素城市过度集中，东部工业城市和西部农业乡村在人均收入、基础设施、公共服务等方面悬殊等发展不平衡问题。法国的解决对策主要包括以下几个方面。

一是开展"领土整治"。"领土整治"是法国推动乡村发展的典型特征。"领土整治"的目的是实现农村社会资源的优化配置，既要发展乡村经济、缩小区域发展差距，又要保护好乡村的文化资源和生态环境。具体措施包括：综合利用财政扶持、技术保障、教育培训等方式支持乡村建设；完善基础设施和服务设施，增强乡村承载力和吸引力；优先保证各类绿地、开放空间、农场牧场、村庄建设用地规模；重点保护具有文化遗产的村落，并在保护中发展村镇经济。这些措施加快了乡村地区的发展，使城乡发展速度、经济水平和预期目标趋于平衡。

二是优先发展规模化、专业化、一体化农业。"一体化农业"是从事专业化生产的农业、同农业相关的工业与商业、运输、信贷等生产性服务部门，通过控股或缔结合同的方式组成利益共同体，通过一致行动实现互利共赢的一种大农业发展模式。如法国精心扶持打造的以葡萄种植为基础、融农业生产、观光休闲、科学教育、娱乐餐饮、商务会谈等多功能为一体的复合型庄园综合体，就是三产融合、价值多元、分工合作、互利共赢的新型产业模式。

三是建立严格的农业农村发展法律法规。《农业指导法》《农业指导补充法》确立了农业的优先发展地位，《土地指导法》《乡村整治规划》《乡村地区发展法》等多部法律法规对农业用地的无效分割行为做出了明确限制，推动农业科研创新，大力发展职业教育，鼓励农民利用当地资源发展特色产业、支持乡村土地的均衡化整改和乡村功能的多样化拓展。出台的《可持续发展法》和《环境法典》对生态农业、多功能农业给予了全面补贴和全方位规范。这些法律法规为法国乡村建设提供了有效的制度支撑。

3. 瑞典：多主体共同参与

从历史上看，19 世纪中叶，瑞典还是一个比较贫穷的农业国，全国有

90%的人口是农村人口。农业歉收加上高生育率，使这个国家的大部分人口都生活在温饱不足的绝对贫困状况下。二战后，瑞典逐步迈入发达工业化国家行列，但在工业化过程中也曾长期出现工农、城乡发展的巨大不平衡问题，城郊乡村以外的广大乡村地区长期处于衰退状态。20世纪70年代开始，瑞典实施新的产业调整战略，大力推进乡村地区的公共服务建设，在一定程度上减缓了乡村衰退趋势。目前，瑞典的工农差别、城乡差别较小，农业现代化水平较高，是世界上生态农业发展水平最高的国家之一，多次入选"世界上最适宜人类居住国家"名单。主要有以下做法。一是政府进行规划指导、制定行业规范，扶持农业农村基础设施建设，协调与管理各行业企业的服务与运营方式。二是社会资本与农村本地企业抱团发展，村民与企业主联合制定乡村发展规划与愿景，企业间共享行业信息、共同筹措募集资金用于改善农业基础设施建设、整治农村环境，行业协会为农业企业提供必要的资金支持，免费开展业务培训，统一对外开展农产品宣传行动。多主体的共同参与强化了主体间的共同责任、担当、信任及合作发展的理念与行动，在一定程度上弥补了市场功能缺失及正式制度不足。三是通过立法手段保护乡土建筑，建立城乡无差别的垃圾分类收集系统，实施包括教育、就业、住房、养老等覆盖面极广的农村社会保障制度，来提高农村创业、就业、度假休养的吸引力。

此外，原欧盟成员国英国，一直高度重视乡村经济发展、公共社会事业建设、资源与生态环境保护，先后出台《城乡规划法》（1947年）、《国家公园和享用乡村法》（1949年）、《村镇规划法》（1968年）、《英格兰乡村发展计划》（2000年）、《英国农村战略》（2004年）、《农业技术战略》（2013年）等法律、政策，对乡村资源开发利用、城市与乡村边界、环境保护等做出严格规定。2000年，提出并实施了"英格兰乡村发展计划"，以建设富有活力和独具特色的乡村社区。2010年，设立了乡村旅游发展基金，以支持乡村旅游营销推广、农村基础设施和旅游景观及设施建设。2015年，英国政府设置专项资金用于支持乡村小微企业经营和农业多样化经营、乡村旅游业发展、农业和林业生产率提高、乡村公共服务水平提升、乡村文化和传统文物保护开发等。英国的农业农村现代化水平和城乡有序治理程度均位于世界前列。

德国、法国、瑞典一直是欧盟最具实力的农业生产国，也是世界主要农产品和农业食品出口国，农业人口占总从业人口的比例均低于3%。虽然农业从业人口较少，但由于已实现了农业机械化和基本的信息化，农业生产率很高。从社会结构上看，农民的经济地位在整体上属于中等收入阶层，居住在乡村也能享受与城市同等的公共服务。

第二节 衔接推进乡村振兴的日韩实践

一、韩国：新村运动

20世纪60年代初，韩国开始推行"出口主导型"开发经济战略，实现了经济的高速增长。随着韩国经济的高速发展，韩国城市化进程也在明显加快，出现了农业劳动力流失和农村老龄化严重的问题。农业在韩国国内生产总值（GDP）的比重快速下降，乡村被城市边缘化、农业被工业边缘化的城乡二元结构非常明显，都市繁华与乡村贫困形成鲜明对比。20世纪70年代开始，韩国实施被联合国称为"农村可以致富的实践运动"新村运动，城乡收入差距逐步缩小。《小城镇培育事业10年促进计划（2003—2012年）》实施以来，农村生产生活环境得以改善，韩国返乡务农人口数量逐年攀升。经过几十年的实践，韩国基本解决了城乡失衡问题，实现了城乡经济的快速协调发展。

关于韩国新村运动，1980年韩国内务部下的定义是"通过勤劳、自助与合作，增加农民收入，改善农村生活环境，推动农村基础设施建设的运动"①。中国社会科学院王伟光教授将之概括为，政府与地方农民互动的、以发展农业生产力和改善农民生活为目的的社会改革运动。② 可见，韩国的新村运动，以农民增收、改善乡村环境、缩小城乡差距为中心目标，是政府和农民双向推动完成的改革。韩国新村运动基本做法如下。

一是渐进推进。韩国新村运动初期（1970—1980年）的目标是增加农民

---

① 朴振焕，潘伟光. 韩国新村运动：20世纪70年代韩国农村现代化之路［M］. 北京：中国农业出版社，2005：10.

② 王伟光. 建设社会主义新农村的理论与实践［M］. 北京：中共中央党校出版社，2006：85.

收入，改善乡村居住条件、提高农民福利，缩小城乡收入差距。中期（20世纪90年代以来）的重点任务是调整农业结构、提升农业技术培训、实施社会价值观教育，培养农民形成勤勉、自主自立、团结合作的精神。长期目标是通过新农村建设，形成城乡一体发展的现代化国家。

二是村民主体。对农民自主参与、共同协作、积极向上的新理念和自信心培育是韩国新农村建设的主要贡献。韩国在"新村运动"实践中，政府先投资基础设施建设，然后提出建议项目。项目虽不要求强制执行，但有激励导向。对发展多种经营卓有成效的村，提供更多贷款和其他方面的优惠政策，并实施额外奖励。对项目执行效率低和效果比较差的村，政府取消支持，直到自发参与、能够有效参与新农村项目建设为止，该举措改变了农民以往保守的态度，唤醒了农民"自立自强"的意识，有力地带动了民众自我发展动力的形成，也使乡村建设成为农民自愿式的运动。

三是综合开发。以乡村工业园区为开发载体，政府引导乡村建设农产品生产与加工工厂，引进新技术，将传统农业模式转型升级为集生产、加工、销售等于一体的新型经营模式；以一个村或几个村为农村定居生活圈集中开发的方式带动周边农村地区共同发展；重罚破坏生态环境行为，充分挖掘文化资源与自然禀赋，发展乡村旅游业；为减少重复投资、提高投资和开发效率，中央政府实行预算管理，给予地方政府政策、财政和技术支持，但要求农村开发方式与中央政策保持一致。

总体来看，韩国新村运动在一定程度上减少了项目建设和投资中的重复问题，提高了开发效率，对提高农民收入、改善农村环境、缩小城乡差距起到了较大推动作用。尤其是20世纪90年代以来，韩国城市化进程加快，城乡经济协调发展，城乡居民收入水平实现了较快增长。

二、日本：造村运动

20世纪50年代，日本政府开始开展大规模的乡村工业化运动，并辅以完善的法律法规体系，如《农业基本法》（1961年）、《低开发地区工业开发优惠法》（1961年）、《建设新工业城市促进法》（1962年）、《农村地区引进工业促进法》（1971年）等，以此驱动乡村工业的发展。

日本早期的农村建设运动被称为"农村经济更生"运动。[①] 日本农林省规定，"农村经济更生计划"的目标是实现"农家各户收支平衡，家庭财政由赤字转盈余"，每户农家在"降低生产成本的同时，提高产品质量，促进增产"。[②] 作为一项救农政策，经济更生运动强调"经济更生之精神"，把农民定位为经济更生运动的旗手，强调农民自力更生和自给自足。经济更生运动的直接目标是解决农村的经济危机，具体手段是农业和农村经济上的组织化及农村社会的组织化。

战后初期，日本农业存在农民收入低、农业劳动力疲软等问题，乡村地区普遍面临人口流失、老龄化、发展严重滞后等问题，这一时期的主要目标是粮食增产，实现工农自养。20 世纪 60 年代，日本经济进入高速增长时期，同时转入了以工业反哺农业、城市支持农村的新阶段，这一时期以缩小农业和其他产业之间的收入差距为主导，以提高农业综合生产力、发挥农业的多功能为重点，扩大农业经营规模、促进农地流转和集体化、促进农业机械化、完善融资制度，实现农业经营现代化，先后实现了农业的基本机械化、全盘机械化、专业化和规模化。

在经济稳定期，日本农业农村建设的目标转向优化村落发展规划、合理配置农业基础设施、提高农地综合开发利用率、改善农村生活环境、促进农业从业人员稳定就业，以实现舒适安全的农村生活。主要措施是：把农村的发展纳入整个国家的现代化进程，构建城乡经济社会相互促进、良性互动的有效体制，同步推进工业化、城镇化和农业现代化；重视教育扶贫，重视本地人才的持续培训与技能提升锻炼，注重全面增强农民自我发展能力，通过有效提高日本国民的文化素质，为其他行业的发展提供一批训练有素的劳动队伍，提高劳动生产率，为乡村振兴和穷人脱贫致富创造人力资本基础；着重保护生态环境，美化乡村景观，对生态农户进行系列扶持和激励政策，有效促进生态农业的可持续发展；根据地区间的异质性实施"一村一品"运动，充分挖掘当地特色文化的潜在价值，鼓励农村依据自身资源禀赋，因地制宜发展特色产品。

---

① 金洪云. 日本的农村振兴政策［J］. 中国党政干部论坛，2006（4）：42-44.
② 高桥泰隆. 昭和战前期的农村与"满洲移民"［M］. 东京：吉川弘文馆，1997：105.

第三节　发展中国家的实践

在农业文明向工业文明的转型过程中，农村、农业和农民问题至关重要。发展中国家始终面临如何有效解决工农城乡平衡协调发展的难题，在与贫困做斗争中艰难前行，持续努力探索乡村建设道路。

一、印度：艰难而持续的农业改革

印度是一个传统农业大国，可耕地面积排名世界第一，80%的人口以农业为生。印度农业属于标准的小农经济，传统农业占优势地位，以传统的生产工具和手工劳动为主，农耕机械的现代化程度较弱、普及率不高，对气候和雨水等自然条件的依赖性很大，不但农业生产率和农民收入较低，而且地区间的农业发展差距较大，村庄贫困农民居多。印度农村的反贫困治理始于尼赫鲁时期，主要措施包括开展农村土地改革、实施乡村发展计划等。1966年，英迪拉·甘地执政后，印度开始推动绿色革命，发展"技术农业"，对贫困农民提供信贷，实行"农业精耕县计划"和"农业精耕地区计划"。1979年，印度政府开始有针对性地实行扶贫开发项目，大规模推行农村综合发展计划，加强乡村地区基础设施建设，改善农村贫民生产条件，对农民进行职业培训。近年来，印度政府先后开展"国家乡村就业计划""农村无地人口就业保证计划""印度创业计划"，发起"厕所运动"，提出"数字印度"倡议。经过多年努力，印度农村的反贫困治理和乡村建设取得了一定的成效，贫困人口明显减少，贫困率明显下降。

（一）构建体系化的农业合作组织

1904年，印度首次通过了《合作社法案》。此后，印度相继颁布了《信贷合作社法》《合作社法》《国家农业和农村发展银行法》《跨邦农业合作社协会法案》等配套法律，为合作社的发展提供了完善的法律环境。农业与合作社部专门负责合作社政策制定，协调和管理全国农业合作组织，开展合作社教育和培训。迄今，印度拥有世界上规模最大的生产、加工、销售环节一体化的农业合作社体系，有农民组织的全印度农民协调委员会近 200 个，各种农业开发活动，小型作坊以及产品的加工、分配和供应都通过合作社来完成，推动了农业生产的规模化和规范化。合作社以自愿加入、民主管理为基本原则，向农户提供农业生产经营所需的技术与服务支持，打造当地农产品销售渠道，在促进农业生产发展、提升农民的组织化水平和风险抵抗能力、提高乡村民主化程度，促进农民增收与生活质量提升等方面发挥了较大作用。

（二）构建广泛覆盖的农村金融服务体系

1978 年，印度政府在给予农村信贷特殊优惠条件上实施利率差额财政补贴政策。1989 年，印度政府又实施了以"长期贷款本息政府代为偿还"为核心的系列信贷免除政策，提高了农村合作银行等金融机构支农贷款不良率的预警线，要求金融机构在需要的城乡接合部设置柜员机、执行贷款优惠利率。农户要获得银行信贷，首先要与企业签订农业生产合同，此规定既深化了农户与企业的合作关系，也保证了信贷资金的及时回收。作为银行需要定期为贷款农户组织提供免费或收费较低的信息咨询和技术培训，既为农户提供了技术支持，教会了农民合理利用金融资源，同时降低了信息不对称所带来的信贷风险，增加了农民的收入，达到了双赢。这一系列行之有效的政策措施，为农民提供了大量廉价的信用贷款用于购买耕牛、拖拉机、化肥等，改善了农民的生活条件，使这些村庄的农作物产量实现了翻番。

（三）推动农业现代化

20 世纪 60 年代，为推动农业经济的快速发展，印度政府开始实施以生物技术为核心的绿色革命。21 世纪后，印度在农村中推广计算机网络技术，通过高科技通信设备为农民提供免费技术咨询和农产品市场信息，希望通过引进良种和应用现代农业技术增加粮食产量，迅速解决农村的大面积贫困问题。这场革命在一定程度上改善了农村状况，提高了农民的生活水平，为农业现代化技术的推广使用创造了条件。为加快农业科研的开发与推广，改造传统农业为现代农业，印度还建立了包括 97 个国家研究所、82 个全印协作研究项目和 40 多所农业大学在内的庞大的农业研究网，主要对农作物、牲畜、渔业和其他农业相关领域进行研究，进行农业科技转让和农业技术教育等，使农业劳动力的价值不断提高。

此外，印度长期实行农业补贴政策，农业补贴包括化肥补贴、电力补贴、灌溉补贴等。20 世纪 80 年代以来，农业补贴主要采用价格补贴和直接补贴方式，农业补贴政策在一定程度上提高了农业生产者生产的积极性，也提高了印度农产品的国际竞争力。但由于印度土地私有，依靠给农场主种地拿工资的"雇农"占印度农民人口的 70%以上，农业补贴往往被土地所有者占有，无法给印度绝大多数贫困农民带来实实在在的利益。近年来，印度一直尝试改革农地关系，但举步维艰。相比而言，农村土地集体所有制是中国农村的最大制度优势，是治理贫困、振兴乡村、实现共同富裕的最大保障，中国在坚持土地集体所有的基础之上，实行土地家庭联产承包责任制，推动土地流转、集约用地、规模化经营，提高了农业生产效率，提高了农民收入，深刻改造着农村社会，使广袤农村地区的居民稳定有序地融入现代社会。

二、巴西：可持续、集约化农业革命

40 年前，巴西还是一个交通基础设施非常薄弱、农业资源利用率较低、粮食安全威胁较大、地区发展极不平衡的国家，南部、东南部地区经济比较发达，东北部地区是全国最落后的地区，农业基本上"靠天吃饭"。无地农民（占全国总人口的 5.6%）生活在社会的底层，主要依靠传统的耕作方式，长期处于贫困状态。自确定"以农立国"的可持续发展战略后，巴西政府不遗余力地推动可持续、集约化农业革命，巴西成功从一个粮食净进口国转变为世界最大的粮食净出口国，有望成为"21 世纪的世界粮仓"。2020 年，农业产值已占巴西 GDP 的 21%以上，为全国提供了超过 10%的就业岗位，无地农民的绝对贫困与产业结构的失衡问题有了较大程度的缓解，保障了整个经济的稳定运行，实现了疫情下经济逆势增长。

（一）全面的法律保障

巴西政府以法律形式为乡村建设相关政策（农业信贷政策、农产品价格支持政策等）提供法律保障。如通过实行《土地法》（1964 年）将地主土地分给农民所有，土地改革成效显著。出台《新森林法典》《环境犯罪法》遏制非法毁林及土地滥用，鼓励发展可持续农业和畜牧业，严格保护私人土地内的生物群落。《巴西联邦共和国宪法》（1988 年）以及《城市法》（2001

年）等，对农民生活以及乡村发展做出了合理规划，提升了乡村现代化治理水平。

（二）家庭农业支持计划

家庭农业支持计划的主要目标是增加农村就业机会，保障小农户基本收入稳定，确保农民收入不低于城市居民收入，维持农村社会稳定。该计划于1997年开始实施，1999年在全国推广。巴西的家庭农业支持计划有三个方面内容。一是基础设施建设支持。农村公共需要的道路、电信、电力、勘探、仓库建设由市政府上报计划，农业部驻州代表处组织评审组审核计划的可行性，在可行的计划中确定优先扶持对象，由联邦、州和市三级政府共同出资（各约1/3），农民不用出资，农场内部的道路建设由农场主出资但也能争取到一定的政府支持。二是农业信贷支持。给小规模农户提供比商业贷款利率更低的利率，可免除30%的分期付款本金，若到期不能按时归还，可再协商，向农业部门进行解释、申请延长还贷时间。三是其他支持。免费对农民和技术人员进行培训，免费提供各种病虫害防治技术资料。在部分地区，对农民购买农业机械予以补贴，大体上农民和政府各出一半价钱。对农民只征收个人所得税，亏损户可享受三年内"税前所得中抵扣"政策。对农产品加工企业投产之后的前十年，政府把所得税全部留给企业做流动资金，第十一年开始逐步偿还，解决了农产品加工企业初创时期流动资金不足的问题，能够基本满足企业扩大经营规模对发展资金的需要，有利于农产品由初加工走向深加工，实现纵向或横向的产业链延伸。

（三）系统化农业科技创新

科技和创新是巴西农业发展的重要经验。在巴西的整个农业创新体系中，政府占据主导地位，主要的农业科研和推广机构是巴西农牧业研究公司和农牧业技术推广公司，主要资金来源是巴西政府拨款。巴西农牧业研究公司是发展中国家最大的农业科研单位之一，重点研究大豆品种改良、高产品种培育、根瘤菌育种等生物工程技术，使之更适合巴西的土壤。成立20多年来，巴西农牧业研究公司向社会推出科研成果8000多项，投资回收率高达40%以上。巴西农牧业技术推广公司拥有2.3万名职工（其中，科技人员1.3万人），在全国设有2500余个办事处，其使命是将农牧业新技术直接传授给农业生产者，引导当地农民或农场主调整生产方式，引进和采用农作物优良新品种，以取得最佳的农业经济效益。《2020/2021 年巴西农业科技版图》显示，2021 年，巴西拥有 1574 家农业科技初创企业，较 2019 年增长了 40%，经过数十年的发展，巴西的农业科技创新已经形成一套成熟完整的体系。

（四）注重品牌形象塑造

巴西是农牧业大国，农牧业是巴西经济的支柱产业，除了满足国内日益增长的食品需求之外，巴西还成了重要的农业出口国。为提高农产品国际竞争力，巴西除了确保出口农产品在特性与工艺方面的品质外，还特别重视通过可持续发展提升国际形象。如出台《低碳排放农业计划》，设立若干个资源保护区，禁止开发保护区珍稀资源，鼓励农民种植果树和经济林木，政府规划、技术部门指导发展立体农业，鼓励农业生产者农作物轮作，促进多种农业经济良性发展和水土资源可持续利用。大力推行植树造林，积极采取措施打击亚马孙地区的非法砍伐现象，大力推广先进的农业生产技术，改变以往掠夺式的农业经营方式。加强有机农业发展，强制性限制和减少农药、化肥的使用，建设农业病虫害监测网络和数字植保防御体系，强化动物健康、植物保护和食品检验检疫等方面的管制措施等。

第四节　国际案例启示

一、背景

西方发达国家都经历了长期的工业化进程，尽管工业化导致了贫富差距扩大，但在整体上极大地提高了人民的生活质量。工业因高工资吸引人们自动向企业集中，企业与人群集中达到一定程度便催生了较大规模的生产资料、生活资料交易市场，交易中心慢慢成长为城镇。城镇较完善的教育医疗和便利的基础设施进一步吸引农村边际生产效益接近零的农民进城从事工业生产、工业服务、生活服务等行业。工业化进程中必然伴随两种基本现象：一是城市的扩张和繁荣，二是农村的收缩与凋零。其中，最主要的原因是农业效益低下、市场萎缩、公共服务城乡差距问题未得到有效改善，农民增收缓慢，农民职业吸引力很弱，乡村劳动力人口的城市单向涌入数量远远多于返乡回流数量，严重制约乡村地区的可持续发展能力，普遍陷入"人口流失—经济衰退—生活品质下降—人口继续流失"的恶性循环，乡村贫困与城乡失衡现象比较严重，而且出现了"城市病"与"乡村病"并存的社会治理难题。

后期，西方发达国家借助工业化、信息化的物质财富基础，不断加大对农业农村的支持力度，农民贫困、乡村落后的局面得到较大程度的缓解。目前，西方发达国家已基本克服绝对贫困治理困扰进入了相对贫困治理新阶段，重建乡村、缩小工农城乡差距，建设城市乡村和乡村城市，已成为普遍共识。而发展中国家普遍未完成工业化进程，城镇化还处于初级阶段，贫困治理难题更多，乡村建设任务更加复杂，只有立足国情、自力更生、参与国际分工、发挥比较优势、借助国际力量，对农业农村实施全领域的改革才能激活农业生产要素活力，缩短城乡割裂的时间，减轻城乡对立造成的社会撕裂阵痛。

二、基本经验

无论是发达国家还是发展中国家，在工业化早期，城乡分裂、工农失衡、乡村落后、农业凋敝、农民贫困等问题都无法避免，区别仅在于问题持续时间的长短与社会危害程度的大小，而这又与各国采取的措施是否有效密切相关。

第一，通过规划、政府投资、政策补贴等方式鼓励城市富裕阶层回归并享受乡村田园生活，如韩国和日本的城市后花园、美丽中心村建设。由工商业资本家与农场主通过控股或缔结合同等形式，利用现代科学技术和现代企业方式，把农业与同农业相关的工业、商业、运输、信贷等部门结合起来，组成利益共同体，如法国、瑞典乡村综合开发中的多主体参与模式。

第二，进行产权调整、田块合并、避免和减少农地利用的碎片化现象。土地整理中明确规定土地变更登记、地籍登记、自然保护登记、地产交易、地产评估、土地重新分配等内容。通过土地流转、减少碎片化使用现象，降低生产成本、提高集体谈判能力，发挥规模化效应，如日本、法国、德国的土地整理和村庄改造。

第三，实施"一村一品"行动，积极保护和开发乡村文化价值、休闲价值和生态价值，如美国的小城镇建设。鼓励农村依据自身资源禀赋，因地制宜发展特色产品，打造属于自己的品牌并进行推广。政府则提供特色产业规划指导、产品开发培训及产品营销等辅助支持，如日本、巴西对每个地块地理位置、气候条件、土壤成分的精准分析与片区规划，一村一品，一镇一业，镇村联动，区域联动。

第四，政府努力打造政府支持与农民自主发展相配合的低成本推动乡村振兴模式，如韩国的新村运动。同时，政府提供多层次、多方式、覆盖广泛的农村金融信贷支持，如印度的小额贷款。致力于机械化、信息化、科技化改造传统农业，如巴西的农业科技革命。家庭农业与规模化农场农业相结合也比较适合发展中国家的国情和农情。特别是，低成本推动模式能够有效缓解政府投资压力，激发农户参与的积极性，有利于集体资产的后续维护，是被实践证明的一种行之有效的扶贫治理与乡村建设模式。

第五章

衔接推进乡村振兴的机理

机理是一定系统结构中的各要素为实现某一特定功能而相互联系、相互作用的运行规则和原理，不同形成要素的组合以及相同形成要素的不同组合均可能导致相异的作用机理，产生不一样的功能，输出不一样的结果。脱贫攻坚的对象精准指向具有绝对贫困特征的特定人群以及贫困程度较深、贫困面较广的贫困地区，所投放人、财、物的数量、组合、投向与"两不愁三保障"短期目标的尽快实现直接相关。巩固脱贫攻坚成果、衔接推进乡村振兴的前向目标是防止出现大规模返贫，中间目标是夯实乡村振兴基础，后向目标是实现乡村的全面振兴。因此，衔接期是多重任务的叠加期，需要结合不同地区历史的发展程度、当前的资源禀赋、现代化进程中的阶段性目标，采用不同的政策导向、资源组合、考核措施，构建具有功能最大化的乡村协同振兴系统。

第一节　衔接推进的主要内容

《中共中央　国务院关于实现巩固拓展脱贫攻坚成果同乡村振兴有效衔接的意见》中明确，脱贫地区要根据形势变化，做好过渡期内领导体制、工作体系、发展规划、政策举措、考核机制等有效衔接。2021 年 3 月 22 日，中央农办负责人就上述意见答记者问指出：要做好财政投入政策、金融服务政策、土地支持政策、人才智力支持政策衔接，在领导体制、工作机制、考核机制上做好有效衔接。支持脱贫地区乡村特色产业发展壮大、促进脱贫人口稳定就业、持续改善脱贫地区基础设施条件、提升脱贫地区公共服务水平，确定一批国家乡村振兴重点帮扶县。① 学者李小云认为，要在目标、领导体制、政策、措施、机制上实现有效衔接。仲德涛认为，脱贫攻坚与乡村振兴在价值理念、目标追求和实践路径等方面具有一致性，但存在目标靶向单一性与复杂性、时间跨度短期性与长期性、战略重点局部性与整体性等方面的差异，必须加强脱贫攻坚与乡村振兴的理念衔接、产业衔接、人才衔接、机制衔接、政策衔接，加快推进农业农村现代化。李宁慧和龙花楼提出，实现二者有效衔接需要从发展目标、发展主体、发展机制与实现路径上实现多维立体衔接，实现路径中政策供给是根本，要素供给是重点，动力供给是关键。截至 2022 年年底，全国内地 22 个省、5 个自治区、4 个直辖市均出台了推进两大战略衔接的相关规划，明确"十四五"时期巩固拓展脱贫攻坚成果、接续推进乡村全面振兴的目标任务和主要举措。归纳而言，主要涉及帮扶政策、重大举措、帮扶机制、组织保障体系四大内容的衔接。

一、帮扶政策的有效衔接

《中共中央 国务院关于实现巩固拓展脱贫攻坚成果同乡村振兴有效衔接的意见》提出，在主要帮扶政策保持总体稳定的基础上，进行分类优化调整。即过渡期内保持主要帮扶政策总体稳定和现有帮扶政策连续，严格落实"四个不摘"要求，持续落实教育、医疗、住房、饮用水等民生保障普惠性政策，同时，各地在落实好中央政策的基础上，对现有帮扶政策进行研究论证、优化调整，以促进帮扶政策更加合理、适度、可持续。2021 年，中央农村工作领导小组研究出台衔接政策 33 项，中央各部门出台相关文件 40 余个，财政投入、税收优惠、金融帮扶力度持续加大，政策延续、强化、取消、调整工作稳步推进，政策效果的可持续性不断增强。如在财政保障政策方面，中央明确提出，过渡期内在保持财政支持政策总体稳定的前提下，根据推进衔接的需要和财力状况，合理安排财政投入规模，优化支出结构，调整支持重点。

---

① 新华社. 巩固拓展脱贫攻坚成果 加快推进脱贫地区乡村全面振兴：中央农办负责人就《中共中央 国务院关于实现巩固拓展脱贫攻坚成果同乡村振兴有效衔接的意见》答记者问 [J]. 农村工作通讯，2021，796（8）：9–11.

2021年，为更好地支持衔接工作，中央财政专项扶贫资金更名为"中央财政衔接推进乡村振兴补助资金"；2022年，中央财政衔接推进乡村振兴补助资金1650亿元，比2021年增加84.76亿元，增长5.4%。① 资金支持力度只增不减，资金投向和利用方式也有新的、更明确的要求。

帮扶政策的衔接，以"有效性"为导向，具体可划分为延续类政策、退出类政策、转化类政策、整合类政策、新设类政策几种衔接政策类型。脱贫攻坚期所实施的投入保障性政策、公共设施类政策以及公共服务型政策均需继续执行并强化使用。一些地区临时性、突击性特点的"超常规""拔高型"的"泛福利"社会帮扶政策，尽管做到了"尽力而为"，但没有做到"量力而行"，要适时取消，那些临时性或者已经完成历史使命的政策措施，如贫困户危房改造补贴政策等，不再执行。产业扶贫政策向产业振兴政策转化，进一步优化产业就业等发展类政策，减小对投资少、周期短、见效快、抗风险能力弱"短平快"产业项目的支持力度，逐步消除同质产业县域布局密度过大问题，把只有建档立卡贫困户才能享受到的产业扶贫政策转化为普惠性的乡村产业振兴政策。整合农业、畜牧业、林业草原生态保护恢复、水利发展、农田建设、农村综合改革、农村环境整治、农村道路建设、农村危房改造、农业资源及生态保护、乡村旅游等支持农业生产发展和农村基础设施项目相关政策，统筹安排使用整合资金。围绕产业振兴、人才振兴、文化振兴、生态振兴、组织振兴，加快构建体现乡村全面振兴要求的政策体系，新设政策要有针对性和可操作性，注重惠农政策的公平性和普惠性，着重在新型城乡融合发展背景下构建推进产业体系的现代化、生产体系的现代化、经营体系的现代化，支持发展农业新产业新业态、构建现代农业发展大格局的政策体系。

对于原贫困地区县市区，过渡期要及时跟进国家衔接政策，积极协调配合省级有关行业部门制定贯彻意见和配套文件。把现有扶贫政策划分为需要取消、需要延续、需要完善、需要强化四类，通过"不变"避免"政策断层"，通过"变"适应新形势，有效衔接各类专项规划和行业规划，通盘考虑

---

① 曾金华. 中央财政安排乡村振兴补助资金1650亿元：同口径较去年增长5.4%［N］. 经济日报，2022-03-22（3）.

土地利用、产业发展、乡村建设、人居环境整治等内容，加大对不稳定脱贫人口和脱贫地区县、乡镇、行政村的支持力度，做到分类指导、重点扶持、梯次推进。

具体而言，一是做好财政投入政策衔接。根据巩固拓展脱贫攻坚成果同乡村振兴有效衔接的需要和财力状况，合理安排财政投入规模，优化支出结构，调整支持重点。二是做好金融服务政策衔接。进一步完善针对脱贫人口的小额信贷政策，继续实施企业上市"绿色通道"政策，加大对优势特色产业信贷和保险支持力度，鼓励各地因地制宜开发优势特色农产品保险，探索农产品期货期权和农业保险联动。三是做好土地支持政策衔接。对脱贫地区继续实施城乡建设用地增减挂钩节余指标省内交易政策，过渡期内专项安排脱贫县年度新增建设用地计划指标，在东西部协作和对口支援框架下，对现行政策进行调整完善，继续开展增减挂钩节余指标跨省域调剂。四是做好人才智力支持政策衔接。延续脱贫攻坚期间各项人才智力支持政策，建立健全引导各类人才服务乡村振兴长效机制，鼓励和引导各方面人才向国家乡村振兴重点帮扶县基层流动。

二、重大举措的有效衔接

《中共中央　国务院关于实现巩固拓展脱贫攻坚成果同乡村振兴有效衔接的意见》提出，到 2025 年，脱贫攻坚成果巩固拓展，乡村振兴全面推进，脱贫地区经济活力和发展后劲明显增强，乡村产业质量效益和竞争力进一步提高，农村基础设施和基本公共服务水平进一步提升，生态环境持续改善，美丽宜居乡村建设扎实推进，乡风文明建设取得显著进展，农村基层组织建设不断加强，农村低收入人口分类帮扶长效机制逐步完善，脱贫地区农民收入增速高于全国农民平均水平。到 2035 年，脱贫地区经济实力显著增强，乡村振兴取得重大进展，农村低收入人口生活水平显著提高，城乡差距进一步缩小，在促进全体人民共同富裕上取得更明显的实质性进展。

一是支持脱贫地区乡村特色产业发展壮大。巩固拓展脱贫攻坚成果同乡村振兴有效衔接的核心在于产业。特色农业是承载乡村价值、开发农业多种功能、有效发挥地区优势的核心。全域整合乡村资源，加强农业科技创新，深入发掘农业农村多种功能和多重价值，改变乡村产业结构细碎化现状，重构农村生产、生活、生态"三生"空间格局，大力发展集生态涵养、康养休闲、自然观光、民俗体验于一体的农业新业态，积极打造区域绿色食品、有机农产品、地理标志农产品品牌，推动一、二、三产业融合发展，不断延长产业链、提升价值链、完善利益链，有效对接农产品流通企业、电商和批发市场，补齐营销、技术、设施等短板，是未来农村产业发展的必然选择。

二是促进脱贫人口稳定就业。党的二十大报告明确指出，"完善重点群体就业支持体系，加强困难群体就业兜底帮扶"。稳就业是巩固拓展脱贫攻坚成果的重要措施之一，要注重市场需求、培训意愿、政府服务"三对接"，建立经费补贴与培训质量和就业效果挂钩的考评机制，强化就业服务、技能培训、就业保障，搭建用工信息平台，促进供需有效衔接，培育区域劳务品牌，提高就业竞争力。加大返乡就业创业扶持力度，规范有序发展零工市场，支持脱贫劳动力通过临时性、非全日制、季节性、弹性工作等形式实现就业。统筹用好乡村公益性岗位，广泛采取以工代赈方式，将有条件的乡镇建成服务农民的区域中心，让农民在家门口市民化，促进就业创业与乡村振兴双赢。

三是持续改善脱贫地区基础设施条件。坚持质量优先、规划先行、因地制宜、农民主体、久久为功，深入实施乡村建设行动，统筹推进脱贫地区农村闲置危旧房拆除和"厕所革命"、生活垃圾和污水治理，努力实现农村人居环境从基本达标迈向提质升级。以"四好农村路"为引领，加大农村产业路、旅游路建设力度，加快农村公路危桥改造和安防工程建设，推动交通建设项目更多向进村入户倾斜。统筹推进脱贫地区县、乡、村三级物流体系建设，推动快递业务由下乡转变为进村，更好地服务更多农民以适应互联网经济的发展。支持脱贫地区实施电网、通信提升工程，持续开展水美新村建设，提升水资源优化配置和水旱灾害防御能力。

四是进一步提升脱贫地区公共服务水平。继续常态化地开展控辍保学工作、坚持营养改善计划、持续资助困难学生，改善乡村寄宿制学校和小规模学校办学条件，加强脱贫地区职业院校（含技工院校）基础设施建设，普遍增加公费师范生培养供给，加强城乡教师合理流动和对口支援。继续财政倾斜支持贫困地区改善医疗条件、优化慢性病签约服务、调整付费政策，继续开展三级医院对口帮扶并建立长效机制，持续提升县级医院诊疗能力。逐步建立农村低收入人口住房安全保障长效机制。继续加强脱贫地区村级综合服务设施建设，提升为民服务能力和水平。

三、帮扶机制的有效衔接

一是体制机制平稳过渡。进一步健全"责任清晰、各负其责、合力推进"的责任体系、"坚持五级书记一起抓"的领导责任机制；进一步健全部门责任机制，做到守土有责、守土负责，加强协调、统筹推进；进一步健全工作调度机制，建立统一高效的统筹协调工作机制，推动党委、政府靠前指挥，推动行业部门同频共振，确保重大问题及时研究、重点工作有力推进；建立上下对口、分级负责的责任体系，科学设置考核指标，优化第三方考核评估机制，坚持从严要求，坚持公平公正，坚持结果导向，强化结果运用，推动脱贫攻坚工作体系向乡村振兴平稳过渡。

二是建立常态化后续扶持机制。坚持"守底线、抓衔接、促振兴"一条主线，强化政策、机制、队伍三大保障，保持帮扶政策、帮扶工作的总体稳定，建立健全易返贫、致贫人口快速发现和响应机制，健全农村低收入人口常态化帮扶机制，结合脱贫人口劳动力状况，落实针对性帮扶措施。持续完善安置点社区工厂、基础设施和公共服务等配套设施，积极做好迁出地和迁入地基本公共服务衔接，加强安置社区基层治理，促进搬迁群众社会融入。健全常态化驻村工作机制，选派驻村第一书记和驻村工作队员，保持工作的稳定性和连续性。深化东西协作，坚持优势互补，建立更加公平的要素互换与利益共赢机制，引导并促进城乡间、区域间要素资源的平等交换和双向流动，推动扶贫协作向全方位战略合作转型升级。继续坚持广泛参与，发挥好党政的主导作用和群众的主体作用，广泛凝聚社会帮扶合力，形成多层次、多形式、全方位的支农、惠农、富农、强农、兴农的强大合力。坚持志智双扶，改进帮扶方式，强化教育引导，推进"万企兴万村"行动。

三是优化以人才为核心的生产要素配置机制。延续脱贫攻坚期间各项人才智力支持政策，建立健全引导各类人才服务乡村振兴长效机制。强化科技支撑作用，加强农业关键核心技术攻关。外"引"一批乡贤能人，到乡村创业就业；内"育"一批新型职业农民，促进小农户和现代农业发展有机衔接；在国家乡村振兴重点帮扶县对农业科技推广人员探索"县管乡用、下沉到村"的新机制，重"用"一批农村专业人才队伍，造就一支懂农业、爱农村、爱农民的"三农"工作队伍，为巩固脱贫攻坚成果、衔接推进乡村的全面振兴提供强大的智力动力。

四、组织保障体系的有效衔接

坚持脱贫攻坚与加强基层党组织建设有机结合，不断健全各项体制机制，为决战决胜脱贫攻坚提供坚强保障。推进脱贫攻坚与乡村振兴有效衔接，同样需要织密基层组织体系，持续建强基层党组织，形成执行有力的战斗堡垒。

一是要进一步加强村民自治组织和群团组织建设，规范村务监督委员会运行机制，建立健全党支部引领下的农村集体经济组织，推动党的组织有效嵌入农村各类社会基层组织，构建党建引领的自治、法治、德治相融合的基层治理体系，使党的工作有效覆盖农村社会各类群体和各类乡村治理事务。

二是要围绕农村党支部标准化、规范化建设要求，常态化整顿软弱涣散的基层党组织，建立村干部梯次培养机制，高标准推进支部标准化、规范化建设。围绕党支部建设涉及的基本组织、基本队伍、基本载体、基本保障、基本制度等内容，结合村级组织建设"一任务两要点三清单"，制定"一支部、一策略、一责任人"精准推进措施，切实发挥党员领导干部在党支部建设中的示范带动作用，提高基层党支部建设质量。

三是沿用脱贫攻坚期间"中央统筹、省负总责、市县抓落实"的工作机制。对巩固拓展脱贫攻坚成果和乡村振兴任务重的村，继续选派驻村第一书记和工作队，健全常态化驻村工作机制，五级书记一起抓，分管领导全力抓。积极适应领导体制调整、建立实施乡村振兴战略领导责任制，建立统一高效的、实现巩固拓展脱贫攻坚成果同乡村振兴有效衔接的议事协调工作机制，把巩固拓展脱贫攻坚成果纳入各级党政领导班子和领导干部推进乡村振兴战略实绩考核范围，加强考核结果应用，将考核结果作为干部选拔任用、评先奖优、问责追责的重要参考。

第二节 衔接推进的影响因素

可持续生计理论分析框架（SLA）的核心内容是农户以家庭现有生计资产为基础，积极响应和利用政府、社会提供的有利政策和支持资源，从而实现家庭生计的可持续，因家庭资产数量和质量不一样，利用国家社会资源的能力不一样，因而体现出高低质量不同的生计策略，产生不一样的生计结果。可持续生计理论的精髓为分析贫困地区在过渡期巩固拓展脱贫攻坚成果，衔接推进乡村振兴的发展过程、影响因素、输出成果的质量提供了启示。衔接推进乡村振兴的影响因素可分为外源性、内源性和响应能力三个基本因素。

一、外源性因素

可持续生计分析框架把农户看作在由制度政策、自然环境、市场等因素构成的环境中生存和发展的独立经济单位。影响农户生计的外源性因素既有宏观层面的也有中观层面的。宏观层面的影响因素有国家经济增长速度、经济结构转型与调整、外贸状况、重大涉农政策变化等；中观层面的影响因素涉及农户所处区域的地理位置、自然资源丰裕度、产业结构的合理化、市场的发育程度、基础设施状况、文化氛围、价值观念以及与村民发生直接关系的村级综合治理状况等。中观层面的制约因素是农户面临的最直接、最现实的制约因素。有些外源性因素，如自然灾害、偏远的地理位置，异常的市场波动、经济危机等，尽管部分可以预测，但往往不可控。政策调整或变动给农户带来对未来预期的不确定，如物价上涨、产品滞销，但对农户生计的影响，不一定都是负面，有些可能是正向的，例如，支农支出增加，土地承包、流转政策，财产抵押政策，税费减免政策等均有利于增加农户收入。巩固拓展脱贫攻坚成果、衔接推进乡村的进程和质量同样受上述外源性因素的制约和影响，区别在于不同的乡村和农户对外源性有利因素的利用程度不一样，或对不利因素的预判和规避能力不一样。对于政府而言，要持续改善农村的基础设施状况、提高乡村的公共服务供给水平，进一步优化乡村振兴制度和政策，规范政府行为，为贫困地区衔接推进乡村振兴提供良好的环境背景。

二、内源性因素

内源性因素主要指农户实现可持续生计的资产要素，村庄实现可持续发展的资源要素。总体而言，内源性因素包括自然资本、物质资本、人力资本、金融资本和社会资本五种类型。自然资本指土地、矿产、水、生物资源等。物质资本涉及生产工具和设备、交通基础设施、通信基础设施、农田水利设施等。人力资本通常用劳动力数量和质量来衡量，由家庭人数、健康状况和受教育程度决定。金融资本通常包括个人储蓄、经常的现金流入和能够获得的贷款。社会资本是农户和村庄可利用的一切社会资源，包括社会网络、协会和制度等结构性社会资本以及价值观、信任感等认知性社会资本。社会资本能增强人们之间的相互信任与合作，并且有助于得到外部机构协助，能够倍化物质资本和人力资本作用。财产是财富的具体表现，资产是一种能带来未来收入的财产，资本现状与未来财富之间存在普遍意义上的直接相关性，资本数量、质量和组合策略制约着财富积累速度与积累质量，财富结果反过来进一步影响资本的性质和状况。在农户家庭资产或村庄集体资产的资产结构中，固定资产太少、低值易耗流动性资产占比过高，固定资产中生产性资产太少，消费性资产偏多，可转换性资产缺乏，社会资本和金融资本的可及性欠缺，均意味着农户或村集体的发展具有较大的波动性，极易出现返贫，给巩固拓展脱贫攻坚成果、衔接推进乡村振兴带来很大的挑战。

三、响应能力因素

马克思主义认为，内因是事物发展的根本原因和动力，外因是事物发展的条件，内因起决定性作用，只有具备健康的身体、掌握足够的生产和生活资料、获得一定劳动技能和技巧、有自由发展时间、机会和权利平等才能获得全面的发展。印度经济学家阿玛蒂亚·森认为，导致贫困的根本原因是可行能力被剥夺。美国经济学家威廉·阿瑟·刘易斯认为，劳动可以创造资本，经济增长取决于人类的努力，是否愿意努力以及努力的程度。德国经济学家李斯特认为，"财富的生产力比之财富本身，不晓得要重要多少倍"①。美国芝加哥大学经济学系教授詹姆斯·赫克曼认为，能力形成是一个动态的联动过程，是"能力"不断创造"能力"的过程。西方内生增长相关理论普遍认为，内生能力是个体以自身内部条件为根本，既不依赖利用外部援助，又能与外部条件良性互动的一种能力，内生增长模式是自内而外而非由外及内发展的一种发展模式。若区域内本土人力资源水平高，企业创新能力强，资源利用效率高，社会大众能够平等享受到经济社会发展成果，这个区域就具有"内生式发展"的基本特征。能力增长受环境和条件制约，需要外界创造和提供必要的发展条件，但"能力"创造效用的大小最终取决于能力主体的主观认识和能动性的发挥程度。因此，一方面，政府要为农户和乡村的能力提升创造制度和政策条件，包括消除各种社会排斥现象，以及其他的道路水电交通基础设施、教育医疗养老公共服务、产业项目启动资金等支持；另一方面，农户要主动提高现状改变意愿、学习意愿和乡村振兴参与意愿，自觉提高行为能力，形成一个适应现代农业发展的"可行能力集"；农村基层党组织则要提高将"沉睡"自然资源转化为"活"资源的能力，否则内外形不成有效的合力，外部帮扶难以发挥有效牵引力。脱贫地区农户和村集体的内在能力与外部援助未能实现有效结合，对外部援助响应能力弱，是巩固拓展脱贫攻坚成果与乡村振兴有效衔接的一个较大制约因素。

第三节　衔接推进的作用机制

巩固拓展脱贫攻坚成果、衔接推进乡村振兴的动力，一方面来自政府的制度和政策支持以及社会力量的积极参与，另一方面来自目标群体——农户和村庄的自主参与。乡村振兴过程必然是国家"自上而下"政策推动与村庄和村民社会"自下而上"积极响应的紧密配合，是政府输入性资源与村庄内生性社会资本有机衔接的动态治理过程。衔接推进乡村振兴的有效性最终体

---

① 李斯特. 政治经济学的国民体系 [M]. 北京：商务印书馆，1961：98.

现为，区域内产业布局合理、村集体有内部自我积累能力、村民有自我管理能力，有一个特别有战斗力和凝聚力的基层党组织，乡村文明真正转化为乡村发展和农民致富的内生动力。

一、政府"自上而下"的政策激励与资源要素拉动

现代社会，政府更加注重利用间接手段调节干预微观领域的经济行为，偏好通过提供制度和法律保障以及主导政策的淘汰、修正、整合与新设，引导经济主体自觉优化经济行为，引导资源向效率效益较好的领域实现自动配置。过渡期，政府通过动员政策银行、商业银行、专业银行创新参与形式，统筹各中央单位定点扶贫资金、东西部扶贫协作资金投入使用，整合财政涉农资金，强化扶贫资金监管，确保各项要素的投入，可为巩固拓展脱贫攻坚成果、衔接推进乡村振兴提供要素保障。通过保持脱贫攻坚与乡村振兴有效衔接的政策稳定性与持续性，保持优惠政策对农村和农户积极经济行为的吸引力。通过建立规范化的组织结构、实施精准的相机调控、配合科学合理的目标责任体系，保障优惠政策和支持资源精准传导到农户和乡村建设后进村。

二、村庄社会"自下而上"积极响应

乡村和农户对美好生活的向往形成巩固拓展脱贫攻坚成果、衔接推进乡村振兴的向上推力。我国是一个农业大国，农业人口占了绝大多数，且发展极不平衡。脱贫攻坚时期，832 个贫困县 12.8 万个贫困村近 1 亿贫困人口实现了脱贫，消除了绝对贫困和区域性整体贫困，但与美好生活的期待还有相当大的距离。习近平总书记指出，贫困群众既是脱贫攻坚的对象，更是脱贫致富的主体。脱贫摘帽不是终点，而是新生活、新奋斗的起点。过渡期内，部分转型发展意愿较强的脱贫村，已制订多规合一的乡村振兴规划，对脱贫攻坚时期形成的集体资产、合作社项目进行了清查盘活，尝试政府项目支持、社会资金帮扶、自身以工代赈相结合重新布局乡村产业、培育优势长效项目，力图通过加速乡村转型、形成产业主导模式来巩固拓展脱贫攻坚成果，夯实乡村全面振兴的基础。

农民主体地位体现为，意愿出自农民、动力来自农民、成果农民共享。

无论是脱贫攻坚还是乡村振兴，都强调能力建设，激发农民的积极性和主动性，增强农民脱贫致富的内生动力。随着爱农业、懂技术、善经营新型职业农民和学网、懂网、用网"新农人"队伍的扩大，以及农村基层党组织服务意识、集体经济组织管理水平和盈利能力的提高，上下政策和城乡智力、技术、管理要素双向流动渠道会进一步畅通，从而引导和推动更多各类要素和资金参与乡村振兴。因此，巩固拓展脱贫攻坚成果、衔接推进乡村振兴的政策和措施必须充分考虑与农民生产生活和农村特色资源的关联性，最大限度激发农民的主观能动性，唤醒农民的角色意识和自主意识，实现党政主导和农民主体的有机统一。

三、内外资源交集形成系统合力

在致约瑟夫·布洛赫的书信中，恩格斯指出，历史创造的最终结果总是从许多单个的意志的相互冲突中产生出来。任何一个人的愿望都会受到任何另一个人的妨碍，这样就会有无数相互交错的力量。有无数个相互交错的力量，就有无数个力的平行四边形。每个人都达不到自己的愿望，而是融合为一个总的平均数，由此就产生出一个合力。这许多按不同方向活动的愿望及其对外部世界的各种各样作用的合力，就是历史。① 从静态上看，政府、社会、乡村、用户各方单向作用，实则相互促进，合力巩固拓展脱贫攻坚成果，共同推动乡村全面振兴。党和政府不断增强的领导力能确保中央决策部署政策措施落地见效，不断增强的执行力能确保把国家意志完整、准确、及时地贯彻到巩固拓展脱贫攻坚成果同乡村振兴有效衔接工作的各方面、各环节和全过程。不断增强的动员力，能确保建强村党组织、强村富民、提升治理水平、为民办事服务等重点任务的顺利推动；不断增强的政府创新力为贫困地区在巩固拓展脱贫攻坚成果、衔接推进乡村振兴实践中"闯新路""出新成绩"营造良好的社会创新环境，促进各创新主体积极参与衔接推进乡村振兴的创新活动。

农民适应生产力发展和市场竞争能力的提高，农村环境和生态问题的改

---

① 马克思，恩格斯. 马克思恩格斯文集：第10卷［M］. 北京：人民出版社：2009：592-593.

善，乡村治理事务参与主体广泛的社会化和大众化，共建、共治、共享的乡村治理新格局，构成乡村振兴的有利内在条件。农户自我发展能力提升以后，其以土地流转、资产入股加入合作社的愿望更强烈，参与乡村文明传承与发展、接受职业技能培训、应用农业新技术、参与基层民主管理的意识均会有大幅度提高，从而形成新时代乡村振兴的内生动力，推动乡村建设质量提升。中国贫困地区乡村普遍存在资源禀赋不强、"乡村病"凸显等问题，需要内外兼修加快动力供给，培养和提高借助外力带动内力的整合力，通过主体引入、知识溢出、动力下乡等渠道为实现巩固拓展脱贫攻坚成果同乡村振兴的有效衔接提供能力保障。

第四节　衔接推进的变迁趋势与效果评价

一、衔接推进的变迁趋势

脱贫攻坚是乡村振兴的基础、前提、优先任务和阶段性目标，而乡村振兴则是新时代"三农"工作的总抓手，贯穿中国现代化全过程。脱贫攻坚和乡村振兴是"固基修道，履方致远"的关系。巩固拓展脱贫攻坚成果、衔接推进乡村振兴阶段属于过渡阶段，过渡期从脱贫出列之日一直延续到乡村振兴基础比较稳固为止。迄今为止，对乡村振兴基础比较稳固的判断还没有政府标准依据，从中央一号文件和政府系列规划、指导意见来看，过渡期的任务要在"十四五"规划期内实现，也就是在 2025 年之前，发达地区中的贫困农村要率先实现转型发展，落后地区的贫困农村要弘扬脱贫攻坚精神，始终保持攻坚的战斗精神，跟改革创新要生产力，做好后半篇文章，夯实振兴基础，最迟到 2035 年，同步基本实现现代化。

五年过渡期的前半期，重点任务是巩固拓展脱贫攻坚成果，后半期的重点任务是对接乡村振兴要求做好政策、经验、体制机制的全面衔接。至于前半期或后半期的时长，则要依据脱贫地区的贫困历史、现有资源、发展目标进行实事求是的分配。如原来的深度贫困地区，在过渡期的前三年，应当用

"七分精力"巩固拓展脱贫攻坚成果，留"三分精力"衔接乡村振兴，先着力解决政策资金化程度不够高、衔接资金性质把握不够准、项目库建设不够科学、项目实施进度不够理想、扶贫项目资产底数基数不清与后续管理不够规范等问题。五年过渡期的后两年，巩固拓展与衔接的"精力"可"五五分""四六分"……按照示范带动、梯次发展、时序推进的原则打牢乡村全面振兴的基础。而贫困程度较弱的地区，则要在一两年内尽快完成巩固和拓展任务，接受巩固拓展脱贫攻坚成果相关考核和验收，先行先试全面启动衔接乡村振兴工作。

到"十四五"收官之年——2025年，贫困地区要实现高质量巩固拓展脱贫攻坚成果，经济活力和发展后劲明显增强，乡村产业质量效益和竞争力进一步提高，农村基础设施和基本公共服务水平进一步提升，生态环境持续改善，美丽宜居乡村建设扎实推进，乡风文明建设取得显著进展，农村基层组织建设不断加强，农村低收入人口分类帮扶长效机制逐步完善，农民收入增速高于全国农民平均水平的目标。

因此，在巩固拓展脱贫攻坚成果、衔接推进乡村振兴阶段，各地区存在巩固、拓展、衔接具体时间节点和任务轻重缓急的差异性，但过渡期的总体目标基本一致，要在巩固脱贫攻坚成果的基础上进一步拓展提升，不断提高脱贫人口工作技能与收入水平，要将脱贫攻坚体制、机制和政策逐步转向乡村振兴，深化"三权"促"三变"实践模式研究，加快土地经营权流转承包，促进农业产业与大生态融合发展，构建农业现代化与工业化、城镇化和旅游业互动发展的新格局。

二、衔接推进的效果评价

脱贫攻坚与乡村振兴的衔接，存在理念目标衔接难、体制机制融合难、参与主体延伸难等方面的困境。[①] 无论是时间、空间意义上的衔接，还是制

---

① 颜德如，张玉强. 脱贫攻坚与乡村振兴的逻辑关系及其衔接 [J]. 社会科学战线，2021，314（8）：167-175.

度、群体、政策、文化等不同层面的衔接，都具有突出的复杂性。① 系统、科学、合理的评价指标体系是政府和社会评判巩固拓展脱贫攻坚成果大小、衔接推进乡村振兴是否有效的基础，是政府分析乡村产业发展、生态建设、文化建设、乡村治理和民生改善情况，及时实施纠偏行为的基本依据。对有效衔接效果的评价，有助于科学度量有效衔接进展，及时总结发现各地在衔接过渡期间的实践经验和可能问题，排除风险隐患，补短板、强弱项，不断提升贫困地区的自我发展能力和贫困治理水平。但因衔接极具复杂性，目前关于衔接评价指标体系的构建，进行质性描述的较多，量化分析的较少，扶贫政策减贫绩效评价、绿色减贫成效评价、农业社会化服务水平测度、一、二、三产业融合发展测度、乡村治理绩效评价等分类评价相对较多、综合性测评指标体系的构建较少且存在较多不足。

北京师范大学张琦提出，构建二者有效衔接的评估体系，应综合考察巩固拓展产业扶贫同产业兴旺衔接、巩固拓展绿色减贫同生态宜居衔接、巩固拓展文化扶贫同乡风文明衔接、巩固拓展基层治理同治理有效衔接、巩固拓展"两不愁三保障"同生活富裕衔接。② 国务院扶贫开发领导小组提出了指导性意见，部分省份，如湖南、贵州、四川提出了"十四五"期间巩固拓展脱贫攻坚成果同乡村振兴有效衔接的主要指标。这些指标有的是约束性的，如脱贫人口返贫率动态清零，义务教育保障率、基本医疗保障率、住房安全保障率、饮用水安全保障率必须100%。约束性指标比较直观、容易检测、容易实现、容易评价。而一些能够体现可持续发展能力的指标往往都是预期性的，如农业龙头企业数量、村集体经济年收入、农村居民人均可支配收入年均增速。"有效"指标量化阐释的缺失可能会导致评判标准过于主观，难以反映真实的衔接进程，难以客观全面地衡量衔接质量。衔接有效性评价指标的构建包括以下三点。

一是考虑评估指标的可比性与可操作性。脱贫攻坚与乡村振兴在内容和

① 田毅鹏. 脱贫攻坚与乡村振兴有效衔接的社会基础 [J]. 山东大学学报（哲学社会科学版），2022，250（1）：62-71.
② 张琦. 巩固拓展脱贫攻坚成果同乡村振兴有效衔接：基于贫困治理绩效评估的视角 [J]. 贵州社会科学，2021，373（1）：144-151.

范围上有很多重合点，在项目的实施上具有一定的延续性，巩固拓展脱贫攻坚成果的前项指标是脱贫攻坚，后项指标是乡村振兴，脱贫攻坚与乡村振兴衔接的有效性评价指标，必须考虑指标的一致性，兼顾提高性，既要与脱贫攻坚阶段的扶贫工作绩效评价和扶贫政策减贫绩效评价等相关评价指标体系相对接，又要反映《中共中央　国务院关于实现巩固拓展脱贫攻坚成果同乡村振兴有效衔接的意见》等文件精神和乡村振兴战略的新要求，这样才具有一致性、可比性和实际可操作性。

二是递进评估、分类评估。成果巩固是拓展的基础和前提，只有巩固和拓展好脱贫攻坚成果，才能实现好同乡村振兴的有效衔接，总体目标统一于农业、农村、农民现代化，乡村振兴和共同富裕。递进评估的意思是，首先评估脱贫攻坚成果的巩固情况，其次评估拓展情况，最后对标乡村振兴目标评估衔接的有效性。分类评估强调区域发展差距存在的客观性，按条件具备地区、传统非贫困地区、贫困地区划分为三大类进行分类评估考核，甚至再按历史贫困程度把连片贫困地区中的深度贫困地区归纳为一类进行单独的评估考核。因此，衔接的效度并非无差异的均一性，推进巩固拓展脱贫攻坚成果同乡村振兴有效衔接，关键在于充分考虑地区差异，精准把握衔接节奏和方向，因地制宜制定衔接的具体路径。

三是加快构建指标互联互通共享机制。细化原有指标，淘汰过时指标，新增重点指标，整合关联指标，完善现有县乡村单级纵向统计监测体系，建立横向各部门之间的数据共享机制，建立随不同阶段政策目标变化进行动态调整的评价指标体系，以保证有效衔接监测指标的时效性、兼容性和完备性。

目前，比较一致的观点是，五年过渡期内，西南山区衔接乡村振兴应遵循时序推进原则，需经历巩固拓展脱贫攻坚成果任务的平行推进期、战略转型加快期与乡村振兴全面启动期三个基础阶段，每个阶段所占时间与历史基础、现有资源禀赋、执行力情况等紧密相关。巩固拓展脱贫攻坚成果与乡村振兴有效衔接的理想状态是村集体有内部自我积累能力、村民有自我管理能力，有一个特别有战斗力和凝聚力的基层党组织，最一般的评价标准是在遭遇一般性自然灾害和市场风险冲击时，乡村与农户能通过生产自救、邻里互助、抱团取暖等方式恢复原有生活状态。即乡村集体和农户（包括已脱贫农户）的内生能力得到切实提高，教育、医疗等公共服务基本实现均等化，交通、水利、电力等基础设施保障水平有了根本性提高，区域内产业布局合理、乡村集体经济有活力、农村基层党组织有战斗力，乡村文明真正转化为乡村发展和农民致富的驱动力。

第六章

西南山区衔接推进乡村振兴的典型案例评析

　　一个案例胜过一沓文件。典型案例具有教育、评价、指引、示范功能。乡村振兴的总要求是产业兴旺、生态宜居、乡风文明、治理有效、生活富裕。做好巩固拓展脱贫攻坚成果同乡村振兴有效衔接，是要在巩固拓展脱贫攻坚成果的基础上，做好乡村振兴这篇大文章，加快推进脱贫地区乡村产业、人才、文化、生态、组织的全面振兴，为全面建设社会主义现代化国家开好局、起好步奠定坚实基础。2019 年以来，中央农办、农业农村部、国家乡村振兴局，已连续组织遴选推介了两批全国乡村治理典型案例，发挥了良好的示范作用，引领带动了各地乡村治理能力建设。本章以产业、生态、文化、组织、人才五大振兴为纵轴，展现西南山区推进乡村振兴的实践成果，介绍创新性典型经验，尝试总结一批可复制、可推广、可借鉴、可落地的经验做法，以期为脱贫地区在新征程中全面推进乡村振兴提供启示和可借鉴经验。

第一节　产业扶贫与产业振兴衔接的案例分析

一、产业扶贫与产业振兴衔接的基本内涵

　　习近平总书记指出，产业扶贫是最直接、最有效的办法，也是增强贫困地区"造血"功能、帮助群众就地就业的长远之计。《中国农村扶贫开发纲要（2011—2020 年）》《中共中央　国务院关于打赢脱贫攻坚战的决定》均明确，要制订贫困地区特色产业发展规划，实施贫困村"一村一品"产业推进

行动，重点支持贫困村、贫困户因地制宜发展种养业和传统手工业，培植壮大特色支柱产业，通过扶贫龙头企业、农民专业合作社和互助资金组织，带动和帮助贫困农户发展生产，强化其与贫困户的利益联结机制，让贫困户分享更多农业全产业链和价值链增值收益。

脱贫攻坚取得全面胜利后，贫困地区以种植业为主的农业经济已呈现农林牧副渔全面发展，一、二、三产业融合发展，农业农村多种功能不断拓展，特色生态产业、农村电商、乡村旅游、休闲农业、文化体验、健康养老等新产业、新业态加快发展的新态势。但总体而言，贫困地区仍然存在特色农产品特色不鲜明，产业基地数量少、规模小、辐射和带动效应弱，三产融合程度低，龙头企业、农民合作社、新型农业经营主体与贫困户利益联结关系比较松散等问题，制约了脱贫户增收的可持续性。

2020年12月的《中共中央　国务院关于实现巩固拓展脱贫攻坚成果同乡村振兴有效衔接的意见》、2021年的《中共中央　国务院关于全面推进乡村振兴加快农业农村现代化的意见》、2022年的《农业农村部关于落实党中央国务院2022年全面推进乡村振兴重点工作部署的实施意见》《国务院关于印发"十四五"推进农业农村现代化规划的通知》均强调，注重产业后续长期培育，深入推进农业结构调整，发展乡村特色产业，实施特色种养业提升行动，开展脱贫地区农业品牌公益帮扶，支持脱贫地区培育绿色食品、有机农产品、地理标志农产品，广泛开展农产品产销对接活动，打造区域公用品牌，建设农业产业强镇、优势特色产业集群。优化产业政策，尊重市场规律和产业发展规律，坚持和完善东西部协作和对口支援，推进产业梯度转移，完善联农带农机制，共建现代农业产业园、科技园、产业融合发展示范园。完善农村产权制度和要素市场化配置机制，扶贫资产确权到农户或其他经营主体，实施家庭农场培育计划、推进农民合作社质量提升，开展生产、供销、信用"三位一体"综合合作试点，提高中央财政衔接推进乡村振兴补助资金和涉农整合资金用于产业发展比重，逐步提高脱贫家庭经营性收入，拓宽收入渠道，优化收入来源结构。

可见，产业扶贫与产业振兴既有区别又有联系，统一于共同富裕目标。产业扶贫首先解决的是产业有无的问题，短期目标是脱贫，长期目标是致富，因此，产业扶贫是产业振兴的基础。但由于到村到户扶贫产业项目普遍规模小、投资少、技术含量偏低，与管理现代化的要求相去甚远，市场盈利能力和抗风险能力都比较弱，贫困地区主导产业发展规划还不够充分，支柱产业的示范带动效应没有完全显现，特色产业布局还不够合理，产业技术人才短缺，管护水平不高，效益不明显，经营主体和农户收益低，辐射范围窄、带富能力弱，产业体系不完善，产品质量和标准制定滞后，品牌效应不高，与二、三产业的融合程度低、层次浅、链条短、附加值不高，山地农业机械化、现代化水平差距大，投入与产出不成正比，"村社合一"合作机制不顺畅，实现收益积累难度大，利益联结不稳定，发展的自我"造血"能力和可持续性不强。需要按照产业振兴的要求进行全方位、深层次的现代化改造，走特色化、科技化、规模化的可持续产业发展道路，巩固产业扶贫效果。因此，巩固拓展脱贫攻坚成果与乡村振兴有效衔接时期，乡村产业发展面临巩固拓展乡村弱小扶贫产业的底线任务，也承担着基于乡村自身资源探索壮大农户和乡村集体经济适宜道路的责任。

二、产业扶贫与产业振兴衔接案例评析

（一）衔接案例

案例一：贵州安顺"塘约经验""大坝模式"

贵州省安顺市平坝区乐平镇塘约村，面积5.7平方千米，耕地4881亩，11个村民组921户3393人。2013年，该村是贵州省最贫困村之一，农民收入仅占贵州省平均收入水平的70%，有贫困户138户600人，村级组织较弱，生存环境较差，30%以上耕地撂荒。2014年以来，通过党组织、村委会、合作社"三套马车"并驾齐驱，深化农村产权制度改革，推进土地承包经营权、林权等"七权"确权工作，明确集体建设用地（含宅基地）使用权、集体土地所有权、集体财产权（学校、村办公室、卫生室）等权利归属。在稳定土地承包关系基础上，探索实施"党总支+合作社+农户""村社一体、合股联营"发展模式，全村土地资源全部计价后入股，入社土地由金土地合作社统一经营、自主经营、自负盈亏，利益共享、风险共担，收益由合作社、村集体、村民、合作公司按比例分红，实现了产权明晰、集体化和市场化相互补

充，"三权"与"三变"良性促动的发展新格局。村民由过去单一的种地收入，转变为"土地流转收租金、入社参股分红金、基地劳动赚薪金、资源抵押变资金"等多渠道收入。村集体经济从2014年的4000元提高到2020年的576万元，人均年收入从不足4000元提高到2020年的23162元，实现了从国家级二类贫困村到小康示范村的华丽转变，走出了一条独具特色的"塘约道路"。2021年，塘约村绘制"以人为耕、以农为本、以文为心、以旅为轴"发展蓝图，推进农业供给侧结构性改革，大力发展现代山地特色高效农业，优化"村集体+合作社+公司+农户"发展模式，大力调整农业产业结构，深化"水果上山、苗木下田、科技进园"农业产业示范园建设，明确以农耕文化为基础，打造集农业生产、农产品加工、养生养老等于一体的田园综合体，坚持以党建为抓手，通过强组织、聚人心、促改革、淳民风、抓产业等措施，不断推进脱贫攻坚与乡村振兴衔接。

安顺市西秀区双堡镇大坝村原属省级二类贫困村，2012年，村民人均年收入仅1982元，村集体经济不到1万元，贫困发生率高达27.46%。2017年，村民人均年收入达到12000元，村集体经济达到4000万元，贫困发生率下降至1.6%，实现了从省级二类贫困村到省级小康示范村的华丽转变。2017年起，犬坝村按照"群众自愿、公平公正、合理流转、合作管理、人人受益"的原则，大力推动"三权"促"三变"改革，实现了土地规模化、集约化经营，村民100%入股。集体经济采取"支部+合作社+基地+农户"的生产经营模式，坚持"用工业的思维谋划农业"，实行统一技术培训、统一农资采购、统一技术管护、统一销售、分户管理方式，瞄准金刺梨精深加工市场空白，致力于延伸和升级金刺梨产业链，从单一卖刺梨鲜果发展到卖包含12度金刺梨干红果酒、42度金刺梨白兰地、金刺梨饮料在内的系列产品。按照"村有主导产业，户有致富门路，人有一技之长"的思路，以产业带动就业，逐渐形成"入一份股、打一份工、创一份业、建一亩园"的"四个一"增收模式。建立了"235"和"136"利益分配机制，针对非贫困户村民，采用"235"分红机制，每年从合作社经营收益中明确20%作为村集体发展基金，30%作为管理费用和劳务开支，50%按照土地入股情况分配给非贫困户。针对贫困户，采用"136"分红机制，从每年合作社经营收益中明确10%作为村集体发展基金，30%作为管理费用和劳务开支，60%按照土地入股情况分配给贫困户，实现了快速稳定脱贫。同时，按照"种养结合、循环发展"的思路，通过"借土""借林""借水"大力发展种植业、林下经济产业、水面经济产业、做好农旅融合文章，依托毗邻九龙山国家级森林公园的区位优势，充分发挥村内果园、田园的自然生态资源，开设农家乐、农家旅馆，引进青岛榕昕集团建成集奶牛养殖、奶制品加工、亲子娱乐等于一体的生态牧场，形成了集农家体验、观光、休闲、度假于一体的生态休闲旅游，实现一、二、三产业融合发展。如今，大坝村走出了一条"以金刺梨为主导产业、多产业融合发展"的特色致富之路。2018 年，大坝村获"全国一村一品示范村""中国美丽休闲乡村"荣誉称号。2019 年，大坝村获"全国生态文化村""全国乡村治理示范村"荣誉称号。2020 年，大坝村再获"全国乡村旅游重点村"荣誉称号，并成为贵州省党支部标准化规范化建设示范点。大坝村边巩固拓展脱贫攻坚成果，边探索乡村振兴道路，为实施乡村振兴战略提供了先行先试的宝贵经验。

资料来源：整理自贵州省乡村振兴局和安顺市乡村振兴局网站。

案例二：鲁渝有约·东产西移

产业振兴是巩固拓展脱贫攻坚成果的根本之策，是乡村全面振兴的基础和关键。山东省、重庆市以《山东省人民政府·重庆市人民政府"十四五"东西部协作框架协议》为引领，以产业发展为主引擎，创新协作方式、拓宽协作领域、扩大协作成效，扎实推进"东产西移"，高质量打造鲁渝产业协作"升级版"。

一是创建"1+N"体系，共育协作品牌。深入推进产业、劳务、消费、教育、科技、卫生、文旅等 7 个领域合作，发挥山东省在现代农业、文化旅游业、高新技术产业等领域的突出优势，探索在重庆市设立"飞地"园区，共建特色产业园，开创鲁渝协作新模式。石柱县和巫溪县引进淄博市、泰安市的山楂和桃子新品种，带动脱贫户 2500 余人增收。城口县引进山东食用菌先进技术和管理模式，建设羊肚菌等标准化生产大棚，延伸食用菌产业链，依托发展食用菌养殖带动当地脱贫户增收。截至 2022 年 7 月底，山东省已成功向重庆市 14 个协作区（县）输入农林畜禽水产种类 24 大类 120 多个品种。

二是设立东西部协作产业发展基金和重庆鲁渝赢创股权投资基金。基金项目聚焦协作区县优势产业发展，重点向原 14 个国家扶贫开发工作重点区县、17 个市级乡村振兴重点帮扶乡镇和原 18 个市级深度贫困乡镇倾斜。基金项目采用"投资+企业+帮扶"形式，坚持帮扶优先、兼顾收益的原则，采取市场化方式运作，通过培育示范性企业、拓宽产业链、吸纳农村劳动力就业、配套基础设施和社会公共服务等，提升区域税收，增加农村人口尤其是脱贫人口收入。先后帮助丰都县建成马铃薯全产业链，帮助石柱县研发高海拔条件下天麻蜜环菌和萌发菌生产技术，带动多个乡镇开展天麻种植，进一步延伸高山天麻种植产业链条。集种植、加工、销售于一体的丰都县马铃薯全产业链工程，惠及农户近 6 万户，其中，脱贫户近 7000 户。秀山县成功引入山东"希森 6 号"马铃薯种植技术后，累计推广种植面积 2747 亩，受益人口 1847 人，其中，脱贫人口 1657 人，人均增收 1960 元。

三是创新区域协同，探索产业新模式。在秀山县联袂打造鲁渝协作现代高效蔬菜产业示范基地，规划建设集蔬菜种植加工、采摘观赏、体验培训为一体的"四区两馆一中心"。在重庆市石柱县中益乡、丰都莲花洞村打造符合当地特色的乡村旅游发展形式，村级集体经济和当地村民参与乡村旅游和产业发展。山东省东营市农业技术队伍成功将黄河口大闸蟹引入重庆市酉阳县稻田，摸索出稻蟹共生的绿色产业协作特色模式。

四是创新"数产融合"，拓展新基建新协作。发挥工业互联网服务矩阵东西部协作"云上桥梁"作用，援助建成秀山、黔江等 12 个智慧园区公共服务平台，整合产业资源，启动鲁渝工业互联网咨询诊断评估暨服务区县系列活动，开展专项对接交流活动，以发展数字融合带动产业融合。2021 年以来，重庆云江依托浪潮云洲双跨平台技术优势，带动重庆中小企业"上云"1730家，围绕工业互联网生态实现整体交易额 6030 万元；海尔数字科技公司搭建西南区域云化平台，汇聚数百家开发生态，推动重庆本土企业"上云"2500余家。

资料来源：《鲁渝有约·东产西移：山东重庆四项创新打造产业协作升级版（《重庆乡村振兴专报》2022 年第 11 期）》，重庆市乡村振兴局网站。

案例三：广西龙州"一村一品""三管"合作

龙州县是广西壮族自治区崇左市辖县。近年来，龙州县抓"两种两养"（种植糖料蔗、坚果，养猪、养牛），全面推进巩固拓展脱贫攻坚成果同乡村振兴有效衔接"三落实一巩固"（责任落实、政策落实、工作落实和巩固拓展脱贫攻坚成果），顺利完成 2021 年过渡期国家定点观测和自治区巩固脱贫成果评估工作。

一是发展"一村一品"带活农村经济。龙州县全县 134 个行政村（社区）已有 30 个村实现"一村一品"目标，集体经济总收入为 1282.4504 万元。如上降乡辖 8 个行政村，坚持以"一村一品"目标发展村集体经济，8 个村分别打造米酒蒸制、稻谷种植、大米加工、肉鸡养殖、酸菜腌制、稻田养鱼、果蔬种植、休闲玩乐特色产业发展示范带，首个由村党总支部领办的公司——龙州县上将红食品有限公司已带动全乡 2975 户（其中，脱贫户 948 户）参与水稻种植、芥菜种植、黑皮冬瓜种植、肉猪养殖、桑果种植等。

二是创新"三管"合作模式。龙州县是甘蔗种植大县，龙州县做好做足甘蔗秸秆饲料化利用文章，以机械化、规模化、生态化等方式把丰富的秸秆资源转化为畜牧产业发展优势，按照"两种两养"的目标定位，大力推行"秸秆+养牛""龙头企业+合作社+农户散养"模式，创新实施"政府管建、企业管牛、农户管养"的"三管"合作模式，推动"百千万户"农户养牛，从而发展壮大养牛产业，累计带动收储农户增收 4800 多万元，带动参与秸秆收集及就业 6000 多人，带动农户养殖肉牛每头增收 8000 元，带动到养牛企业和基地、小区、饲料加工点等务工的农户每人每月收入达 3000 元以上，走出了一条社会效益、经济效益、生态效益多方共赢的秸秆养牛产业"致富路"。

三是依托龙头企业带动。龙州县注重引导龙头企业与合作社、家庭农场、小农户等经营主体建立紧密利益联结机制，将产业链各主体打造成为风险共担、利益共享、命运与共的联合体，带动更多农民融入现代乡村产业，分享产业增值收益。如龙州农润公司带动龙州县各乡镇开展肉鸭规模化、标准化生产，拥有麻鸭现代化大棚旱养基地 330 亩，肉鸭自动化屠宰生产线 1 条，日屠宰能力 2 万羽，水口麻鸭养殖年产值达 1500 万元，吸纳 156 户脱贫户集中寄养麻鸭，年分红 32 万元，公司还优先招录脱贫户务工，共有 40 户 71 人通过家门口就业实现稳步增收。

四是推动绿色产业升级，小坚果成为富民大产业。龙州县充分发挥光热、水土等自然条件优势，大力实施坚果产业兴边富民行动，以坚果产业振兴巩固提升边境地区脱贫成果质量。通过"公司+基地+合作社""公司+基地+农户"等模式，大力发展林果、林禽、林药等复合经济，全面提高种植效益。积极引进"三只松鼠"龙头企业，加快形成初级加工、精深加工、高附加值产品、仓储、销售等全产业链，推动全县坚果产业集聚发展。从2019年起，连续4年举办中国农民丰收节暨龙州坚果文化节，不断提高龙州坚果产品知名度。截至2022年上半年，龙州县有坚果加工企业5家，累计种植崇左坚果面积15万亩，预计坚果年产量3万吨、年产值3.6亿元，坚果特色产业发展已初具规模，效益逐步显现，有力地促进了农民增收和村级集体经济的发展壮大。

资料来源：《龙州县2022年政府工作报告》，广西壮族自治区乡村振兴局网站。

案例四：四川广安让农业成为有奔头的产业

乡村振兴关键在产业兴旺。广安市是传统农业大市，也是农业人口大市，做优农业是广安市产业发展的底部支撑。党的十八大以来，广安市把产业发展作为实现乡村振兴的根本之策，以现代农业园区为载体，以安居为根，以乐业为本，加快构建现代农业产业体系，持续提升农业综合生产能力。

一是坚决遏制耕地"非农化"、防止"非粮化"，深入实施"藏粮于地、藏粮于技"战略，划定粮食生产功能区、重要农产品生产保护区、粮油绿色高质高效示范片地块，因村施策发展"一村一品"致富产业，累计建设100万亩优质粮油基地和80万亩特色产业基地。

二是围绕龙安柚、邻水脐橙、广安蜜梨三大拳头产品新开发特色饮品。2022年11月初，蜜梨罐装果汁饮料正式上线，实现了从卖果子到卖果汁的农业转型发展之路。邻水县观音桥镇大安寨村利用浅丘地形、沙质土壤等优势，发展易种植、好管护的柚子产业，预计年产量可达200余万斤，实现产值300余万元，除去管护成本可实现集体经济增收115万元左右。

三是全力建基地、创品牌、搞加工、促融合，加快粮油、蔬菜、水果等特色优势产业全链融合发展，促进产区变景区、田园变公园、产品变商品。已建成中国特色农产品优势区 1 个、全国农业产业强镇 6 个，现代农业园区 50 个，培育市级以上农业产业化龙头企业达 73 家，注册各类农民专业合作社 3682 个，认定家庭农场 6685 个。广安区大龙镇干埝村利用村集体整合闲置资源，以租赁的方式将闲置农房改造为民宿，引进公司进行运营管理，每天接待游客超过 150 人次，每年为村集体创收超过 30 万元。

四是严格落实食品安全"两个责任"，建立健全末端发力、终端见效的工作机制，实现农产品安全全链条监管，不断提升农业综合生产能力、抗风险能力和市场竞争能力。目前，前锋青花椒、岳池米粉、武胜大雅柑等一批广安特色农产品知名度及市场占有率不断提高，农业成为有奔头的产业。

五是全面推进农村人居环境整治提升工作，持续推动公共服务向农村延伸，开行"文化列车"、建设"文化院坝"、实施"千村文化帮扶工程"，指导各地修订完善村规民约 2000 余个，不断提升村民素养，丰富村民文化生活，以"宜居乡村"推动传统农业升级。

资料来源：《四川广安做优农业，描绘乡村振兴美丽画卷》，人民日报，2022 年 11 月 15 日。

（二）案例启示

第一，围绕农业产业发展"八要素"（产业选择、培训农民、技术服务、资金筹措、组织形式、产销对接、利益联结、基层党建），纵深推进农村产业革命，不断增强贫困地区和贫困群众的自我"造血"功能，促进农民持续增收，解决好农村贫困人口"两不愁"的问题，为推进乡村振兴奠定坚实的产业基础。

第二，狠抓农村产权制度这个基础性改革，围绕"地"的问题开展"七权"同确，让分散的资源聚集化、模糊的产权清晰化，提高集体资产的市场化水平，让资源活起来。稳住家庭农场、小农户等现有特色产业，推进农业经营制度改革，推行公司主导的"合作社+公司+农户"合股联营模式，构建党支部与合作社"资源共享、优势互补、共驻共建、互利双赢"的工作格局，加强对产业项目联农带农情况动态监测，将政策扶持与联农带农效果有效挂钩，构建以合作社为龙头、以产业为平台、以项目为载体、以股权为纽带、以共享为目标的利益长效机制。

第三，组建巩固提升特色产业工作专班，大力构建政府推动、部门联动、金融助动、企业主动、社会互动的工作机制，强化工作统筹谋划，优化乡村产业长效发展规划布局。加大产业发展资金投入，逐步提升财政资金用于产业发展的比例，选择基础好、效益高、见效快，农民比较熟悉、容易接受的优势产业作为主导产业，因地制宜进行产业带布局，"一镇一业""一村一品"，打造农业区域公共品牌，不断形成粮经饲养统筹、农林牧渔结合、种养加销一体的现代农业产业发展新格局。因地制宜打造乡村旅游精品工程，创建一批休闲农业和乡村旅游示范单位，建设一批乡村休闲旅游精品景点线路，打造一批中国美丽休闲乡村和全国乡村旅游重点村镇。加快发展特色农产品精加工和深加工，推动脱贫地区特色产业"接二连三"，扩大产业化规模，壮大集体经济，增加农民财产性收入，推动脱贫地区特色产业提质增效。

第四，加快推进农产品产地仓储及流通体系建设，建设功能齐全、服务良好的农村电商县级公共服务中心、农产品电商物流分拣中心。积极拓展特色农产品销售渠道，积极参加各类农博会或农贸会、展销会等，集中推介、展示、销售特色农副产品，围绕主导产业农产品签订长期购销合同，积极预防特色农产品出现严重大面积滞销及负面舆情。深化东西部消费协作，携手实施产销对接、电商帮扶、展会推介等行动，线上线下融合推动消费帮扶内容和形式创新。

第五，大力推广优良品种和先进适用技术，建设农业科技示范基地。有序推进产业基地标准化改造，有序开展农作物的高接换种和品种更新，推动农业科技与农业发展深度融合。实施乡村振兴带头人培育"头雁"、农村致富带头人培养、高素质农民培育提升行动，大力宣传农村产业革命成效，帮农民算好产业革命收益账、对比账、经济账，引导农民群众主动参与产业革命，实现从"要我调"到"我要调"的有效转变。

第二节 生态扶贫与生态振兴衔接的案例分析

一、生态扶贫与生态振兴衔接的基本内涵

《中共中央 国务院关于打赢脱贫攻坚战的决定》《国务院"十三五"脱贫攻坚规划》以及国家发展改革委、国家林业局（现国家林业和草原局）、财政部、水利部、农业部（现农业农村部）、国务院扶贫办（现国家乡村振兴局）六部委共同制定的《生态扶贫工作方案》明确，要充分发挥生态保护在精准扶贫、精准脱贫中的作用，把精准扶贫、精准脱贫作为基本方略，坚持扶贫开发与生态保护并重，采取超常规举措，通过实施重大生态工程建设、加大生态补偿力度、大力发展生态产业、创新生态扶贫方式等，切实加大对贫困地区、贫困人口的支持力度，推动贫困地区扶贫开发与生态保护相协调、脱贫致富与可持续发展相促进，使贫困人口从生态保护与修复中得到更多实惠，实现脱贫攻坚与生态文明建设"双赢"。

《乡村振兴战略规划（2018—2022年）》指出，农业是生态产品的重要供给者，乡村是生态涵养的主体区，生态是乡村最大的发展优势。生态宜居是乡村振兴的关键环节，实施乡村振兴战略，要统筹山水林田湖草沙系统治理，加快推行乡村绿色发展方式，加强农村人居环境整治，有利于构建人与自然和谐共生的乡村发展新格局，实现百姓富、生态美的统一。《中华人民共和国乡村振兴促进法》进一步明确，国家健全重要生态系统保护制度和生态保护补偿机制，鼓励和支持农业生产者采用节水、节肥、节药、节能等先进的种养技术，推动种养结合、农业资源综合开发，优先发展生态循环农业。各级人民政府应当建立政府、村级组织、企业、农民等各方面参与的共建共管共享机制，加强乡村生态保护和环境治理，绿化美化乡村环境，建设美丽乡村。

《中华人民共和国国民经济和社会发展第十四个五年规划和2035年远景目标纲要》要求，完善生态补偿制度，推动建立生态补偿机制，加大重点生

态功能区、重要水系源头地区、自然保护地转移支付力度，建立生态产品价值实现机制，制定实施生态保护补偿条例，完善市场化多元化生态补偿，鼓励受益地区和保护地区、流域上下游通过资金补偿、产业扶持等多种形式开展横向生态补偿。完善土地复合利用、立体开发支持政策，大力发展绿色经济，拓展生产者责任延伸制度覆盖范围，深入开展绿色生活创建行动，推动经济社会发展全面绿色转型，建设美丽中国。《中共中央　国务院关于实现巩固拓展脱贫攻坚成果同乡村振兴有效衔接的意见》提出，作为新生活、新奋斗的起点，过渡期内要坚定不移贯彻新发展理念，逐步调整优化生态护林员政策，扎实推进美丽宜居乡村建设，持续改善生态环境，为全面建设社会主义现代化国家开好局、起好步奠定坚实的基础。

生态扶贫与生态振兴的总体目标和基本方式具有内在的逻辑一致性：都立足当前、着眼长远，践行"绿水青山就是金山银山"理念，坚持政府引导，广泛动员各方面力量共同参与，充分调动广大群众保护修复家乡生态环境的积极性、主动性、创造性，通过发展生态产业、参与生态保护、生态修复工程建设，增加经营性收入和财产性收入，改善生产生活条件。通过生态保护补偿等政策增加生态保护区居民转移性收入。在加强保护前提下，鼓励通过土地流转、入股分红、合作经营、劳动就业、自主创业等方式充分利用生态资源优势，大力发展生态旅游、特色林产业、特色种养业等生态产业，以拓宽农民增收渠道，增加资产收益。

生态扶贫与生态振兴的区别在于，生态扶贫主要是通过组织贫困人口参与生态工程建设获取劳务报酬，在安排退耕还林还草、草原生态保护等补助资金时优先支持有需求、符合条件的贫困人口，通过设立森林、草原、湿地、沙化土地生态管护员等生态公益性岗位，为贫困人口提供生态公益性岗位工资的方式实现收入脱贫，解决"两不愁三保障"的基本问题；生态振兴是依靠推进绿色生产、绿色生活，加大生态保护与修复力度，改善人居环境，以优美的生态吸引产业投资、以宜居的生态优势留住人才，以良好的环境提高农民幸福感和获得感，从而实现农业强、农村美、农民富目标的农村可持续发展。

总体来说，生态扶贫是基础，生态振兴是生态扶贫的延伸、是生态扶贫的升级版,做好生态扶贫与生态振兴的有效衔接是当前阶段巩固拓展生态扶贫成果、接续满足人民对美好生活需要、夯实中国式现代化基础的必然需要。

二、生态扶贫与生态振兴衔接的案例评析

(一)衔接案例

案例一:四川汶川筑牢生态本底

四川省汶川县地处岷江上游,空气清新、水质良好、土壤洁净、环境优美。汶川积极践行"绿水青山就是金山银山"理念,一边守护好长江上游生态屏障和重要水源涵养地,一边开发生态农产品、打造休闲农业、发展生态康养产业,在生态保护、乡村振兴的征途中,踔厉奋发,勇毅前行。

一是治保结合,守护生态环境底色。汶川县及时出台旅游开发与环境保护有机结合的系列举措,全县生态环境得到有效改善,生物多样性得到有效恢复,生态环境持续向好,2022年成功入选四川省首批省级生态县,保障了全县民宿、农家乐等旅游产业的可持续发展。

二是因地制宜,打造名特优新生态农产品。良好的生态环境是汶川县发展特色水果等农业产业的出发点和落脚点,全县依托资源优势,因地制宜规划发展特色水果产业,在北部片区河坝、半山和高山重点栽种甜樱桃、青红脆李等,在南部片区种植猕猴桃等多种特色水果。通过建基地、提品质、创品牌、重营销等一系列产业赋能举措,已建成"汶川果、汶川茶、汶川竹、汶川药"等产业基地20.95万亩,汶川甜樱桃、汶川青红脆李入选全国名特优新农产品目录,拥有"三品一标"认证产品证书农产品28种。2021年,实现农林牧渔业产值22.4亿元,荣获"四川省休闲农业重点县"和"2021年度乡村振兴重点帮扶优秀县"称号。

三是生态康养,注入乡村振兴"绿色动力"。生态康养旅游是汶川县富民强县的支柱产业。汶川县深入推进构建"北部冰雪休闲胜地+南部避暑康养胜地"的格局,北部打造以阿尔沟滑雪场为核心,集运动、观光、体验等业态于一体的冰雪休闲产业链条;南部依托大熊猫、大健康品牌,打造一批集生态、艺术、教育于一体的现代化避暑康养新场所。生态宜居、产业兴旺、生活富裕,汶川县实现跨越式发展。2021年,汶川县全年共计接待游客763.02

万人次，实现旅游收入 58.65 亿元。

四是以"绿色"作为乡村振兴的本底，大力实施"艺术乡创"引领行动，创新乡村产业、美化乡村环境、复兴乡村文明、助力乡村治理。着力推进"五美乡村"建设行动，因地制宜、因村施策，提升乡村品质实现"布局美"、加快农村发展实现"产业美"、聚力生态宜居实现"环境美"、强化基础保障实现"生活美"、共建乡风文明实现"风尚美"。实施"人才兴乡"保障行动，充分发挥人才支撑作用、群众主体作用，激发人才带动引领力和群众主动参与内生动力，整合资金、资源、力量，推进乡村振兴。

资料来源：《四川汶川：筑牢生态本底，绘就乡村振兴画卷》，国家乡村振兴局网站。

案例二：贵州六盘水抓党建优生态

贵州，是中国石漠化面积最大、类型最多、程度最深、危害最重的省份，生态环境极其脆弱。贵州又因地处长江和珠江上游，生态的好坏，直接影响到长江和珠江中下游中国经济最发达地区的可持续发展。贵州曾是中国贫困人口最多、脱贫攻坚任务最重的省份，过渡期巩固拓展脱贫攻坚成果、衔接推进乡村振兴的任务依然非常艰难。

六盘水，别名"中国凉都"，是贵州省下辖市，位于贵州西部乌蒙山区，地处滇、黔两省接合部，长江、珠江上游分水岭。水城区是六盘水市中心城区之一，境内有玉舍国家森林公园，曾被评为"中国现代民间绘画画乡""最佳全域旅游目的地"。近年来，水城区始终坚持"绿水青山就是金山银山"发展理念和"中国凉都·康养水城"发展定位，牢牢守住"发展和生态"两条底线，强化党建引领作用和核心优势，因地制宜，活化生态资源，创新生态治理形式和环境保护模式，探索"党建+生态"发展路径，助力乡村振兴，成功打造了环境优美、生态宜居的水城样板。

水城区顺场乡，曾经为了"填饱肚子"开荒种地，导致森林覆盖率急剧下降，群山裸露、满目荒芜。痛定思痛的顺场乡紧扣"绿水青山就是金山银山"的产业生态化发展理念，向"绿"而生，以打造山地特色生态农业为主，结合气候和海拔优势，形成生态产业"阶梯"发展模式，在海拔 1800 米以上地区规划发展茶叶产业，在海拔 1400 米以下地区规划种植以猕猴桃、脆桃等为主的经果产业，在海拔 1400~1800 米地区发展高山冷凉型蔬菜和烤烟产业，打造了经果、茶叶、蔬菜"三大万亩富民绿色产业"。2021 年，顺场乡仅茶青销售就突破 2000 万元大关，实现了生态富民，而且产业的"绿"反过来进一步涵养了顺场乡的生态，森林覆盖率从过去不足 15% 上升到如今的 69.2%，既做美了"绿水青山"，又做大了"金山银山"。

营盘乡地处珠江上游北盘江畔，地势偏僻、山高坡陡、交通落后、资源匮乏，生态环境恶劣，荒漠化、石漠化严重，森林覆盖率最低时仅有 10%，曾是贵州省极贫乡镇之一，是名副其实的"穷乡僻壤"。近年来，营盘乡坚持生态优先、绿色发展，带领群众植树造林、退耕还林、封山育林，发动村民种植经果林，辖区内的珙桐、麻栎、海南五针松等珍稀植物多达 17 种，森林覆盖率高达 92.34%。2021 年，哈青村入选贵州省第三批省级乡村旅游重点村。如今，营盘乡村村寨寨果树成荫，既提高了森林覆盖率，又增加了经济收入。

生态宜居是乡村振兴的关键环节，良好的生态环境和村容村貌不仅是美丽乡村的外表，也是乡村文明的重要体现。新街乡把农村人居环境整治作为实施乡村振兴战略的第一场硬仗，扎实推进农村"厕所革命"、生活垃圾治理、生活污水治理、村庄环境清洁"四个专项行动"，全面提升农村人居环境质量。开展"三扫三摆五洗两叠"（三扫：扫进组入户路、扫庭院、扫屋里；三摆：摆室外杂物、摆家具、摆锅碗；五洗：洗脸、洗头、洗脚、洗澡、洗衣服被子床单；两叠：叠被子、叠衣服）环境卫生整治大行动。组织党员干部进村入户指导帮助群众清扫室内外卫生，并每月开展一次"卫生示范户"评比活动。实现了庭院不留死角硬化、卫生厕所有水冲、安全住房全保障、生活垃圾日清理，有效改变了群众长期形成的不良生活习惯，极大改善了村容村貌，使环境整治和乡风文明相得益彰。

资料来源：《六盘水水城区：抓党建优生态，筑牢乡村振兴"防火墙"》，贵州乡村振兴局网站。

案例三：广西永乐镇构筑绿色生态优势

近年来，广西壮族自治区百色市右江区通过健全机制、综合治理、建设推动，形成了浓厚的生态建设氛围，环境保护和绿色生态建设取得显著成效。如右江区永乐镇健全齐抓共管体系，凝聚生态护航"合力"，搭建全民动员的宣传阵地，依托新时代文明实践活动、"主题党日"、"6·5世界环境日"等活动载体，每季度常规开展一系列生态环境保护宣讲活动，长效化推进镇村环境整治，结合农村人居环境整治和乡村风貌提升三年行动，开展村屯"三清三拆"和"厕所革命"。依托生态经济优势，厚植生态发展"根基"，全力推进高效农业，发展绿色生态、休闲观光和高效规模农业，推广水肥一体化、绿化防控技术，建成右江区澄碧湖现代农业（芒果）核心示范区9300亩，辐射3.2万亩，实现芒果种植标准化、管理组织化、销售一体化。大力发展林下经济，推进农田、森林、水源三大生态保护和开发。着力推动生态旅游，红谷慢生活休闲农庄被评为"广西休闲农业与乡村旅游示范点"。广西壮族自治区百色市右江区构筑绿色生态优势，助力乡村振兴发展的主要做法如下。

一是坚持"尊重自然、顺应自然、保护自然"的生态文明理念，严守资源消耗上限、环境质量底线、生态保护红线，扎实推进土地污染防治、污水处理和"厕所革命"等重点工作。二是优化资源配置，探索"农业+文化+生态旅游"发展模式，打造以福禄生态农业旅游文化示范区为代表的现代特色农业示范园，配套传统农业和文化创意相结合的"二十四节气特色主题农场"，让农文旅融合成为农民增收致富的新渠道。三是制定奖惩机制、落实主体责任，让每个社会成员都成为绿色发展的践行者。建立健全河长制、林长制，坚持渔业增殖放流和禁渔期等有利于绿色发展的活动，推动现代元素与原生态资源的有机结合，为绿色发展提供坚强有力的保障。

资料来源：《百色市右江区："三色"绘就乡村振兴美丽画卷》，广西壮族自治区乡村振兴局网站。

案例四：云南向绿色发展要效益

独特的地理环境与气候类型，造就了云南丰富的生物多样性和文化多元性，也为云南高原特色农业发展创造了巨大的空间。党的十八大以来，云南立足自身实际，充分发挥资源优势，精心布局、高位谋划、竭力打造凸显云南优势的高原特色农业，走出了一条从多到精、由大到强，向绿色发展要效益的高质量前行之路。

2018 年起，云南连续 4 年评选"10 大名茶""10 大名花""10 大名菜""10 大名果""10 大名中药材"，评选绿色食品"10 强企业"和"20 佳创新企业"。2019 年 8 月，云南启动"一县一业"示范县和特色县创建，并公布了首批 20 个"一县一业"示范县和 20 个"一县一业"特色县，给予 20 个示范县每县 3000 万元的资金支持，连续支持 3 年。

10 多年来，绿色、安全的品质标准已经深入每个蔬菜种植农户的心中。曲靖市陆良县芳华镇芳华村蔬菜种植基地，已连续 10 年每年都有超过 2000 吨新鲜蔬菜直供香港市场。陆良县是云南"一县一业"示范县、全国蔬菜生产重点县，全年蔬菜种植面积稳定在 80 万亩（含复种），产量 200 万吨，除了对蔬菜品质的高要求、严管理外，陆良县还格外重视对整体种植环境的把控，从节水、减肥、控药，到蔬菜尾菜资源化利用，每个环节都必须立足绿色与高质量。位于云南省南部的元阳县，生态优美、资源丰富，智慧的哈尼族群众不仅利用梯田种植水稻，还在稻田里放上鱼苗，达到"一水多用，一田多收"，17 万亩哈尼梯田 2022 年再获丰收。

数据显示，2021 年，云南农林牧渔业总产值 6352 亿元，与 2012 年相比，同比增长 2.34 倍，年均同比增速为 6.6%；第一产业增加值 3874 亿元，占云南省 GDP 的比重为 14.26%，全国排第 4 位。云南省农村居民人均可支配收入年均增长 9.1%，由 2012 年的 5930 元增加到 2021 年的 14197 元，为生态效益与经济效益共赢做了最好的诠释。

资料来源：《云南：云岭大地山乡巨变》，农民日报，2022 年 8 月 8 日。

（二）案例启示

第一，生态脆弱地区群众的传统生计还在向可持续生计转型中，脱贫基础不够稳定，过渡期内，要在巩固拓展生态脱贫成果上下功夫、想更多办法、给予更多后续帮扶支持，特别是向国家、省级乡村振兴重点帮扶县倾斜，继续保持天然林停伐补助、生态效益补偿、生态护林员补助、林草生态产业扶持等帮扶政策、资金支持、帮扶力量总体稳定。

第二，坚持"绿水青山就是金山银山"理念，加强生态保护修复，因地制宜发展生态产业，巩固提升生态传统产业，科学发展生态特色产业，大力发展生态旅游，大力推动森林康养产业，有序发展中药材、食用菌等林下经济产业，推动一、二、三产业融合发展，提升产业质量效益和竞争力。

第三，持续通过营造林工程带动群众增收，支持脱贫地区林业草原基础设施建设和管护，广泛采取以工代赈方式，拓宽脱贫人口就地就业渠道。鼓励各类自然保护地按照生态保护需求设立生态管护岗位并优先安排当地脱贫人口，建立健全特许经营制度，吸纳符合条件的当地脱贫人口参与特许经营活动，实现就近、就地就业。

第四，坚持山水林田湖草沙系统治理，创新体制机制，充分调动政府、社会、企业、脱贫人口等各方面的积极性，形成全社会共享共建合力。引导群众开展庭院绿化、四旁绿化、公共绿地建设，形成具有乡村特色的绿色景观，切实改善乡村生态环境和人居环境，不断巩固生态脱贫成果，提升乡村生态宜居水平，拓宽群众的增收空间和生存空间。

第三节 文化扶贫与文化振兴衔接的案例分析

一、文化扶贫与文化振兴衔接的基本内涵

文化是凝结在物质之中又游离于物质之外的，能够被传承的国家或民族的历史、地理、风土人情、传统习俗、生活方式、文学艺术、行为规范、思维方式、价值观念等。文化作为一种精神力量，能够在人们认识世界、改造世界的过程中转化为物质力量，使人的思想道德素质、科学文化素质和健康素质等得到全面提高，并对社会发展产生深刻的影响。党的十八大以来，习近平总书记对文化扶贫和文化振兴工作做了许多重要指示。党的二十大报告更是强调，从现在起，中国共产党的中心任务就是团结带领全国各族人民全面建成社会主义现代化强国、实现第二个百年奋斗目标，以中国式现代化全

面推进中华民族伟大复兴。中国式现代化是物质文明和精神文明相协调的现代化，要不断厚植现代化的物质基础，不断夯实人民幸福生活的物质条件，同时大力发展社会主义先进文化，加强理想信念教育，传承中华文明，促进物的全面丰富和人的全面发展。

关于文化扶贫，习近平总书记多次强调，治贫先治愚，扶贫先扶智，要把扶贫同扶智结合起来，加大内生动力培育力度，要把发展教育扶贫作为治本之计，确保贫困人口子女都能接受良好的基础教育，要加强老区贫困人口职业技能培训，授之以渔。要弘扬中华民族传统美德，发扬勤俭节约的优良传统，加强贫困地区社会建设，丰富贫困地区文化活动，提升贫困群众教育、文化、健康水平和综合素质，振奋贫困地区和贫困群众精神风貌。各地要办好各种类型的农民夜校、讲习所，通过常态化宣讲和物质奖励、精神鼓励等形式，促进群众比学赶超，提振精气神。要发挥村规民约作用，推广扶贫理事会、道德评议会、红白理事会等做法，通过多种渠道，教育和引导贫困群众改变陈规陋习、树立文明新风。要加强典型示范引领，总结推广脱贫典型，用身边人、身边事示范带动，营造勤劳致富、光荣脱贫氛围。东西部扶贫协作和对口支援要在发展经济的基础上，向教育、文化、卫生、科技等领域合作拓展。

农村精神文明建设是滋润人心、德化人心、凝聚人心的工作。文化振兴是乡村振兴的题中应有之义，对乡村振兴具有引领和推动作用。关于文化振兴，习近平总书记指出，乡村振兴既要塑形，也要铸魂。2017 年 12 月 12—13 日，习近平总书记在江苏省徐州市考察时强调，"农村精神文明建设很重要，物质变精神、精神变物质是辩证法的观点，实施乡村振兴战略要物质文明和精神文明一起抓，特别要注重提升农民精神风貌"[①]。2018 年 3 月 8 日，习近平参加十三届全国人大一次会议山东代表团审议时强调，"要推动乡村文化振兴，加强农村思想道德建设和公共文化建设，以社会主义核心价值观为引领，深入挖掘优秀传统农耕文化蕴含的思想观念、人文精神、道德规范，培育挖掘乡土文化人才，弘扬主旋律和社会正气，培育文明乡风、良好家风、淳朴民

---

① 中共中央党史和文献研究院 . 习近平总书记关于"三农"工作论述摘编［G］. 北京：中央文献出版社，2019：122.

风，改善农民精神风貌，提高乡村社会文明程度，焕发乡村文明新气象"①。

《中共中央　国务院关于打赢脱贫攻坚战的决定》指出，培育和践行社会主义核心价值观，大力弘扬中华民族自强不息、扶贫济困传统美德，振奋贫困地区广大干部群众精神，坚定改变贫困落后面貌的信心和决心，凝聚全党全社会扶贫开发强大合力。倡导现代文明理念和生活方式，改变落后风俗习惯，善于发挥乡规民约在扶贫济困中的积极作用，激发贫困群众奋发脱贫的热情。推动文化投入向贫困地区倾斜，集中实施一批文化惠民扶贫项目，普遍建立村级文化中心。深化贫困地区文明村镇和文明家庭创建。推动贫困地区县级公共文化体育设施达到国家标准。支持贫困地区挖掘保护和开发利用红色、民族、民间文化资源。鼓励文化单位、文艺工作者和其他社会力量为贫困地区提供文化产品和服务。

《乡村振兴战略规划（2018—2022 年）》提出，要加强农村思想道德建设和公共文化建设、深入挖掘优秀传统农耕文化、培育乡土文化人才，培育文明乡风、良好家风、淳朴民风，改善农民精神风貌，提高乡村社会文明程度。文化和旅游部、教育部、自然资源部、农业农村部、国家乡村振兴局、国家开发银行联合印发《关于推动文化产业赋能乡村振兴的意见》指出，要把"文化引领、产业带动""农民主体、多方参与""政府引导、市场运作""科学规划、特色发展"作为基本原则，传承发展农耕文明，激发优秀传统乡土文化活力，促进文化产业人才、资金、项目、消费等要素更多向乡村流动，增强农业农村发展活力，培育乡村发展新动能。

依据习近平总书记关于文化扶贫、文化振兴工作系列重要讲话精神，以及精准扶贫脱贫攻坚和乡村文化振兴系列化文件、通知、规划内容，文化扶贫和文化振兴目标一致，都是为了巩固全体人民团结奋斗的共同思想基础，激发群众为美好生活而奋斗的内生动力。贫困不仅表现为物质贫困，也表现为精神上的贫困，扶贫既要解决贫困人口的收入贫困问题，也要解决贫困人口的教育贫困、权利贫困、能力贫困等精神贫困问题，满足人民对文化生活的需要，增强贫困人口发展的内生动力。文化振兴是乡村振兴的魂，要以文

---

① 中共中央宣传部，国家发展和改革委员会 . 习近平经济思想学习纲要［M］. 北京：人民出版社，2022：90-91.

化建设推动乡村振兴，把良好的家风、乡风、民风转化为文化的现实生产力。文化扶贫和文化振兴都要坚持和完善繁荣发展社会主义先进文化的制度，将社会主义核心价值观融入乡村建设，加强文化遗产保护，发挥乡贤作用，凝聚社会多元合力，加大政府向社会力量购买公共文化服务力度，积极搭建公益性文化活动平台，深入推进公共图书馆、博物馆、美术馆、文化馆和综合文化站免费开放工作，实现农村、城市社区公共文化服务资源整合和互联互通。

可以说，文化扶贫和文化振兴都为全面建成小康社会、实现中国式现代化、实现共同富裕目标和中华民族伟大复兴提供了持久的精神动力。文化扶贫主要为贫困地区和贫困人口提供文化服务，重点补齐能力短板。文化振兴则是为全民提供高质量文化服务，满足人民对美好生活的需要。因为精神层面和能力层面的问题往往存在深厚的历史原因和地理原因，甚至存在民族性原因，所以文化振兴绝非一日之功，从文化扶贫到文化振兴是连续性的、久久为功的过程。因此，巩固拓展脱贫攻坚成果同乡村振兴有效衔接，要保持文化帮扶政策措施的连续性和稳定性，教育、文化、医疗卫生、科技等行业对口支援要纳入新的东西部协作结对关系，坚持群众主体、激发内生动力，坚持扶志扶智相结合，防止政策养懒汉和泛福利化倾向，发挥奋进致富典型示范引领作用，激励有劳动能力的低收入人口勤劳致富，加快推进脱贫地区乡村产业、人才、文化、生态、组织等全面振兴，为全面建设社会主义现代化国家开好局、起好步奠定坚实的基础。

二、文化扶贫与文化振兴衔接的案例评析

（一）衔接案例

案例一：贵州雷山将文化"软实力"打造成"硬产业"

雷山县是 1986 年我国首批确定的全国重点贫困县，属全国 11 个集中连片中的"武陵山片区"。雷山县民族文化底蕴深厚，少数民族人口占总人口的 92.3%，其中，苗族占 84.2%，水族占 4%，侗族占 2.5%，瑶族占 0.6%，其他民族占 1%；拥有非物质文化遗产 231 项，其中，国家级 15 项，被誉为"中国'非遗'第一县"；国家级传统村落 68 个，总量排名全国第五；少数民

族特色村寨 59 个, 苗寨 180 多个, 千户苗寨被誉为"世界最大的苗寨", 是中国苗族文化展示中心。

自精准扶贫脱贫攻坚以来, 雷山县擦亮文化名片, 全力打造民族文化旅游品牌, 强化民族文化遗产保护与传承, 充分激发群众参与景区建设和自觉保护文物的积极性, 建成"苗族银饰刺绣"博物馆, 成立县"民族传统手工艺"传习所, 支持经营主体、景区、家庭联合打造集经营、传授、体验苗族传统技艺于一体的村寨研究院、传习所、工作室和家庭博物馆, 统筹推进以绣、织、染为主的服饰, 以银和铜制作的银饰, 以竹、木制作的乐器、雕塑、剪纸等民族手工艺品设计与制作。

歌舞是苗族文化的特殊表达, 为将"原生文化"转化为"旅游文化", 雷山县在持续挖掘民族文化遗产的基础上, 定期举办"苗年""世界苗族文化遗产交流会"、非物质文化遗产巡游与展演等活动。苗族同胞自发举办世界苗胞雷山行、全国苗歌芦笙舞乐大赛、"万名姑妈回娘家"、"千人唱一歌、一歌唱千年"等庆典活动。在西江景区, 参加表演的均为当地居民, 其中很多是老年人。他们身着盛装, 吹着芦笙, 唱着苗歌, 跳着苗舞, 每人每次表演可获酬劳 20 元。雷山县上郎德村成立文化旅游合作社, 把全体村民参与表演的收入, 按出演的工分比例, 分配到各户, 户均年收入 8000 余元。

雷山县民族文化旅游产业蓬勃发展, 民族县域经济社会面貌发生了历史性变化, 2019 年脱贫出列, 2020 年顺利通过脱贫攻坚普查验收。2020 年 10月, "贵州雷山县大力发展乡村旅游, 助推民族村寨脱贫"列入"世界旅游联盟减贫案例" 101 个案例之一。为持续发挥文化在巩固脱贫攻坚成果、衔接推进乡村振兴中的支撑性作用, 雷山县加强非遗文化的挖掘, 继续申报一批"非遗"文化保护名录, 致力于实现"非遗"文化价值向经济价值转化, 申报一批"非遗"传承人, 支持"非遗"传承人创新创业, 支持"非遗"传承人进城发展, 大力发展民族服饰制作、银饰加工、芦笙制作等。持续支持开展苗年节、鼓藏节、水族瓜节等民族民间节庆活动, 加大民族文化宣传推广力度, 提升民族文化知名度。深入开展民族古籍整理, 将雷山县非遗文化编著成雷山乡土教材, 纳入全县中小学校。充分发挥非遗文化传承人的作用, 实现"非遗"传承人进校园传承技艺常态化, 使优秀的民族文化在青少年一代得到传承和弘扬。每年至少举办一次文化进万家主题宣传活动,表演苗族酒歌舞、苗族飞歌、苗族板凳舞等传统节目,邀请苗绣、茶叶、蜡染、银饰等企业开展现场展销活动,向群众发放《非物质文化遗产名录简介》和《创建国家级文化生态保护区的倡议书》。将苗族吊脚楼、芦笙、铜鼓、刺绣、银饰、苗服、牛角等具有苗族代表性的地域文化融入街道地砖、路灯、围栏、建筑物外包装等城区基础设施中,实现以文化氛围助力雷山打造"中国最美文化小镇"的全域旅游发展目标。目前,县城区在道路、房屋外观等地的民俗文化融合已全面完成。

资料来源:国家乡村振兴局、贵州省乡村振兴局、雷山县人民政府网站。

案例二:贵州良上镇打造"平台+资源+实践"学习模式

贵州省三穗县良上镇少数民族人口占总人口的96%,民风淳朴、民族风情浓郁、资源丰富,饮食、服饰、歌舞、语言、民居、节日、习俗别具特色,有很高的保护和挖掘价值。良上镇曾是贵州省二类重点扶贫乡,部分村寨长期处于贫困中,巴冶村曾属于国家一类深度贫困村,中坪村、平寨村等曾属于深度贫困村。巩固拓展脱贫攻坚成果、衔接推进乡村振兴时期,良上镇通过搭建平台、引入资料和组织实践,营造浓厚的学习氛围,使乡村群众文化生活不断丰富,群众内生动力不断迸发,知识技能不断提升,为乡村振兴提供了坚实的精神支撑。

一是搭建多类型学习平台。乡村学习场所不仅能满足人民群众日益增长的精神文化需求,也是增长知识技能的重要平台,更是承担着涵养乡风、提升素质的重要载体。良上镇采取新建、改建、整合和共享等灵活方式,建成农家书屋、乡村图书室、新时代文明实践站、村级活动中心等各类学习场所35个,搭建网络学习平台60余个,实现镇级和8个中心村全覆盖,让想学者随时随地有学习的场所和平台。

二是引入多领域学习资料。积极争取各方资源和投入"真金白银",采取自主订阅采购、接受社会捐赠、下载网络资料等方式获取各类学习资源,涵盖政治、哲学、历史、地理、农业、社科、文体等领域的学科书籍和资料,定期更新和及时补充学习资料库资料,开发多功能可视化检索方式让学习者能便捷找到所需学习资料。现各学习场所共有图书 10 万余册，各类主流媒体报刊 3 万余份，电子学习资料 1.3 万份。

三是组织多形式学习实践。结合当地民俗风情和民族节日，组织干部群众开展形式多样、内容丰富的各类文体农娱知识和技能竞赛，同时有针对性地开展农业技能实践，提升农业产业效益，让已学者有实践的空间并受益。每年开展文体竞赛、知识竞赛、技能竞赛等活动 20 余次，用知识技能赋能农业产业。当地群众通过学习养蜂技术已成功培育出蜂王，农业服务中心运用农业技术指导种植富硒有机大米等助农产业提质增效项目 10 余个。

资料来源：《黔东南三穗：打造"平台＋资源＋实践"学习模式，助推乡村文化振兴》，贵州省乡村振兴局网站。

案例三：云南和顺镇打好文化振兴"五张牌"

云南省腾冲市和顺镇是一个历史悠久、文化底蕴丰厚、自然环境优美、集"山水、侨乡、边镇"特色于一身的历史文化名镇，有充分体现中华文化精粹的村落风貌、民居建筑、民间艺术、饮食文化、民间工艺和生活习俗。近年来，腾冲市和顺镇将文化振兴作为乡村振兴战略的一个重要组成部分，打好"五张牌"，促进乡村文化繁荣，增强乡村文化自信，焕发乡风文明新气象，为乡村振兴铸魂赋能。

一是打好"优秀传统文化"牌，汲取奋进向上精神力量。深入挖掘和顺镇优秀传统文化中展现励志、爱国、诚信、节俭、孝道、勤学等品质故事，打造了家风文化长廊。增设自助讲解功能，将家风文化长廊展示内容数字化、网络化，既方便游客在实地参观时扫码收听，又便于通过微信平台广泛推送，使和顺镇优秀乡风、家风、民风得到更好传承。同时，以传统节日为载体开展相关活动，汲取向善向上、奋进拼搏的精神力量。

二是打好"培育乡风文明"牌，助力社会治理加强创新。以"党建为主题、宗祠为阵地、乡贤为纽带、文化为灵魂"探索"党建＋传统文化"的"九个一"治理模式，汇集成为推动和顺镇和谐发展的正能量。以客栈协会为主导，加强行业自律，营造健康有序、规范诚信的经营环境。健全村民自治体系，编印《和顺镇乡风文明读本》，探索建立水碓社区两个"1＋1＋N"农村末梢治理自管组，及时解决推进项目中的难点和痛点问题，打通农村治理"最后一千米"。

三是打好"优质文化供给"牌，满足群众精神文化需求。成立了和顺镇文化研究会，进一步抢救和挖掘出一系列和顺镇的人文、历史资料。编撰出版的《和顺镇志》，是云南省第一部入选中国名镇志文化工程的地方志丛书。乡刊《和顺乡》以年刊的形式连续出版 7 期，成为沟通海外华侨的重要桥梁。持续打造"和顺讲堂"品牌，邀请国内知名专家学者以及省、市优秀讲师，面向群众和游客进行授课。加大对社区文艺队伍的指导和培训力度，每年组织专题会演，并通过新媒体进行网上推送，进一步扩大影响力和传播力。

四是打好"特色志愿服务"牌，推动文明实践走深走实。以党组织为引领，以新时代文明实践志愿服务活动为载体，将广大农村党员组织起来，以居住地为半径，积极开展 AAAAA 创建、"创文""创卫"巩固提升、书画培训、旅游咨询、文明劝导等志愿服务活动。打造了"侨乡信使""夕阳之花""古镇卫士"等 9 支品牌志愿服务队伍，通过发挥党员先锋引领作用，常态化开展志愿服务活动，传承弘扬和顺镇文化的精髓，彰显人与人、人与社会、人与自然之间和谐共存、相互关爱的理念。

五是打好"文旅深度融合"牌，丰富乡村旅游文化内涵。立足和顺镇当地红色文化资源和厚重的历史文化积淀，以文化丰富旅游内涵，用文化提升旅游品位。高标准完成了红色村组织振兴建设红色美丽村庄试点项目，依托红色资源打造出"一线、一品、一码、一廊、一院、一道"的"六个一"精品红色学习体验线路。家风文化长廊的 20 多组精心设计创作的石雕，浓缩了和顺镇家风文化的 18 个故事。政德大道展现了讲政德、守公德、明大德的治国理念，让游客在游览中受到政德、优秀传统文化熏陶。

资料来源：《云南腾冲和顺镇：文化赋能为乡村振兴"铸魂"》，云南省乡村振兴局网站。

案例四：广西壮族自治区贺州市平桂区浓厚乡村振兴文化味

贺州位于广西东部，"十三五"初期，贺州所辖县（区）均为贫困县。平桂区有深度贫困乡镇 2 个和深度贫困村 24 个，贫困村占行政村总数的 1/3，特别是"土瑶"聚居的 6 个行政村为极度贫困村，2017 年年底贫困发生率高达 51.73%。经过努力，"土瑶"贫困人口实现脱贫摘帽，平桂区在 2020 年 5 月退出贫困县序列。过渡期内，为充分发挥文化振兴在推动乡村振兴中的牵引力作用，平桂区在文化产业、文化服务和文化生态上做文章，让乡村振兴文化味更浓，以高质量文化振兴助力高质量乡村振兴，2022 年入选国家乡村振兴示范县创建单位，成为广西 3 个上榜示范县之一，实现了从贫困县到乡村振兴示范县的华丽转身。

一是打造文化旅游路线，充分激活现代设施农业、传统工矿业、乡村旅游等项目中的文化因子，以文兴业，大力发展农旅、文旅产业，重点开发富江流域现代设施农业乡村振兴示范带、工业文化旅游、小凉河及瑶族民俗风情乡村全域旅游等路线，同步打造"客家民歌文化会""瑶族盘王节"等节庆活动，持续增强文化吸引力和文化产业的发展活力。

二是开发文化创意产品，支持村级集体经济组织与企业合作，开发一批独具文化特色的刺绣毛巾、民族风挂件摆件、瑶浴木桶等文创产品，带动农户参与，提高农户在文化产业或关联产业中的收入比例。如发展瑶绣帮扶车间，带动农户制作绣品，特色瑶绣产品价格按照绣品的难易程度从几十元到几千元不等，参与的农户年均可增收 5000 元以上。

三是打造非遗文化品牌，制作出版《山那边，有光》《长鼓激荡的回声》等书籍，创作《瑶山夜语》《长桌宴》《咏梅》等一批具有平桂特色的文艺精品。其中，《瑶山夜语》成功斩获第十三届中国舞蹈"荷花奖"，非遗文化魅力逐步释放，奠定了良好的文化品牌基础。

四是优化文化服务路径，为群众文化生活增添趣味。一方面，推动优质图书和公益电影下乡，全方位升级农家书屋，及时补充更新和轮换农家书屋的图书，遴选经典红色电影、科教电影等送到村寨，用主旋律电影点亮乡村夜色。另一方面，深入群众开展文化体育活动。组建"文化体育轻骑兵"队伍，挖掘背篓绣球、打陀螺、六子棋、滚铁环等民间趣味文化活动，深入乡村、学校、企业和群众身边进行普及推广，使之成为广大群众特别是青少年日常主要开展的、健康向上的文化体育活动。精心创作一批独具平桂特色，贴近群众生活的文艺作品，以传统节日为契机，组织"三月三"、中秋乡村音乐晚会、丰收节等文艺下乡惠民演出活动。

五是加强文化生态建设，让乡村文明建设不变味。平桂区以意识形态工作数字化建设为抓手，切实加强乡村文化生态数字化建设。通过覆盖平桂区所有行政村的"云广播"开展各类线上理论、科普宣传宣讲，营造文明乡村新风尚。将乡村文明建设内容纳入"村事村办，党员揭榜"工作体系，围绕乡村文化建设，乡村体育、通信设施建设，精神文明建设、移风易俗等方面，结合各村庄实际，科学合理制定榜单，引导无职党员逐项揭榜、统筹推进，发挥党员乡村文明建设中的先锋模范作用。大力推动移风易俗，将提倡婚事简办新办、拒绝"高价彩礼"等内容写入村规民约，进一步破除陈规陋习，重塑乡村文化生态。持续深入开展道德模范、文明家庭创建，星级文明户评比等活动，评选出 2022 年星级文明户 90 户，文明家庭 16 个，"好媳妇好婆婆" 90 户，以榜样力量带动文明乡风。

资料来源：《贺州市平桂区：浓厚乡村振兴文化味》，广西壮族自治区乡村振兴局网站。

此外，2022 年 12 月 20 日，联合国世界旅游组织公布了 2022 年"最佳旅游乡村"名单，中国广西大寨村和重庆荆竹村成功入选，加上此前入选的浙江余村和安徽西递村，我国有 4 个乡村入选联合国世界旅游组织"最佳旅游乡村"。这些村庄都是文旅融合发展的典范。新入选的大寨村位于广西壮族自治区桂林市龙胜各族自治县，大寨村充分利用当地的农耕梯田、红瑶文化和自然风光发展乡村旅游，形成了"西山韶月""千层天梯""金佛顶"等雄奇的梯田景观，通过展示晒红衣、红瑶长发、红瑶织布技艺，举行集体婚礼、篝火晚会等，把红瑶传统文化转变为旅游业态。同时，以旅游收入反哺古民居、古建筑保护，实施梯田景观修复。厚重的红瑶民族文化、壮丽的梯田风光交相辉映、相得益彰，彰显了中国传统农耕文明中因地制宜、天人合一的智慧。荆竹村位于重庆市武隆区仙女山街道。荆竹村一方面保留根植于独特地理文化环境的生活方式和建筑特色；另一方面引入现代创意再造公共文化空间，利用当地的瓷砖、木材以及夯土墙呼应和推广村庄传统文化，为古老村庄注入生机活力。荆竹村建成非遗传习所，搭建文化资源宣传保护平台，用村民的老房子、古柴火灶、方桌竹椅、铜茶壶与青瓷杯等打造"归原茶馆"，保护修葺古代商道驿站，打造"荆竹古道"，传承优秀传统文化。①

（二）案例启示

扶贫不仅要扶物质，而且要扶精神、扶智力、扶文化。贫困地区要改变贫穷落后的面貌，既需要从经济上加强扶持，更需要加强智力开发。大力发展农村文化事业，提高农民的思想文化素质和科学技术水平，是促进农村经济发展，从根本上改善农民生活的关键所在。民族要复兴，乡村必振兴，文化振兴是乡村全面振兴的基础工程。巩固拓展脱贫攻坚成果同乡村振兴有效衔接时期，是承前启后开启全面建设社会主义现代化国家、推进民族复兴的时期，必须找准乡村文化脱贫与文化振兴的衔接点，培好文化之根、铸就精神之魂、提高文化自信、展示良好风貌，为巩固拓展脱贫攻坚成果和乡村振兴提供持续的精神动力。

一是体现特色。每个地方都有每个地方的文化火种，每个地区都有各自的文化特长、乡风乡俗、家规家训、农事技艺等，这都是本地区优秀的乡村文化资源。在文化建设中，既不能盲目照搬城市的做法，也不能简单地对其他民族和地区的文化进行移花接木。缺少自发生长的、联结本土的文化产品，得不到群众认可，也不可能产生持续的经济力。

二是注重传承保护传统村落民居和优秀乡土文化，重视乡村文化的挖掘、保护、传承和创新。实践证明，"扶贫"有了"文化"支撑，脱贫成色和质量得到了显著提高，同样，有了文化振兴支撑的乡村振兴才能行稳致远。要结合新时代新要求，深入挖掘优秀传统农耕文化内涵，借助"互联网+公共文化服务传播"模式，传承好仁爱孝悌、克勤克俭、敦亲睦邻、笃实诚信、守望相助、谦和好礼等思想观念、人文精神和道德规范，创新教育帮扶模式，强化"志智"双扶工作。

三是要善于将农村宝贵的文化财富和资源优势，转化为乡村振兴的发展优势。将文化贯穿乡村振兴各领域、全过程，培育文化振兴人才，打造特色文化产业。充分利用民族村寨、特色民居、文物古迹、农业遗迹、民俗风貌

---

① 徐壮. 广西、重庆两村庄入选联合国世界旅游组织"最佳旅游乡村"［N］. 人民日报，2022-12-21（13）.

等独特文化资源禀赋，重点发展基于民族风俗文化的"乡村+文化+旅游"农村产业融合新业态。

四是实施保护传承、研究发掘、环境配套、文旅融合、数字再现、人才提升等基础工程，构建一个包括乡村文化价值体系、乡村文化公共服务体系、乡村文化市场竞争体系以及乡村文化制度保障体系在内的综合文化发展工程。要坚持开门编制规划，广泛学习借鉴外地先进理念和做法，要健全多元投入机制，积极争取国家支持，完善财政支持政策，引导社会资金发挥作用。

2021年以来，文化和旅游部会同人力资源和社会保障部、国家乡村振兴局共同支持地方开展非遗助力乡村振兴工作，已建设非遗工坊2500余家，其中，脱贫地区1400余家，带动了当地群众就近就业、增收致富。2022年"非遗购物节"前后，150余个地级市举办相关活动，非遗产品销售额超过20亿元。其中，有334个脱贫县的1000余家非遗工坊参与销售活动，覆盖65个国家乡村振兴重点帮扶县，帮助群众实现了增收。[1] 四川、贵州专门在A级旅游景区设立非遗工坊产品展示销售区的经验得到了推广和肯定，非遗工坊产品展示销售提升了旅游景区的文化内涵，丰富了乡村旅游业态，推动了非遗工坊产品的销售，也提高了群众收入。西南山区要充分调动企业、电商平台、行业协会等各方面积极性，推动建设一批非遗民宿、非遗小镇，持续解决非遗工坊生产问题，线上线下相结合不断拓宽非遗工坊产品销售渠道，发展非遗体验游和研学游新形式，积极利用传统节日、节庆活动，在旅游景区、历史文化街区组织销售活动，让非遗工坊产品走进千家万户，实现文化扶贫到文化振兴的转变。

---

[1] 郑海鸥. 非遗助力乡村振兴焕发生机活力（新数据 新看点），已建设非遗工坊2500余家［N］. 人民日报，2022-12-26（1）.

第四节　抓党建促脱贫与组织振兴衔接的案例分析

一、抓党建促脱贫与组织振兴的有效衔接

脱贫攻坚时期，坚持抓党建促脱贫。坚持党中央对脱贫攻坚的集中统一领导，五级书记抓扶贫、全党动员促攻坚、"一把手"负责制，脱贫攻坚时期保持贫困县党政正职稳定。集中精力抓以村党组织为核心的村级组织配套建设，把基层党组织建设成为带领群众脱贫致富的坚强战斗堡垒。始终坚持以人民为中心的发展思想，坚决反对形式主义、官僚主义，把一切工作都落实到为贫困群众解决实际问题上，脱贫群众精神风貌焕然一新，脱贫地区经济社会整体面貌发生历史性巨变。基层党组织充分发挥战斗堡垒作用，在抓党建促脱贫中得到锻造，凝聚力、战斗力不断增强，基层治理能力明显提升，党群干群关系得到极大巩固和发展。脱贫攻坚锻造形成了"上下同心、尽锐出战、精准务实、开拓创新、攻坚克难、不负人民"的脱贫攻坚精神。

组织兴，则乡村兴；组织强，则乡村强。全面实施乡村振兴战略，组织振兴是根本保证。充分发挥农村基层党组织的统领作用，健全完善组织体系，建强过硬干部队伍，壮大村级集体经济，提升基层治理能力，高质量推动乡村组织振兴，才能团结带领乡亲脱贫之后接续推进乡村振兴，才能为全面推进乡村振兴提供坚实有力的组织保障。习近平总书记强调，巩固脱贫成果，推进乡村振兴，要把基层党组织建强，基层党组织强，群众致富就有希望。要推动乡村组织振兴，打造千千万万个坚强的农村基层党组织，培养千千万万名优秀的农村基层党组织书记，深化村民自治实践，发展农民合作经济组织，建立健全党委领导、政府负责、社会协同、公众参与、法治保障的现代乡村社会治理体制，确保乡村社会充满活力、安定有序。

《中共中央　国务院关于实现巩固拓展脱贫攻坚成果同乡村振兴有效衔接的意见》指出，巩固拓展脱贫攻坚成果同乡村振兴有效衔接的时期，要坚持和健全省市县乡村五级书记抓巩固拓展脱贫攻坚成果和乡村振兴抓落实的工

作机制，充分发挥中央和地方各级党委农村工作领导总揽全局、协调各方的领导作用，建立统一高效、责任清晰、各负其责、执行有力的实现巩固拓展脱贫攻坚成果同乡村振兴有效衔接的决策议事协调工作机制，做到一盘棋、一体化推进。对巩固拓展脱贫攻坚成果和乡村振兴任务重的村，继续选派驻村第一书记和工作队，健全常态化驻村工作机制，持续加强脱贫村党组织建设，选好、用好、管好乡村振兴带头人。脱贫地区在开展乡村振兴考核时要把巩固拓展脱贫攻坚成果纳入市县党政领导班子和领导干部推进乡村振兴战略实绩考核范围，与高质量发展综合绩效评价做好衔接，科学设置考核指标，切实减轻基层负担。要强化考核结果运用，将考核结果作为干部选拔任用、评先奖优、问责追责的重要参考。

为中国人民谋幸福、为中华民族谋复兴是党的初心和使命，党团结带领中国人民为创造自己的美好生活进行了长期艰辛的奋斗。改革开放以来，党团结带领人民实施了大规模、有计划、有组织的扶贫开发，着力解放和发展社会生产力，着力保障和改善民生，取得了前所未有的伟大成就。党的十八大以来，党中央把脱贫攻坚摆在治国理政的突出位置，把脱贫攻坚作为全面建成小康社会的底线任务，组织开展了声势浩大的脱贫攻坚人民战争，取得了重大历史性成就。中国共产党领导是中国特色社会主义最本质的特征，是中国特色社会主义制度的最大优势，中国共产党具有无比坚强的领导力、组织力、执行力，是团结带领人民攻坚克难、开拓前进最可靠的领导力量。脱贫攻坚取得举世瞩目的成就，靠的是党的坚强领导，实现巩固拓展脱贫攻坚成果与乡村振兴的有效衔接，接续推进农业农村现代化，需要更好地坚持和改善党的领导，依靠组织振兴推动乡村全面振兴。

二、抓党建促脱贫与组织振兴有效衔接的地方实践

（一）衔接案例

案例一：贵州打造党建引领乡村治理样板

脱贫攻坚时期，贵州坚持把党的领导贯穿全过程，创造了脱贫攻坚的"省级样板"。新征程中，贵州抓党建强基础促振兴、抓党建聚人才促振兴、抓党建重治理促振兴、抓党建树新风促振兴、抓党建领发展促振兴、抓党建

激动力促振兴、抓党建推改革促振兴，实施博士服务团、"西部之光"和"甲秀之光"访问学者等人才项目，探索实行乡村振兴指导员、科技特派员、金融助理员"三员"选派机制，组建乡村振兴驻村工作队10035支，选派第一书记和驻村干部32175名，积极引导优秀青年人才返乡投身乡村振兴，加快构建党组织领导的乡村治理体系，奋力建设巩固拓展脱贫攻坚成果样板区，全面巩固拓展脱贫攻坚成果，高质量推进乡村振兴，打造党建引领乡村治理的样板。

江口县：党建引领村集体经济发展"提档增速"。一是村社联建促发展。采取"党支部+合作社"的村社联建方式，推动村两委成员和村级集体经济合作社负责人双向进入、交叉任职，强化党组织对合作社的领导、指导、协调、服务，搭建产业发展平台，把分散的农户组织起来，把闲置资源整合起来，把发展力量聚集起来，促进村社共同发展，带动群众共同致富。截至2022年上半年，实现村社联建村102个，全部实现交叉任职。二是党员带头强示范。由村党组织委派或授权村两委班子成员、村监委成员、党员干部依法依规牵头领办合作经济组织，按照依法、自愿、有偿的原则，组织全体村民以土地、资源、资金入股合作经济组织。原则上村两委及监委成员、党员要带头出资入股，积极参与农村合作经济组织建设，培树县级示范坝区党支部9个，建立党员志愿者服务队24个，设立党员示范岗、先锋岗100余个，解决土地流转、矛盾纠纷、产销对接等问题1200余个。三是联合创办增动力。按照"龙头企业+合作社+农户"的发展模式，大力引进龙头企业，已建成全国最大的抹茶生产基地、全省最大的冷水鱼和小龙虾养殖基地、全市最大的猕猴桃生产基地和梵净山粤港澳大湾区蔬菜直供基地等，有效解决了集体经济技术不足、人员缺乏等问题，为江口经济社会高质量发展和乡村产业振兴注入了强大动力。

资料来源：《江口县：党建引领村集体经济发展"提档增速"》，贵州省乡村振兴局网站。

六盘水：抓党建促乡村振兴。一是大力推广网格化党组织设置，持续完善组织架构，健全"行政村党支部（党总支、党委）—网格（村民小组）党小组（党支部）—党员联系户"的组织体系，推动"组织建在网格上、党员融入群众中"。二是坚持把软弱涣散党组织整顿作为提升基层党组织凝聚力、向心力和战斗力的关键举措，持续抓好村两委班子运行情况动态监测管理，围绕"六访六看"开展村两委换届"回头看"，通过调研回访排查软弱涣散村（社区）党组织，建立"五个一"联系包保机制，采取"一村一策"整改提升，协调解决实际问题和困难。三是以村两委换届为契机，选优配强村两委班子特别是村党组织书记，推行"五访三荐"工作法"下深水"选人，切实把优秀的干部选出来、用起来，实现了学历年龄的"一升一降"、结构功能的"一优一强"，使村级干部队伍成为巩固拓展脱贫攻坚成果、领航乡村振兴的堡垒先锋。四是坚持树立基层鲜明导向、拓宽选拔任用渠道，注重选拔熟悉乡村振兴、产业发展、基层治理的优秀干部进入乡镇领导班子，注重选调市直、县直机关和企事业单位有培养潜力的年轻干部到乡村振兴任务较重的乡镇挂职，持续加强乡镇领导班子建设。五是采取"点餐式""订单式"培训方式，依托市县党校、岩博现场教学基地、新时代学习大讲堂等培训阵地，组织开展基层干部乡村振兴主题培训，全面提升干部综合素质、履职能力。六是按照分层递进、逐级推荐、定期开展的思路，组织开展乡村党组织书记抓党建促乡村振兴"擂台大比武·书记微论坛"活动。采取走村观摩、擂台展示、书记论坛等形式，聚焦"五比五看"赛成绩、晒成果、比实效，以"党员群众评、行业部门评、相互之间评"现场打分评定等次，营造"比学赶超"的浓厚氛围。

资料来源：《六盘水：抓党建促乡村振兴综述》，贵州省乡村振兴局网站。

安顺经开区："党建+阵地"，打造有"内涵"的乡村。安顺市经济技术开发区以系统思维推动基层党建全面嵌入宜居乡村建设，依托基层党组织这个"主心骨"，依靠党员这个"主力军"，大力实施"党建+乡村振兴"工程，走出了一条党建引领带动宜居乡村建设的道路。一是选好"领头雁"。着力推进村党组织带头人队伍整体优化提升，聚焦选优配强基层党组织"领头雁"，采用"内选、回请、外聘"等多种形式，从致富能手、退伍军人、返乡创业能人、大学生村官、专业合作社负责人中选拔政治素质高、带富能力强、群众威信高的党员担任村党组织书记。采取个人自荐、群众举荐、组织推荐、差额比选等方式，按照"一党员一档案"建立党员信息表，通过数字化、信息化管理，切实做到"一表看全貌"高效快速储备后备干部。改革推行"兵支书"职业化建设，真正选出一支讲政治、有文化、懂市场、会管理、堪大任的带头人队伍，夯实农村基层党组织根基。二是充实"主力军"。充分发挥党员带头作用，利用党员志愿活动日、主题党日活动等，让党员在宜居乡村创建中带头宣传发动、带头参与行动、带头完成任务，从最难打扫、最难整治的区域入手，从自家庭院扫起，从自家的残垣断壁拆起，帮助村内老弱病残户做好环境清理工作，让群众切实感受到生活环境的提升、感受到宜居乡村的创建成果。通过党支部推动干、党员示范干、职工群众学着干，群众从"旁观者"变为"参与者"，广大群众主动参与、主动投身宜居乡村创建，共同缔造美好生活。三是建好"党组织"。研究制定抓党建促乡村振兴工作措施，探索构建"党支部—党小组—党员"网格化党建模式，扎实推进基层党支部标准化规范化建设，党工委班子成员分片联系镇（办）和新型社区，实地跟踪指导党建工作，强化党建考核"指挥棒"作用，加大考核评价力度，连续多年将强化党建引领纳入各级党建述职评议考核。集中精力打造典型样板，并采取以奖代补，激励带动各村（居）实现党建阵地标准化建设覆盖。

资料来源：《安顺经开区：党建"四个加"带动宜居乡村建设》，贵州省乡村振兴局网站。

案例二：云南会理"三个聚焦"抓实党建促乡村振兴

近年来，会理市以抓实基层党建、壮大集体经济和培训能力提升为重要抓手，聚焦规范提升，全面推动基层党建，全力推动全市乡村振兴工作稳中求进，成效初显。

一是在建强堡垒上下功夫。村级党群服务中心规范化建设 2 个，纳入维修计划 11 个，做好防汛减灾、森林草原防灭火、疫情防控等工作的通知，常态化检查督查"三会一课"落实情况，定期调度党建月会等工作开展情况，动员 670 名村两委干部和村级后备力量参加学历提升。

二是在监督管理上下功夫。将《村党组织书记监督管理办法（试行）》

和《关于加强对村干部特别是"一肩挑"人员管理监督的通知》的学习纳入党建月会任务派遣单，结合会理实际，制定《会理市村（社区）干部日常监督管理十六项制度》和《会理市强化村（社区）党组织书记、村（居）委会主任监督管理十项举措（试行）》，进一步抓实基层干部的监督管理。

三是在指导督导上下功夫。会理市高度重视、精心组织，及时制订《会理市乡村换届"回头看"工作方案》，组建了 20 个以市领导为组长、"5+N"联系部门干部为成员、组工干部为联络员的调研指导组，全程指导 20 个乡镇（街道）开展村（社区）两委换届"回头看"工作，对工作中发现的问题由市级领导干部直接反馈给班子成员，立行立改。

四是党建引领，示范带动"多数"，聚焦发展提速，全面增效集体经济。统一登证赋码、全覆盖规范成立 160 个村级集体经济组织，健全运行机制，充分发挥党建引领作用，由村党组织书记通过合法程序担任集体经济组织负责人。每月对扶持村集体经济运营情况进行调度，形成月进度台账，召开退出贫困村集体经济发展座谈会，探索 43 个退出贫困村抱团发展"飞地"产业。充分利用市级集体经济孵化基地，以培训教学、经验分享、做法交流和孵化带动等功能，实现整体发展。通过邀请省州市专家现场授课，到先进典型村学习交流等方式，进一步推动各村集体经济发展。截至 2022 年 8 月，经营性收入超过 10 万元的村 25 个，160 个村和涉农社区均有集体经济收入，实现了"多点开花"。

五是聚焦培训提能，全面开展主题培训。举办以乡村振兴为主题的各类进修班、培训班 54 期，覆盖 2948 人次，其中，乡村干部 2136 人次，遴选 31 名村党组织书记参加省州乡村振兴主题培训调训。培训内容涵盖习近平总书记关于"三农"工作、乡村振兴的重要论述，习近平总书记系列重要讲话精神，党中央、国务院、省、州、市委决策部署。市委组织部和市委党校派专人跟班，组织研讨和实地调研，每期班级开展结业考试，保障培训取得实效。

资料来源：《三个聚焦，抓实党建促乡村振兴》，四川省乡村振兴局网站。

案例三：重庆市忠县党建引领基层治理

重庆市忠县紧扣推进国家治理体系和治理能力现代化建设，坚持以问题为导向，着眼基层最突出、最具体的"关键小事"，聚焦三个群体（市管领导、乡镇干部、支部书记），织密三张网络（"大党委"联席、区域"党建联盟"、党建网格服务），厘清三张清单［全县基层党建项目清单、乡镇党委书记抓党建项目清单、村（社区）书记履职承诺清单］，抓实三级考核（党委书记述职评议、支部书记年度考核、党建网格服务测评），健全三项机制（"五个三"发力，打造充满活力、和谐有序的善治乡村，形成共建共治共享乡村治理格局）。

一是通过市管领导包乡联村、乡镇干部包村联户、支部书记"比学赶超"，凝聚基层治理力量。同时，实施村干部"苗圃"项目，建立乡镇领导实名推荐、联村领导结对培养、乡镇书记定期调度三项机制，回引优秀本土人才，为选任村（社区）书记储备人才。

二是构建"大党委"联席制度、成立区域"党建联盟"、开展网格党建服务，完善基层治理体系。每个党建网格按"1名党员中心户+N名热心党员群众"配备网格员。每个党建联盟由1名乡镇领导任召集人，每季度召开1次联盟会议，轮流由1名村（社区）书记任轮值主席并具体负责会议召开、活动筹办等工作。"大党委"联席制度建立以来，已有86名部门党组织负责人主动下沉社区"办公"，2000余名机关党员干部到社区"报到"认领岗位，390余个群团、非公和社会组织等党建力量向社区倾斜，协调解决难点问题130余个。

三是通过厘清全县基层党建项目清单、乡镇党委书记抓党建项目清单，村（社区）书记履职承诺清单找准基层治理抓手。条目式、清单化梳理全县每年基层党建工作项目任务，坚持以问题为导向，指导乡镇党委书记摸清辖区基层党建工作薄弱环节，指导村（社区）书记按年制定个人年度工作承诺清单，明确具体完成时限，按月通过支部主题党日、"四务"公示栏进行公布公示，接受乡镇党委、党员群众共同监督，确保承诺事项有序推进。

四是抓实党委书记述职评议，抓实支部书记年度考核，抓实党建网格服务测评，压实基层治理责任。2020年以来，有7名村（社区）书记因履职成效不佳被免职，有40余名村（社区）书记被推荐外出学习或评为"标杆"书记。

五是通过健全经费保障机制、定向招录、赋权扩能"三项"机制，强化基层治理保障。对标对表落实村（社区）干部工作补贴、办公经费、服务群众工作经费等组织经费保障，并建立动态增长机制，让村（社区）干部有想头、有盼头。面向优秀村（社区）书记、主任定向招录乡镇公务员，拓宽村（社区）干部晋升渠道，增强村（社区）干部岗位吸引力。

资料来源：《重庆忠县：党建引领基层治理，助力乡村振兴》，重庆市乡村振兴局网站。

案例四：云南保山党组织引领"三变"

云南省保山市隆阳区潞江镇新寨村辖 9 个村民小组 502 户 2082 人，原有建档立卡贫困户 9 户 32 人。近年来，村党总支以党建为引领，按照"不变的是产业，改变的是理念"的思路，推动咖啡传统产业转型升级，已逐步发展成为集咖啡观光、手工体验、农家休闲于一体的旅游目的地，带动群众户均增收 1.5 万元。新寨村党组织引领"三变"（党组织引领由"散"变"聚"、新理念主导由"粗"变"精"、新业态发展由"弱"变"强"）打造"中国咖啡第一村"的主要做法如下。

一是采取"党总支+联合党支部+企业+合作社+基地+农户"的模式。村党总支引进新寨、云黎、纯征、十岸等 10 余家咖啡企业，并组建了咖啡企业联合党支部，形成村党总支牵头抓总、联合党支部统一管理、企业共同发展的互利共赢新局面。建立企业与咖农利益联结机制，党总支牵头成立了金鑫、好伙伴、聚源等 7 个专业合作社，通过统一品种、统一技术、统一收购，种植咖啡农户入社率在 90%以上。全村共种植咖啡 1.36 万亩，占全村耕地总面积的 95%，年产量 4000 余吨，实现收入 7000 余万元。

二是村党总支定期邀请专家、农艺师进行滴灌式精准培训，通过技术讲座、病虫害防治、现场观摩等培训提升种植技术。为切实推广新的种植技术，由村干部和 8 名党员带头种植示范田 160 亩，推广标准化种植示范园 600 亩。同时，企业和合作社以订单式收果转变种植理念，要求咖农采收成熟的咖啡豆鲜果，对鲜果进行统一烘焙和加工，一改过去"红豆""绿豆""不分优劣"一起烘的粗放式生产理念，优质咖啡生豆价格从每千克 15 元提高到每千克60元，让农户收入增加了3倍，增加群众收入600余万元。村党总支积极探索农旅融合模式，依托每年咖啡旅游文化节，探索开发了咖啡园主题乐跑、自行车越野赛、咖啡冲煮赛、咖啡鲜果采摘赛、国际专家论坛等文化旅游活动，年接待游客10万余人，实现咖啡从传统小农生产变为一、二、三产业融合发展。

三是村党总支以建设全国乡村旅游重点村为契机，积极争取实施"四位一体"项目，投入资金155万元，将闲置的老村委会新建成咖啡庄园，建设集咖啡加工体验、咖啡文化展示、咖啡旅游观光、咖啡产品销售、旅游餐饮和住宿服务于一体的第一家咖啡体验馆，为游客提供咖啡文化"一站式"体验服务，体验馆年接待游客6000余人次，实现村集体经济收入43万元。同时，村党总支牵头成立"新寨教育基金"，形成"村集体经济投入+爱心咖啡企业捐助+村民捐资"的模式，对考取重点高中、大学的困难学生给予资助。

资料来源：《保山市隆阳区新寨村：党组织引领"三变"打造"中国咖啡第一村"》，云南省农业农村厅网站。

（二）案例启示

党建兴则事业兴，党建强则发展强。党建引领是筑牢巩固脱贫攻坚成果的"压舱石"，乡村振兴的根本保证在于组织振兴，抓好党建是各级党组织的第一责任，加快发展是各级党组织的第一要务。巩固拓展脱贫攻坚成果与乡村振兴有效衔接时期，加强基层党组织建设的案例启示，主要有以下几点。

一是要高度重视、旗帜鲜明地加强党对乡村各类组织的领导，成立工作推进小组，深入开展对乡村涣散党组织的整治工作和乡村党组织标准化建设，推优选拔一批涵盖农业、交通、法律等领域的骨干党员组建乡村振兴临时党支部，深入田间地头、项目现场开展农技服务、项目督导、社会治理等，全面构建党建领航格局，不断提升基层党组织在实施乡村振兴战略中的引领作用。

二是注重建设高素质、专业化的基层党组织带头人队伍。通过加强对村两委班子成员队伍建设，提升乡村党组织带头人的整体素质，通过区（县）统招、公推直选等方式大力选拔一批敢于做事，敢于担当，有见识、能力强、有创新力的人员进入村两委，回引本地人才，优化党组织成员结构。

三是不断加强对乡村党员的管理和队伍建设。及时开展"三会一课"教育，结合"不忘初心、牢记使命"主题教育，党史教育，不断严肃党内政治生活，严明党纪党规，严厉打击发生在群众身边的微腐败，时刻让党员守住纪律这个底线，使乡村党员队伍建设成为推动乡村振兴的强大力量。

四是坚持将支部建到产业发展、项目建设、基层治理等乡村振兴一线。持续强化农村产业"造血"功能，建立"村党总支+合作社+农户"的发展模式，不断增强群众致富能力。充分利用闲置资源"挖潜力"，壮大村集体经济。以培育"合作性"项目为抓手，整合"强基惠农"股份合作资金，让村民享受集体经济发展红利。建立完善"党总支推动、党支部带动、党员先动、党群联动"的工作机制，健全农村日常卫生整治管理机制，通过制定村规民约，努力提高群众参与意识，营造人人参与的良好氛围。加快补齐农村基础设施短板，以村内道路硬化、太阳能路灯安装、无害化公厕新建、户厕改造为主要内容，改善人居环境。优化"党建+治理+服务"基础网格设置，以小组为单位设置管理网格，党员划在网格内，不断汇聚党员、网格员、志愿者等各方面力量主动参与基层治理。同时，把主题党日、"三会一课"等活动开展在网格上，充分发挥党组织的战斗堡垒作用和党员的先锋模范作用，引导带动广大群众参与村网格治理，推动形成"村中有网、网中有格、格中有事、事中有人、人尽其责"的网格化机制。

第五节　人才引领脱贫攻坚到乡村人才振兴的案例

一、从智力扶贫到人才振兴

人是生产要素中最具能动性和创造力的因素，人才是人力资源中能力与素养较高的群体。从脱贫攻坚到过渡期的巩固拓展脱贫攻坚成果、衔接推进乡村振兴，再到开启乡村的全面振兴，人才始终处于引领地位。

精准扶贫脱贫攻坚时期，习近平总书记先后提出了"治贫先治愚""扶贫必扶智""授人以鱼，不如授人以渔""家贫子读书"的科技教育等能力扶贫理念。2016年7月20日，习近平总书记在东西部扶贫协作座谈会上明确指出，要继续发挥互派干部等方面的好经验、好做法，促进观念互通、思路互动、技术互学、作风互鉴。要加大对西部地区干部特别是基层干部、贫困村致富带头人的培训力度，打造一支留得住、能战斗、带不走的人才队伍。2017年6月23日，习近平总书记在山西省太原市主持召开深度贫困地区脱贫攻坚座谈会时强调：打攻坚战的关键是人，这些年我们在贫困村选派第一书记、驻村工作队，有的还增加了大学生村官。深度贫困是坚中之坚，打这样的仗，就要派最能打的人，各地要在这个问题上下大功夫。否则，有钱也不成事。2018年2月12日，习近平总书记在打好精准脱贫攻坚战座谈会上再次强调：打好脱贫攻坚战，关键在人，在人的观念、能力、干劲。贫困地区最缺的是人才，关键还是要靠本地干部队伍和人才。要打好"乡情牌"，念好"引才经"，激励各类人才到农村广阔天地大显身手。

关于人才振兴。习近平总书记多次强调：乡村振兴，人才是关键。因为"人"是带动城乡间市场、资金、信息、技术、管理和理念等方面密切联动、深度融合的最佳因素，吸引资金回流只是其中的一个方面。为此，各地要营造良好的创业环境，为人才搭建干事创业的平台。事实上，能聚才就能聚财。蓄人才之水养发展之鱼，乡村一定能成为干事创业的广阔天地。要让愿意留在乡村、建设家乡的人留得安心，让愿意上山下乡、回报乡村的人更有信心，激励各类人才在农村广阔天地大施所能、大展才华、大显身手，打造一支强大的乡村振兴人才队伍。2019年10月，习近平总书记对科技特派员制度推行20周年做出的重要指示指出，科技特派员制度推行20年来，坚持人才下沉、科技下乡、服务"三农"，队伍不断壮大，成为党的"三农"政策的宣传队、农业科技的传播者、科技创新创业的领头羊、乡村脱贫致富的带头人，使广大农民有了更多获得感、幸福感。要坚持把科技特派员制度作为科技创新人才服务乡村振兴的重要工作进一步抓实抓好。

《中共中央　国务院关于实现巩固拓展脱贫攻坚成果同乡村振兴有效衔接的意见》提出，保持主要帮扶政策总体稳定，做好人才智力支持政策衔接。延续脱贫攻坚期间各项人才智力支持政策，建立健全引导各类人才服务乡村振兴长效机制。2021 年，中共中央办公厅、国务院办公厅印发的《关于加快推进乡村人才振兴的意见》，以及农业农村部印发的《"十四五"农业农村人才队伍建设发展规划》指出，深入实施现代农民培育计划，突出抓好家庭农场经营者、农民合作社带头人培育，培育农村创业创新带头人，加强农村电商人才培育，挖掘培养乡村手工业者、传统艺人，通过设立名师工作室、大师传习所等，传承发展传统技艺。鼓励高等学校、职业院校开展传统技艺传承人教育。加快培养教育、医疗、文体旅游、科技人才，加强乡镇党政人才队伍、村党组织带头人队伍、一村一名大学生、农村社会工作人才队伍、农村经营管理人才队伍、法律人才队伍建设。

《2022 年全国高素质农民发展报告》显示，中央农广校云上智农 APP 高素质农民注册用户超过 650 万人，全国农民手机应用技能培训辐射超 4000 万人次。2021 年，国家高素质农民培育计划共培养高素质农民 71.7 万人，获得农民技术人员职称、国家职业资格证书的比例分别为 50.68%、18.97%，大中专毕业生、外出务工返乡人员、退役军人、科技人员、大学生村官等新生力量在高素质农民队伍中的占比达到 57.81%。63.39% 的高素质农民为规模农业经营户，平均土地经营面积为 168 亩。51.34% 的高素质农民实现了耕种收综合机械化生产，近 50% 的高素质农民通过加入合作社或与农业企业建立生产经营关系提升组织化程度，27.60% 的高素质农民拥有绿色农产品标识，60.1% 的高素质农民通过互联网购买农资或销售农产品。2021 年，高素质农民农业生产经营人均纯收入为 3.60 万元，是农村居民人均可支配收入（1.89 万元）的 1.9 倍，其中，有 27.83% 的高素质农民农业生产经营人均纯收入大于等于同期城镇居民人均可支配收入。65.04% 的高素质农民对周边农户起到了辐射带动作用，平均辐射带动 21 户周边农户，主要是家庭农场、农民合作社等新型农业经营主体负责人，以农业技术指导、农产品销售等方式，带动小农户与现代农业有机衔接。22.98% 的高素质农民获得县级及以上荣誉或奖励，19.19% 的高素质农民担任村干部，4.58% 的高素质农民担任县级以上人大代表或政协委员，分别比 2020 年提高 2.12、1.45 和 1.59 个百分点。[1] 可

---

① 李浩. 打造乡村振兴的"主力军"：《2022 年全国高素质农民发展报告》发布 ［N］. 农民日报，2023-01-13（6）.

见大力培育高素质农民，发挥人才引领作用，促进农民科技文化素质提升，是全面推进乡村振兴，加快农业农村现代化的重要支撑。

国家发展靠人才，民族振兴靠人才，农业农村的现代化最终依靠人才。脱贫攻坚是乡村振兴的前提和基础，后者是前者工作的延续。从脱贫攻坚时期的智力扶贫到乡村振兴时期的人才振兴，是国家"三农"人才队伍建设战略的一部分。贫困地区最缺少的是人才，却最难留住人才，但巩固拓展脱贫攻坚成果、衔接推进乡村振兴、实现乡村的全面振兴，离开了人才支撑又万万不可能。人才培养需要保持一定的历史耐心，经历几个连续的过程，对脱贫地区而言，过渡期间需要保持帮扶政策总体稳定，尤其是人才帮扶政策总体稳定。长期而言，需要以实际需求为导向，坚持培养与引进相结合，因地制宜打造人才引进清单，不断拓宽人才引进渠道，加大人才引进力度，促进人才下乡、促进人才返乡。除了尽最大能力培养一大批高素质农民外，还需要制定人才激励政策，完善人才公共服务保障和培训机制，用好用活各类人才，让更多优秀人才愿意来到乡村、留在乡村、建设乡村、促进人才兴乡。

二、人才引领脱贫攻坚到衔接推进乡村振兴的案例

（一）典型案例

案例一：打好"引、育、用、留"四张牌

乡村振兴，关键在人。推进乡村振兴必须有人才作为支撑，把党的政策落到实处。南充市在推进乡村振兴过程中，打好"引、育、用、留"四张牌，培育新型基层带头人。

一是紧扣乡愁引人才。对能力强、政治素养高，并且对家乡建设有着特殊情怀的外出经商人员、务工人员、大学生、退伍军人、机关事业单位退休人员进行摸排，根据他们的特长、能力特点纳入专门人才数据库，有计划、按程序吸收为村两委班子成员，壮大村两委和村级后备人才队伍。

二是围绕发展育人才。大力培养"土专家"等本地实用人才，充分发挥传帮带作用，将"洋秀才"和"土专家"结合起来。派驻技术人员指导农民，提高农民技术。针对农业发展需要，有针对性地加强对农民的职业教育、技能培训，加大对传统手工业技术的扶持力度，培育农民职业经理人等新型

职业农民。

三是聚焦高质量用人才。"土专家""洋秀才"对于乡村振兴十分重要，关键是如何发挥其最大效能。要严格执行乡村事务"四议两公开一监督"制度，引导他们主动参与乡村振兴计划和决策；组建新一轮的第一书记、驻村干部队伍，引导和支持各类人才参与农业专业合作社经营，兼职任职。

四是用好制度留住人才。"引进来"是基础，"留得住"是关键。南充市逐步完善人才晋升制度，推动专业人才的职称评定、工资、津贴等和下乡服务挂钩。建立专项资金制度，设置专项资金，确保人才发展和成长，以此增加对人才的吸引力。

资料来源：《打好"引、育、用、留"四张牌，培育新型基层带头人》，四川省乡村振兴局网站。

案例二：锻造懂农业、爱农村、爱农民的乡镇干部队伍

近年来，广西壮族自治区党委认真贯彻党中央精神，聚焦巩固拓展脱贫攻坚成果、全面推进乡村振兴，强化选贤用能，确保各类优秀人才"进得来""能成长""敢担当"，着力锻造一支懂农业、爱农村、爱农民的乡镇干部队伍。

一是坚持"赛场选马"，不拘一格使用人才。从县级以上机关优秀干部中下派，遴选综合素质突出的优秀选调生，面向基层一线，注重选拔善于因地制宜找准发展路径、敢于攻坚克难加快发展步伐的干部，注重选拔"腿脚沾泥、眼睛向下、心连群众"的干部到乡镇任职，是广西着力解决乡镇专业人才缺乏问题的一项举措。同时，坚持"赛场选马"，把乡镇作为培养锻炼干部的重要战场，在乡镇领导班子换届中，优先从乡镇事业编制人员、优秀村党组织书记、到村任职过的选调生、驻村第一书记、驻村工作队员"五方面人员"中选拔乡镇领导班子成员，特别是大力选拔在脱贫攻坚与乡村振兴项目建设一线经过扎实磨炼、经受艰苦考验的优秀干部，注重选拔实绩突出、群众公认的乡村干部进入乡镇领导班子。

二是着眼干部所需，全方位培训培养干部。一方面，按照优势互补、合理有序的原则，积极推进干部在乡镇之间、乡镇与机关之间以及乡镇内部轮岗交流和跨条块、跨系统、跨区域交流，多部门工作锻炼的机会越多，在为

民办事时越有办法、越有资源。另一方面，根据乡镇"条线分工"与"包片负责"的工作特点，健全完善精准化的理论素养提升、全方位的专业能力培养和多维度的实践锻炼机制，加强干部在政策法规、基层党建、产业发展等方面的培训，补短板、强弱项、长本领。针对新提拔乡镇干部本领欠缺、历练不够等问题，推行"导师制"，根据年轻科级干部性格、岗位、经历，选聘工作经验丰富、业务水平高的县处级干部担任导师，通过谈心谈话、项目帮带、研讨交流等方式结对培养。

三是注重关心关爱，激发干部干事创业精气神。措施包括：规范督查检查考核工作，严格控制督查检查考核的总量和频次，实行年度计划和审批报备制度，避免多头考核、重复考核；探索建立乡镇职责准入制度，做到"权随责走、费随事转"，解决困扰基层的形式主义特别是"痕迹主义"问题；县直机关提拔副科级以上干部，优先考虑具有乡镇工作经历的干部，注重从任职时间较长的优秀乡镇干部中遴选自治区、市机关公务员；建立容错纠错机制，出台干部容错纠错办法、容错正负面清单，激励乡镇干部卸下包袱、敢干事、干成事；严格落实乡镇工作补贴和艰苦边远地区津贴有关政策。

资料来源：《广西发力锻造懂农业、爱农村、爱农民的乡镇干部队伍在乡村振兴一线建功立业》，国家乡村振兴局网站。

案例三：黔西南——"五个"功夫激发乡村振兴人才活力

近年来，黔西南州以加快实施乡村振兴战略为目标，以集聚农村各方面优秀人才为落脚点，围绕干事创业，在完善政策机制、抓实人才"引、育、用、留"四大工程，推动人才力量下沉等方面苦下功夫，助力乡村人才振兴。

一是在完善工作政策机制上下功夫。先后印发关于鼓励引导人才向基层一线流动的工作措施、促进劳动力和人才社会性流动体制机制改革的实施方案、推动人才工作高质量发展的十二条措施等政策文件。致力于引进和培育各行业各领域优秀人才向乡村振兴一线流动，对县级以下长期扎根基层一线的企事业单位专业技术人员，突出实践能力、工作业绩、服务年限等评价指标权重，实施职称基层认定。对乡村振兴一线事业单位引进的高层次人才和急需紧缺人才，采用岗位特设、聘用不受限政策，消除乡村振兴基层一线

"引才难、留才难"问题。

二是在围绕人才赋能产业上下功夫。围绕"四新"主攻"四化",签约一批高端人才服务乡村振兴,开通高层次人才引进"绿色通道",引进一批急需、紧缺人才支撑乡村振兴,完善"候鸟式"聘任、专项技术服务、技术合作、东西部及国家对口帮扶等引才育才方式。重点引进经济社会发展急需、紧缺专业技术人才到黔西南州开展挂职帮扶,助力帮扶单位突破关键技术、实现转型升级、促进创新发展,推动更多科研成果在黔西南州转化应用。2021年以来,柔性引进国家部委、东部帮扶城市专家人才700余人,引进省内外高校、科研机构专家1500余人开展技术服务和项目攻关。

三是在抓实乡土人才培养上下功夫。进一步完善职业技能培训政策,围绕乡村振兴大规模、多层次开展市场急需工种培训。推行终身职业技能培训制度,精准开展"菜单式"、定岗定向创业培训,注重培育有志投身乡村振兴实践,乐于建设乡村的专业化乡土人才。着力抓实乡村振兴一线农技人员能力提升培训、特聘农技人员计划、示范主体培育计划。2021年以来,黔西南州完成职业技能培训109615人次,培训基层农技人员770人、特聘农技人员计划10人、示范主体培育计划617户。

四是在推动下沉人才力量上下功夫。积极组织农业、科技、卫生、文化等领域人才和青年志愿者到村开展志愿服务,引导人才向基层流动、在一线成长成才。鼓励乡村规划、文创、旅游等各类高端人才及专业化社会工作者参与农村基层服务。按照"一县一团"方式,整合各类专家人才资源,深入推进"科技特派员""科技先遣队""组团式"等帮扶人才服务基层。建设农村"双创"平台,支持专家下乡、鼓励能人回乡、引导企业兴乡,最大限度给予各类人才返乡创业提供支持,形成"引回一批能人、振兴一方产业、带富一方百姓"的良好局面。

五是在强化人才氛围营造上下功夫。开设"金州英才"专栏,积极宣扬各类优秀人才的典型故事,讲好人才在乡村振兴基层一线建功立业的先进事迹。加强"人才之家""一站式服务中心"建设,办理发放"黔西南州高层次人才服务卡",切实解决人才子女入学、职称评审、医疗服务、生活保障等"关键小事"。将基层优秀人才代表纳入党委联系服务专家范围,让专家人才积极为乡村振兴建言献策，不断增强人才荣誉感、自豪感、归属感。

资料来源：《黔西南："五个"功夫激发乡村振兴人才活力》，贵州省乡村振兴局网站。

案例四："三雁"工程为乡村振兴赋能

近年来，兴义市七舍镇以"三雁"工程为抓手，着力建设一支素质更高、能力更强、活力更足的乡村振兴工作队伍，为巩固拓展脱贫攻坚成果同乡村振兴有效衔接，全面推进乡村振兴取得新成效提供了坚强的人才保证。

一是树"头雁"，激活振兴驱动力。实施驻村干部"头雁"领航工程，坚持从严审核把关人选，综合考虑年龄、学历、特长、知识结构等因素，把党性强、能力好、素质高、作风优的干部选派到村担任乡村振兴驻村干部，依托镇党校通过"集中轮训+实地观摩+专题培训"的方式分领域、分专题开展驻村干部培训，运用驻村干部专业特长和资源优势，向所驻村提供产业指导、农技服务、法律咨询等。截至 2022 年，七舍镇 6 个"五类村"因村派人、精准派驻驻村干部 23 人。其中，驻村第一书记 6 人，驻村队员 17 人；大专及以上学历 23 人：农业人才 15 人（助理农艺师 5 人、农艺师 8 人、高级农艺师 2 人），政策法规人才 1 人，规划设计人才 2 人，法学专业人才 2 人，电商、旅游类人才 3 人；开展驻村培训 4 期。第一书记带领驻村工作队、村两委成员到乌沙、白碗窑、龙广、德卧考察冬瓜、韭菜、食用菌等特色产业 6 批次；引导群众种植食用菌 33 亩，带动 22 户农户年增收 4000 余元。

二是育"雏雁"，锻造振兴生力军。实施后备干部"雏雁"培育工程，依托党政班子成员包村、一般职工包片、村常务干部包户"三级网格化管理机制"，逐村逐户摸清各村人才结构。实施村级后备干部培养计划，紧盯致富能手、大学毕业生、复转军人、专业合作社负责人等优秀群体，逐村建立村级后备人才库。实行帮带培养、试岗锻炼、定期考察、动态管理，由党政领导、驻村第一书记、村党组织书记一人帮带一名后备干部，每月给予生活补贴 2000 元，并为其购买相应保险，以搭平台、教方法等方式，到村跟班培养，提前参与乡村振兴各领域工作，实习式试岗锻炼，提升履职能力和群众认可度，确保进得来、待得住、干得好。截至 2022 年，共储备 35 岁以下后备干部 48 人，通过笔试、实操、面试等环节层层选拔纳入后备干部培养 18 人。其中，到镇级跟班培养 6 名，到村试岗锻炼 12 人；大学毕业生 8 人，退役军人 4 人，外出务工能人 6 人。

三是强"群雁"，跑出振兴加速度。实施党员群众"群雁"带动工程，推广党员联系户、党员承诺践诺、党员户挂牌以及"红马甲"志愿服务等群众自发参与乡村治理新模式，鼓励引导党员带头创办新型农业经营主体、带头发展产业项目，积极协调给予项目、资金、技术支持，实现党员群众"双增收"。截至 2022 年，共吸纳 150 余名党员、群众成立乡村治理志愿服务队 9 支，绘制"讲文明·树新风"墙绘作品 35 幅（共 800 余平方米），开展人居环境整治 240 余场次，乡风文明、普法宣传 620 余场次，打造了肉牛养殖、茶叶、蔬菜、魔芋种植党员带富示范基地 5 个，培养党员致富能手 18 人、乡村工匠 24 人，党员致富能手结对帮带群众 180 余户。

资料来源：《"三雁"工程为乡村振兴赋能》，贵州乡村振兴局网站。

案例五：着力培养农村实用人才

重庆通过选才、引才、育才措施，累计培育农村实用人才 52.7 万人，为推进乡村全面振兴提供了人才支撑。据了解，重庆先后认定农村致富带头人 2000 名，高素质农民 2.5 万人，培育农村实用人才 52.7 万人、农技人员 5741 人，激励了各类人才在农村广阔天地大施所能、大展才华、大显身手。

针对农村缺少人才问题，重庆因地制宜出台了一系列选才、引才、育才措施。如在"引得进"上，持续跟进本土人才回引政策制定，拓宽畅通乡村人才来源渠道，让愿意留在乡村的人有舞台。力争每个村挂职、创业本土人才保持在 1 名以上，每年安排入乡科技特派员保持在 2000 名以上，每年资助 30 个以上的乡村振兴专家服务团队扎根乡村，服务乡村。

在"留得住"上，通过制定系列政策文件，激励各类人才扎根乡村、加快成长，让愿意建设乡村的人有奔头。比如，铜梁区兑现安家费补贴、生活补贴、"五险一金"等待遇，出台《龙乡人才政策十条》《农业科技人才和经营管理人才激励机制》等，引导各类人才深入乡村大展身手。

在"用得好"上，重庆出台了《农村致富带头人培养行动实施方案》，即以高素质农民队伍为"人才库",以新型农业经营主体为"孵化器",着力打造一支创业能力强、经营水平高、带动作用大的农村致富带头人队伍,让愿意上山下乡的人能大展才华。

资料来源:《重庆着力培养农村实用人才累计达52.7万人》,国家乡村振兴局网站。

（二）案例启示

西南山区脱贫地区着眼于乡村振兴长期需要,想方设法吸引人才,激发人才活力,培养造就一支懂农业、爱农村、爱农民的"三农"优秀人才队伍,尽快补齐农村发展人才的短板,为巩固拓展脱贫攻坚成果、全面推进乡村振兴、加快农业农村现代化夯实人才基础。

一是积极回引人才,不断壮大乡村人才队伍。对各领域专家做到能引尽引,但专家是稀缺资源,尤其是"候鸟型"专家有时也难以解决一些紧迫的现实问题。爱农业、懂技术、会经营的高校毕业生、退伍军人、返乡创新创业城市人才,正在成为农村创业创新和乡村振兴战略实施的骨干力量。他们积极投身新品种种植养殖、新技术开发、新模式管理等领域,"触角"逐渐伸向农村电商、民宿、乡村旅游、文创等高附加值新兴产业,是各地区通过人才振兴支撑乡村全面振兴的一致做法。

二是人才有意愿,支持和优惠政策还需要有诚意。要努力提供完善的乡村人才支持政策,为各类人才搭建干事创业的平台,营造良好的创业环境及适合人才成长的好氛围,制定人才创业金融支持、技术入股个人所得税优惠等政策,鼓励有条件的地区对"土专家""田秀才""乡创客"开展人才职称评审、发放人才证书和补贴。加强乡村人才组织保障,加强对人才的关心关怀,解决好住房和子女教育问题,激励他们在农村广阔天地大展才华、大有作为,让愿意留在乡村、建设家乡的人留得安心,发展得顺心。

三是以专业带产业,加强科技成果转化,注重本土人才培育。要坚持"把培训办在产业链上",依托各地特色产业基础,开设产业小班,针对性开展生产技术培训,点对点地帮助农民解决难题,培训新型职业农民、专业合作社负责人、返乡农民工等"智慧村民""土专家""田秀才",切实让当地村民享受产业发展红利，学到技术本领。

四是线上、线下培训相结合，创新培养方式。可购买专家服务进行远程授课，可利用农业农村部开放资源，可邀请专家现场指导。通过建立与各领域专家的定向联系机制，建立急难技术问题应急响应和解决机制，充分利用好田间地头和生产车间，把远程指导与现场教学有机结合起来，把共性问题的常规解决与突发问题的应急解决统筹起来。

第七章

西南山区衔接推进乡村振兴的共性困境
与障碍因素

按照习近平总书记"四个不摘"工作要求,"十四五"时期巩固拓展脱贫攻坚成果除持续对已摘帽贫困县、已出列贫困村给予帮扶外,巩固的重点区域还包括整体发展水平偏低、脱贫基础相对薄弱、相对贫困人口比例较大的已摘帽县和已出列村,以及脱贫攻坚期间获得政策支持较少、基础设施落后、基本公共服务条件较差、产业规模小、经济发展缓慢、村级集体经济薄弱的非贫困村。这些地区的普遍特征是地多人少、土地贫瘠、农村"空心化"、农民老龄化、土地荒芜,交通基础设施短板突出,公共服务供给不平衡,医疗、卫生、教育、就业和社会保障等公共事业的城乡之间发展不平衡等问题突出,自然灾害时有发生,乡村经济社会发展基础薄弱。一些地方由于历史原因,社会文明程度较低,社会发育仍然滞后,不少群众沿袭陈规陋习,自我发展能力偏低、内生发展动力不足,财政转移支付依赖程度高,市场经济活力弱,低收入人群集中,脱贫人口返贫压力大。

第一节 脱贫基础不稳固

一、历史贫困惯性大

西南地区,中国地理分区之一,东临中南地区,北依西北地区,大致包括重庆、四川、贵州、云南和西藏。学界研究西南山区,重点研究的是四川、贵州、云南和重庆。西南地区地形以山地丘陵为主,山高谷深,丘陵山地面积占土地总面积的 92.6%，山地面积占 76.3%，而且地形破碎化程度高，季节性降雨集中，土壤侵蚀力度大、冲刷面广，石漠化现象严重。如贵州，山地比例高达 92.5%，且多是喀斯特地形。区域总人口中，农业人口占比高，由于平原面积小，加上生态环境恶劣，西南山区 204 个贫困县覆盖了全国 14 个脱贫攻坚主战场的 6 个（见表 4），占比为 42.86%，属于国家精准扶贫政策的重点倾斜区，长期存在贫困人口多、贫困覆盖范围广、贫困程度深的贫困治理难题。

表 4　西南四省份所属连片特困区及包含的县、区（市）名单

连片特困区	省份	县、区（市）
秦巴山区 （20 个）	重庆	云阳县、城口县、奉节县、巫山县、巫溪县
	四川	北川羌族自治县、平武县、元坝区、朝天区、旺苍县、青川县、剑阁县、苍溪县、仪陇县、宣汉县、万源市、巴州区、通江县、南江县、平昌县
武陵山区 （22 个）	重庆	丰都县、石柱土家族自治县、秀山土家族苗族自治县、酉阳土家族苗族自治县、彭水苗族土家族自治县、黔江区、武隆区
	贵州	正安县、道真仡佬族苗族自治县、务川仡佬族苗族自治县、凤冈县、湄潭县、铜仁市、江口县、玉屏侗族自治县、石阡县、思南县、印江土家族苗族自治县、德江县、沿河土家族自治县、松桃苗族自治县、万山区
乌蒙山区 （38 个）	四川	叙永县、古蔺县、沐川县、马边彝族自治县、屏山县、普格县、布拖县、金阳县、昭觉县、喜德县、越西县、美姑县、雷波县
	贵州	桐梓县、习水县、赤水市、毕节市、大方县、黔西县、织金县、纳雍县、威宁彝族回族苗族自治县、赫章县
	云南	禄劝彝族苗族自治县、寻甸回族彝族自治县、会泽县、宣威市、昭阳区、鲁甸县、巧家县、延津县、大关县、永善县、绥江县、镇雄县、彝良县、威信县、武定县

续表

连片特困区	省份	县、区（市）
滇黔桂 石漠化区 （51 个）	贵州	六枝特区、水城县、西秀区、平坝区、普定县、镇宁布依族苗族自治县、关岭布依族苗族自治县、紫云布依族苗族自治县、兴仁市、普安县、晴隆县、贞丰县、望谟县、册亨县、安龙县、黄平县、施秉县、三穗县、镇远县、岑巩县、天柱县、锦屏县、剑河县、台江县、黎平县、榕江县、从江县、雷山县、麻江县、丹寨县、荔波县、贵定县、独山县、平塘县、罗甸县、长顺县、龙里县、惠水县、三都水族自治县、瓮安县
	云南	师宗县、罗平县、屏边苗族自治县、泸西县、砚山县、西畴县、麻栗坡县、马关县、丘北县、广南县、富宁县
滇西边境区 （56 个）	云南	隆阳区、施甸县、龙陵县、昌宁县、玉龙纳西族自治县、永胜县、宁蒗彝族自治县、宁洱哈尼族彝族自治县、墨江哈尼族自治县、景东彝族自治县、景谷傣族彝族自治县、镇沅彝族哈尼族拉祜族自治县、江城哈尼族彝族自治县、孟连傣族拉祜族佤族自治县、澜沧拉祜族自治县、西盟佤族自治县、临翔区、凤庆县、云县、永德县、镇康县、双江拉祜族佤族布朗族傣族自治县、耿马傣族佤族自治县、沧源佤族自治县、双柏县、牟定县、南华县、姚安县、大姚县、永仁县、石屏县、元阳县、红河县、金平苗族瑶族傣族自治县、绿春县、勐海县、勐腊县、漾濞彝族自治县、祥云县、宾川县、弥渡县、南涧彝族自治县、巍山彝族回族自治县、永平县、云龙县、洱源县、剑川县、鹤庆县、潞西市（现芒市）、梁河县、盈江县、陇川县、泸水市、福贡县、贡山独龙族怒族自治县、兰坪白族普米族自治县
四省藏区 （17 个）	云南	泸水县（现泸水市）、福贡县、贡山独龙族怒族自治县、兰坪白族普米族自治县
	四川	汶川县、理县、茂县、松潘县、九寨沟县、金川县、小金县、黑水县、马尔康市、壤塘县、阿坝县、若尔盖县、红原县

资料来源：根据国务院原扶贫办网站公布的相关数据整理。

2015 年，党中央国务院做出了打赢脱贫攻坚战的决定，全党全国进一步加大扶贫力度，脱贫进入攻坚阶段。据全国农村贫困监测调查，2015 年，农村贫困人口规模在 300 万以上的连片特困地区有 5 个，其中有 4 个在西南山区

（见表5），分别是滇黔桂石漠化区398万人，贫困发生率15.10%；武陵山区379万人，贫困发生率12.90%；乌蒙山区373万人，贫困发生率18.15%；秦巴山区346万人，贫困发生率12.30%。连片特困地区农村居民收入水平相当于全国农村平均水平的65.90%。

2015年，西部农村贫困人口2914万人，贫困发生率10%，贫困人口占全国贫困人口的比重为52.3%，即全国一半以上的农村贫困人口集中在西部地区，而连片特困地区农村贫困人口2875万人，贫困发生率13.9%。可见，全国农村贫困人口主要集中于西部连片特困地区，为贫中之贫、困中之困。贫困的成因极其复杂，是历史、地理、自然、经济、文化多因素综合作用的结果，贫困历史的长期性和贫困人口的巨大规模均会导致贫困的巨大惯性，延续到后扶贫时期和后小康社会时期。

表5　连片特困地区农村贫困人口规模300万人以上一览

连片特困区	贫困人口规模（万人）	贫困人口占比（%）	贫困发生率（%）
滇黔桂石漠化区	398	13.80	15.10
武陵山区	379	13.20	12.90
乌蒙山区	373	13.00	18.15
秦巴山区	346	12.00	12.30

资料来源：《2016年中国农村贫困监测报告》。

二、现时返贫风险高

经过脱贫攻坚战，西南山区四省份贫困人口、贫困村、扶贫重点县均实现了脱贫出列。连片特困地区农村居民收入与全国农村平均水平的差距持续缩小，西南山区四省份农村居民收入增长速度均高于全国农村平均水平，基础设施明显提升，教育、医疗卫生条件获得明显改善，耐用消费品拥有量不断增加，生产生活条件得到明显改善。2021年年初，中国宣布脱贫攻坚战取得全面胜利，历史性地解决了绝对贫困问题。虽说已经整体脱贫，但由于部分脱贫人口主要是依靠外部力量实现的脱贫，并没有完全具备扩大生产、积累财富的主动意识、条件和能力，还有不少脱贫人口仍然处于临界线的边缘。重点帮扶县人均GDP仅为全国的1/3，一般公共预算收入不到全国的1/6，人均耕地灌溉面积不到 1/12，农村人均用电量刚刚超过 1/3。① 在一定程度上存在因灾返贫、因病返贫、因事返贫、因学返贫、因老返贫等情况。四川、贵州等地认为自身有返贫风险的脱贫人群，主要是以因病、因残、因缺劳动力致贫的群体为代表，其占比高达 70%。②

　　西南山区农村长期存在贫困面广、贫困程度深的治理难题，是反贫困斗争的重点地区。尽管 2020 年年底已全面消除农村绝对贫困，但是由于区域差距、城乡差距较大，农村土地贫瘠，技术发展较为落后，交通基础设施短板突出，乡村聚落分散、地多人少、耕地资源短缺、自然灾害时有发生等原因，整个区域的脱贫基础整体还比较薄弱。由于贫困人口脱贫基础薄弱，部分脱贫人口对政策性补贴收入依存度高，收入结构不尽合理，未能真正走上依靠产业实现稳定可持续发展之路，一旦脱离政策支持，就会存在脱贫后返贫的隐患。近两年，受疫情影响，巩固脱贫攻坚成果更是面临艰巨挑战，对主要收入来源为务工工资性收入的那部分脱贫群众影响最大，家庭收入出现较大的不稳定性波动。此外，一些自然灾害严重的地区也出现一些局部性问题，农产品销售面临的一些挑战，给脱贫群体的经营性收入带来一定影响。14 个连片特困区两大战略整体处于勉强协调状态③，边缘人口以及因缺乏照顾、赡养的留守儿童、留守老人以及"嵌隐"在非贫困户或脱贫户家庭中的隐性贫困人口中存在致贫和返贫风险，防止返贫和新增贫困人口的压力还比较大。因此，除了巩固和提升"两不愁三保障"水平外，还需要做好农村致贫和返贫人口监测预警，建立多级帮扶响应机制，防止出现规模性返贫现象。

三、存在路径依赖制约

　　路径依赖源于物理学中的惯性理论，制度经济学家道格拉斯·诺斯用于解释经济制度的演进，后来被广泛应用于解释选择和习惯行为的各个方面。

---

① 黄承伟. 脱贫攻坚有效衔接乡村振兴的三重逻辑及演进展望［J］. 兰州大学学报（社会科学版），2021，49（6）：1-9.

② 蒋永穆，祝林林. 扎实推动巩固拓展脱贫攻坚成果同乡村振兴有效衔接［J］. 马克思主义与现实，2021，174（5）：98-104.

③ 李书奎，任金政. 战略衔接期内连片特困地区脱贫质量再认识［J］. 湖北民族大学学报（哲学社会科学版），2021，39（6）：103-113.

人们一旦选择走上了某一路径，就会在以后的发展中得到不断的自我强化，变成习惯或下意识的自觉。前面的知识影响着后面的选择，已有的知识、观点和方法通常很难改变，几乎是"没有摩擦地传递下去"，尽管它已经变得不合适，但下意识的习惯会自动提供结果，使选择一而再、再而三地回到习惯的轨道，甚至不在乎个别事实与之发生矛盾，变成发展的障碍。需要适时打破人们的精神习惯、行为模式、思维方式，驱散人们熟悉而接受的观念，重新审视和建立新的规则及制度。脱贫攻坚时期，因存在考核压力，部分帮扶单位和干部采用了给钱给物的"短平快"式帮扶，尽管帮助贫困户实现了收入脱贫，但是使部分脱贫群众养成了"等靠要"的习惯。这些过于慷慨的救助，不仅弱化了部分脱贫人口找工作的压力和动力，而且对工作变得更挑剔。也有部分农村脱贫人口习惯传统的生活方式，对当前的生活水平感到很满足，不为有风险、有困难的额外收入所动。经济学家威廉·阿瑟·刘易斯认为，经济增长既取决于人类的努力（是否愿意努力以及努力的程度），又取决于人类的欲望和欲望增长的程度。改革开放以来，尤其 1986 年国家实施大规模扶贫开发以后，连片贫困地区一直是国家财政转移支付和社会各界帮扶的重点地区，几十年的大规模帮扶使贫困地区的部分官员和群众习惯了救助，形成了农户可持续生计、贫困地区可持续发展的阻力。巩固拓展脱贫攻坚成果，实现乡村的全面振兴，必须首先纠正路径依赖，强调自力更生，恢复以工代赈的乡村共建传统。

第二节　衔接思路不清晰

一、思想站位不够高

脱贫攻坚旨在扶弱，借助改革开放积累的财富和经验，可以通过短时间的强化扶持完成消除绝对贫困状况的任务。因此，脱贫攻坚，胜非其难也。但贫困弥久之农户，其内生动力、可持续生计能力的培养并非一日之功，发挥主观能动性可以缩短产业致富的时间，但产业培育的周期性规律最终难违，区域产业发展整体滞后对农村产业成长的制约在短时间内也难有根本性扭转，脱贫地区防止返贫和新致贫的任务还很重。因此，稳定脱贫，持之者其难也。

巩固拓展脱贫攻坚成果与乡村振兴有效衔接时期，脱贫地区干部主要存在两种思想认识的偏差。一是认为脱贫攻坚战已经打赢，贫困户已经脱贫，帮扶任务已经完成，而乡村振兴又是非常遥远的事情，一个人的精力和能力有限，功成不必在我，可以"歇歇脚""松口气"。二是对巩固脱贫攻坚时期行之有效的帮扶机制和政策体系认识不足，认为可以沿用脱贫攻坚战时期的攻城拔寨的突击做法，利用较短时间解决脱贫不稳定问题，并夯实乡村振兴基础，目前只需要耐心等待上级行政命令和决策，随后把衔接资金和项目用好就行。

思想是行动的先导。一些脱贫地区的"三农"工作在思想和行动方面还停留在脱贫攻坚层面，应尽快解决脱贫攻坚与乡村振兴衔接转型期带来的困惑，克服"歇歇脚""松口气"的思想，继续发扬"上下同心、尽锐出战、精准务实、开拓创新、攻坚克难、不负人民"的脱贫攻坚精神，解决好衔接资金性质把握不够准确、项目库建设不够规范、资金项目实施进度不够理想、扶贫项目资产后续管理不够扎实等问题，落实落细各项帮扶举措，持续推进脱贫地区，尤其是原深度贫困县乡村发展。

二、发展规划不够科学

过渡期前向衔接乡村振兴，后向巩固拓展脱贫攻坚成果。脱贫地区既需要保持时不我待、奋力追赶的精神，又需要保持战略定力和历史耐心，统筹经济社会发展的阶段性特征、历史文化传统、生态资源状况、区域定位，系统谋划、阶段推进过渡期重点任务。乡村振兴规划要综合考虑土地利用、产业发展、居民点布局、生态保护和历史文化传承等因素，适应村庄发展演变规律，科学布局乡村生产生活生态空间，分类推进村庄建设。但过渡期无规划、粗规划、乱规划问题在西南脱贫地区比较突出，主要原因是过分强调了过渡期的过渡属性，而忽略了过渡期巩固拓展脱贫攻坚成果、夯实乡村振兴基础对西南脱贫地区实现农业农村现代化的战略意义。

一是过渡期无规划。检索发现，除台湾、澳门、香港外，大陆（内地）各省份均编制了"关于加快实现巩固拓展脱贫攻坚成果同乡村振兴有效衔接的实施意见"，但截至 2022 年年底，仅有宁夏、湖南、云南等少数省份编制了"十四五"时期推进衔接的专项规划，市县一级更是鲜见。无规划在实践中导致任务主次关系混乱、前后次序颠倒，基层频发"短视"和"乱作为"现象，使乡村发展方向、发展道路和发展举措因缺乏科学谋划而失去互为支撑的行为协同效力。

二是过渡期粗规划。粗规划的实质是为规划而规划，规划粗枝大叶、放之四海而皆准，对现阶段及未来发展中诸多变量因素如科技水平、疫情影响、生活方式、思想变化等考虑不足，认为巩固脱贫成果难度不大、没有准确把握有效衔接的艰巨性、长期性、战略性，也就难以完全做到着眼当前、立足本地、面向长远，对定位"区域协调发展"进行细致谋划，没有保持足够的历史耐心。

三是过渡期乱规划。乱规划的典型特征是论证不充分、设计不合理、可操作性不强，不符合本地实际、不符合农民意愿，好大喜功、华而不实、搞表面文章，盲目建设，随意上项目，导致资金下达后，找不到具体投向。对发展什么、依靠什么发展，怎么样实现发展、发展资金怎么来，能不能发展好等问题，没有进行科学的、周全的实地调研，片面认为乡村振兴就是大拆大建、乡村就是城市的"缩小版"。模仿城市改造乡村，缺乏系统思维的规划，要么农民不知情，要么与农民不相关，均会因为规划的内容不可行而成为无法落地的"画饼"规划，不但不会为农村农民带来收益，还可能造成资金和资源浪费。

三、资产底数不够精准

相关数据显示，自开发式扶贫启动以来，中央财政扶贫资金年均增长率连续 20 年保持在 10% 以上，1986—2010 年，中央财政扶贫资金已累计达 2173.42 亿元。2012—2020 年，我国中央财政专项扶贫资金累计投入 6896 亿元，每年投入规模由 2012 年的 222.7 亿元增加至 2020 年的 1461 亿元。特别是，2016—2020 年，每年新增中央财政专项扶贫资金超过 200 亿元，年均增长率接近 30%，且主要投入西部深度贫困地区。① 2022 年，中央财政预算继续安排衔接推进乡村振兴补助资金 1650 亿元，专门用于支持巩固拓展脱贫攻坚成果同乡村振兴有效衔接，同口径较 2021 年增加 84.76 亿元，增长率 5.4%，其中，产业扶贫资金占比约 50%。② 此外，各级地方政府配套及全社会捐赠的资金规模也不可小觑。如此大规模的扶贫资金投入已经在贫困地区尤其在西部深度贫困地区形成了规模庞大的扶贫项目资产，包括基础设施、公共服务、产业发展（资产收益）以及易地扶贫搬迁类资产等。

对项目资产进行全面摸底、分类建立管理台账，避免闲置资产浪费，是近年来政府、社会各界、广大群众关注度比较高的问题。重新赋能这些资产，逐步建立扶贫项目资产的长效运行管理机制，确保资产稳定良性运转，不仅有利于提升扶贫资源利用效率，还能够为巩固拓展脱贫攻坚成果、推动乡村的全面振兴提供更好的保障。对此，2021 年我国"十四五"规划纲要明确提出要"加强扶贫项目资金资产管理和监督"。国家乡村振兴局等部门也出台了《关于加强扶贫项目资产后续管理指导意见的通知》等一系列政策文件，要求摸清资产规模、推进项目确权、落实管理责任、完善管护运营、规范收益分配，实现其高效利用以及保值增值。

就当前来看，这些扶贫资产有的作用越来越突出；有的则出现低效浪费的情况，面临着产权、责任、利益不够明晰，后续管理难以到位等问题，部分地区的扶贫资产管理甚至陷入"无人管""多头管""管不好""还想管"的困境。产权不明确的交易会引发各种混乱，不知道自己有多少资源，不知道手里的资源是不是稀缺的，也不知道资源如何分配才是效用最大的最佳配置，这些问题看似不可能但实际显而易见。针对帮扶资产管理权属不清、底数不清、资产收益分配不合理、资产处置不合规，帮扶资产后期管护力量与政策缺失，以及由此带来的帮扶资产流失等问题，一些地方进行了创新探索，如允许扶贫资产进入农村产权交易市场等，但由于配套政策不完善，仍然难

---

① 于树一，李木子，黄潇. 我国贫困治理现代化："精准"取向下的财政扶贫资金发展 [J]. 山东社会科学，2020，303（11）：144-149.

② 财政部："三聚焦"用好 1650 亿元衔接资金巩固拓展脱贫攻坚成果 [N]. 通州日报，2022-03-22（4）.

以激发扶贫资产的增值潜力。大多数扶贫资产，特别是经营性扶贫资产与脱贫村、脱贫人口的关联度较弱，有的甚至仅限于收益分红，没能真正激活村庄的内生发展资源，也没能真正结合实际促进乡村产业发展，更没有起到提升脱贫地区及脱贫人口内生发展动力的作用。

第三节 产业增收存在多重困难

因为西南山区山地丘陵面积大，资源禀赋条件特色鲜明，具备提供多样化农产品的优势，而且农民对农业及关联产业有感情、最熟悉、易上手，帮扶单位容易完成帮扶任务成为产业帮扶的首选，所以西南山区的扶贫产业大多是农业产业。这些产业确实在带动贫困人口增收、脱贫人口致富方面发挥了很大作用，但这些扶贫产业项目普遍存在产业发展层次低、产品空间稀疏形不成集聚效应，产业链条短，产品附加值低，同质化程度高，竞争力不强，组织化和市场化程度不高，对政策依赖性强，融合带动能力差等诸多问题。这些问题不可避免地带来多重风险，增加了产业在促农增收上的不确定性。

一、产品同质竞争

前期调研不充分，缺乏缜密论证，项目入库缺乏区域统筹，项目申报只求数量不求质量，产业单一、同质化严重，很容易遭遇市场饱和、产品滞销、价格下跌风险。如一些地方推动的"一村一企"计划，村村立项，不仅每个项目规模弱小，还难免出现产业或产品同质化、同时争抢相同资源和市场的恶性竞争。以茶叶产业为例，贵州虽已有都匀毛尖、遵义绿茶、安顺黄果树绿茶等规模较大的茶产业，但在脱贫攻坚时期以及过渡时期仍然新上了一大批茶叶种植和绿茶初加工基地，这些茶场规模小，没有与龙头企业建立稳定的联合关系，技术支援获得不及时、标准化生产和营销网络体系的维持难度很大，很容易陷入生存型低价竞争，破坏贵州茶叶整体对外形象。又如，西南山区基于山地特色，探索研究出了集文化教育、观光体验、休闲创意等特色功能于一体的生态文化旅游融合的多产业项目融合发展模式，通过发挥区域种植、养殖特色，合理系统地设计和规划，建设乡村商业品牌，充分利用品牌效应，同时依靠当地特色的民俗文化、生态田园风光等优质旅游资源，提供多种多样的体验式游玩服务，让游客充分地沉浸式观光畅游，创新打造了一批特色鲜明的农业与乡村旅游休闲示范区，创建了具有地方特色的旅游主体功能区，形成了特色突破、多极拉动的旅游模式。但是，区域与区域之间、产业与产业之间联动性不强、互补性不足等问题也比较突出，重庆、四川、贵州、云南大部分的农文旅融合项目大同小异，周末本地近郊休闲旅、重大节假日远足旅的选择难度都比较大，主要原因是文化传承、乡土风俗、民族风情等要素的融合不够，高品位、多样化、特色化发展不足，尤其未将当地特色的旅游产品挖掘和开发出来，引发节假日激烈的价格战和客源争夺战，使这些项目面临吸引力逐渐下降、持续性逐渐降低、生命周期逐渐缩短和客源市场逐渐萎缩的困境。

二、产业要素接续供应不足

农村一、二、三产业融合发展，离不开劳动、资本、土地、知识、技术、管理、数据等生产要素支撑。西南地区农村多以低效低质的传统农业为主，仅依靠内生力量的缓慢积聚，很难完成由传统农业到现代农业的改造，需要多元、连续、稳定的投入为起飞提供支撑。据财政部网站信息，2021 年中央财政安排衔接资金 1561 亿元，比 2020 年增加 100 亿元[①]，下达资金总量的70% 投向西部省份，其中，用于产业发展的比例超过 50%。2022 年，中央财政衔接推进乡村振兴补助资金 1650 亿元，同口径较 2021 年增加 84.76 亿元。各省区市也根据巩固拓展脱贫攻坚成果同乡村振兴有效衔接的任务需要，在年度预算中安排了一定规模的本级衔接资金，以保持投入力度总体稳定。以2022 年为例，贵州省安排省级财政衔接乡村振兴补助资金 8 亿元，重庆市市级补助资金 3 亿元，四川省省级补助资金 65.3 亿元，云南省省级衔接推进乡村振兴补助资金（以工代赈任务）3500 万元，广西壮族自治区本级财政衔接推进乡村振兴补助资金 43.5 亿多元，要求专款专用、专账核算。资金不可谓

---

① 助力脱贫攻坚成果与乡村振兴有效衔接：今年中央财政将安排衔接资金 1561 亿元
[N] . 经济日报，2021-04-01（8）.

不多，监管不可谓不严，但参与扶贫产业项目的经营者普遍反映，项目启动时资金充裕，后续经营阶段却经常面临资金短缺甚至资金链断裂的问题，难以持续经营。资金供应不足的主要原因是：一方面，扶持资金太少，政府扶持的资金虽然总量大，但需要资助的企业多，平均下来杯水车薪；另一方面，自身的积累能力弱，以及本地区的融资环境差。除了资金以外，项目扩大规模和延伸业务所需土地、新技术以及支撑技术更新所需的高素质复合型人才、网络信息基础设施等生产要素都处于短缺状态。产业要素接续供应的风险降低了农村一、二、三产业融合发展的稳定性和收益的可预期性。

三、新型农业经营主体发展不充分

一是家庭农场规模小、营收能力弱。2021 年，四川省评定成都嘿香猪家庭农场等 350 个家庭农场为第七批家庭农场省级示范场。2020 年，云南省共 188 个家庭农场；2021 年，云南省新评定省级示范家庭农场 105 个。截至 2021 年年末，云南省共有 7.67 万个家庭农场。2021 年，贵州省新评定省级示范家庭农场 320 个、家庭农场示范县 5 个；截至 2022 年年末，贵州省共有省级示范家庭农场 1716 个、示范县 8 个。联合国粮农组织的研究数据显示，经济作物不低于 170 亩、粮食作物不低于 300 亩的农业经营规模才具有国际竞争力。据统计，目前国内平均每个家庭农场经营面积为 200 亩，西南山区平均每个家庭农场经营面积大约为 72.4 亩、经营收入 23.01 万元。按照 300~400 亩的为中型家庭农场，600~700 亩的为大型家庭农场的流行划分法，西南山区的家庭农场主要为小农场，主要劳动力为家庭成员，长期雇工低于 2 人，不少从事种植业的农户仍然是小农户。总体来看，家庭农场和专业大户发展势头较好，在保障重要农产品有效供给、提高农业综合效益、促进现代农业发展等方面发挥着重要作用，当前存在的主要问题是经营规模小、经营成本高、营收能力弱。

二是农业龙头企业实力不强，数量较少，带动作用不明显，尤其国家级和省级农业龙头企业相对较少。大部分农产品加工企业仍处于"小、散、低、全"的初级阶段，技术水平较低、创新能力不够强、产品档次不高、市场竞争力弱，产业链条不完整。

三是农民专业合作社整体经营实力较弱。2020 年，全国有 1759 家农民合作社被评为国家农民合作社示范社。其中，贵州有 45 家农民合作社榜上有名。2022 年，贵州增加农民合作社 66 家，云南增加农民合作社 60 家，广西增加农民合作社 52 家，四川新增农民合作社 111 家。从数量上看，西南山区农民专业合作社在持续增长，但整体规模偏小、专业化程度偏低、总体经营实力较弱。在未上榜的合作社中，正常运转的农民合作社占比少，"空壳社"仍然存在，内部财务管理不规范，既懂技术又懂管理的一线人才缺乏，带动能力不够强等问题依然突出。还有部分农民合作社没有探索好发展模式，"僵尸合作社"仍然存在，在一定程度上制约了一、二、三产业融合发展。

四是村级集体经济运营模式仍处于探索阶段。壮大村级集体经济，离不开土地流转和经营权抵押，绕不开集体资产折股量化环节，否则难以达到规模化效应。不实行党支部领导下的公司制运作，可能导致集体资产流失和农民利益受损，也可能陷入集体经济管理内耗增加和效益低下的两难困境。近年来，一些地方政府通过产权改革和引进投资发展了村级集体经济，形成了一批集体性质的企业和经营项目，但从总体上看，管理协调困难、收益权属混乱、运营人才缺乏等问题普遍存在，农村集体经济发展大大滞后于乡村全面振兴的需要。

第四节　优质人才稀缺

巩固拓展脱贫攻坚成果，根本在产业，关键在人。人才是振兴乡村的深厚资源和不竭动力，农村经济社会发展，说到底，关键在人。乡村人才类型包括新型职业农民、乡村干部、科技人才、乡土人才、管理人才等。长期以来，乡村中青年、优质人才持续外流，人才总量不足、结构失衡、素质偏低、老龄化严重等问题较为突出，乡村人才总体发展水平与乡村振兴的要求之间存在较大差距。在劳动力资源外迁比较严重的西部农村山区，人才供求矛盾更加突出，迫切需要加大农业生产经营人才，农村二、三产业发展人才，乡村公共服务人才，乡村治理人才，农业农村科技人才的培养和引进力度。

一、人才总量不足

农村人口基数大，人才占比少，人才总量严重不足，是全国农村的普遍现象，在西南地区尤甚。西南山区生活工作条件落后，政府财政引才资金不足，配套措施不到位，引才育才机制不够完善，人才政策往往缺乏吸引力、缺少竞争力，乡村人才总量少的局面没有得到根本改善。截至 2021 年年底，贵州省农业农村人才已达 130 万余人。其中，国有企事业单位农业科研及推广人才 2.2 万余人，农村实用人才 128 万余人，农村生产型人才（种植养殖能手、农产品加工和农机操作能手）64 万人；农村经营型人才（龙头企业经营者、农民合作社经营管理者、农村经纪人、个体规模业主）12 万人；从事特色农业产业人才 50.5 万人；农业园区人才 13.2 万人，人才总量比"十二五"时期增加了近 10 倍。① 但从横向比较来看，贵州省农业农村人才总量仍然严重不足。早在 2020 年，广东省乡村人才队伍总量已突破 200 万人，共开展农村实用人才和高素质农民等培训 9.8 万人次，线上课程学习 315.5 万人次，累计培育农创客 20358 人。江苏省累计培育高素质农民 200 万人，共有省、市、县、乡四级农技推广人员 20348 人。而山东省农村实用人才总量始终稳定在 270 万人以上。②

二、人才结构不优

西南地区一方面存在乡村人才总量少问题，另一方面存在现有人才结构不合理问题。高层次专业技术人才主要集中在机关事业单位，其中，文化、教育、卫生单位最多，处于农业科研和生产一线人才较少，特别是农、林、水、经济、会计、销售和精加工方面的专业技术人才比较紧缺，熟悉"三农"多方面知识的复合型人才更是紧缺。人才当中的高技能人才、科技型人才，占乡村人才总数的比例较低，创新型、领军型人才尤其稀缺，懂经营、会管理的创新团队比较匮乏，具有较强科技应用转化能力和科研能力的企业技术

---

① 乡村振兴描绘美好生活新画卷［N］.贵州日报，2022-01-01（11）.
② 数据来源于广东省、江苏省、山东省乡村振兴局网站。

人才存在较大缺口，甚至出现高端人才断层现象。从年龄和学历结构来看，西南山区农村人才学历、专业、水平参差不齐的现状没有从根本上得到改变，队伍结构老龄化、中青年人才短缺等问题突出，现有的农业专业技术人员以掌握传统农业技术居多，学历结构偏低、知识结构较为单一。如云南大理州2019 年服务乡村振兴人才队伍中，小学学历以下的占 28.40%，初中学历的占55.11%，高中及以上学历的占 16.49%，职称结构中初级、中级人才比例高，高技能人才和复合型人才少，种植、养殖型人才居多，高科技人才不足，管理人才占农村总人口的比例仅为 1.4%。①

根据全国第六次人口普查的结果，贵州省农业生产经营人员中 55 岁以上年龄人口占 27.4%，低于全国平均水平。贵州省除贵阳市、铜仁市、黔东南州和黔南州外，其他市州拥有高中或中专及以上学历的农业生产经营人员比重均在4% 以下，而每个市州小学及以下学历的农业生产经营人员占比均超过 50%，高于全国平均水平。主要原因是区位条件相对较差，产业体量小、层次低，研究和孵化平台难以支撑科研成果转化，新兴科技企业和科研院所数量太少难以形成区位研发和应用效应，优质资源匮乏，"优质人才"发展机会受限。

三、乡土人才外流趋势没有得到根本扭转

"乡土人才"是一个广泛的概念，既包括掌握特殊技艺的能工巧匠，也包括善于开拓创新的经营能手，还包括拥有一技之长的生产能手等。相较于"外才"，这些乡土人才有浓厚的家乡情结，了解村情、农情、民情，在投身家乡建设事业上具备天然积极性，在带领农民群众脱贫致富、促进农村产业结构调整、拉动农村经济发展、建设社会主义新农村、实现乡村振兴中一直发挥着重要作用。西南地区农村产业基础薄弱，各级财政人才引进专项经费有限，"培养链""知识链""产业链"三链融合协同发展模式的构建和应用比较遥远，优先培养和使用好乡土人才是西南山区比较务实的选择。

存在的主要问题有四个。一是行动上缺乏主动性，过度舍近求远，一味追求人才引流，没有真正把本土人才当成人才，在服务本土人才发展、落实

---

① 段艳春. 以人才振兴助力乡村振兴存在的问题及其策略：以云南大理州为例［J］. 新
丝路，2022（1）：67-69.

人才待遇等方面存在政策上的区别对待，农村本土实用型人才缺乏自豪感、获得感、认同感，此举不仅会造成本土人才资源的浪费，还会抑制本土人才的活力。二是目前的城市发展机会远多于农村，发展条件远远优越于农村，一些农村致富能手、技术骨干、管理人才仍然倾向于向城市流动，这是人的趋利本能无可厚非，但本土人才的流失，无疑增加了农村地区人才的供求矛盾。三是不积极组织群众参加技能培训，对潜力农民培训的方式缺乏创新，培训内容脱嵌于农业产业，培训的针对性和实用性较差。四是村两委干部待遇普遍较低，乡镇基层晋升渠道狭窄，发展空间小，没有形成治理人才"选、育、管、用"一体化培养机制。

第五节　基层治理创新碎片化

一、乡村治理面临复杂新形势

改革开放以来，传统农村的封闭性、稳定性被打破，经济结构、社会结构、群众思想观念都发生了巨大变化。维系乡村社会的血缘、地缘以及人情关系趋于淡漠，熟人社会面临解体。村庄治理结构、规则与秩序正处于加速演化与变迁中，乡村治理面临更多、更复杂的新情况、新问题，对乡村治理体系和基层治理能力提出了新要求。

（一）农村传统社会加速解构

农村人口结构快速变化，城乡人口双向流动，依靠熟人社会特征实施的传统治理模式，难以为继。农民逐步分化为农业劳动者、农民工、个体工商户、私营企业主、乡村企业管理者等不同群体。农民合作社、涉农企业、家庭农场等新型经济组织和村民事务理事会等社会组织加快发展。随着社会组织的多元化，利益诉求和价值取向的多样化，现代化乡村治理手段必然替代传统的宗法伦理、乡规民约、道德礼俗治理手段，由以血缘、亲缘、宗缘、地缘纽带为主逐步让渡到以血缘、业缘、事缘纽带为主。农村社会结构解构时期，也是新旧治理方式过渡期，原有制度失灵，新的制度未有效发挥作用，农村社会比较容易出现思想道德滑坡和行为失范问题。

（二）农村利益格局深刻调整

脱贫攻坚时期，扶贫资源对贫困村和贫困户的特惠分配，解决了贫困村和贫困户生存型贫困问题。巩固拓展脱贫攻坚成果同乡村振兴有效衔接时期，扶持项目和资金对后进村和返贫边缘农户的再支持，主要用于解决发展型贫困，用于缩小相对贫困差距。但在扶贫资源分配过程中，局部也出现了政策悬崖效应，部分贫困户的家庭收入高于部分普通农户家庭收入，引起部分边缘农户和普通村庄对扶贫资源分配的不满，根源是利益分配问题，引发的问题是社会割裂。在衔接推进乡村振兴过程中，随着农业产业链条不断延长，土地等资产资源不断增值，农村各类主体之间的利益关系势必更加复杂，利益冲突更加频繁，脱贫脆弱户和小农户可能被重新边缘化，导致贫富差距扩大。因此，必须健全乡村治理体系，理顺各种利益关系，平衡不同利益诉求，维护农村社会和谐稳定。

（三）农民思想观念深刻变化

当前，农民群众对美好生活需要日益广泛，不仅对物质文化生活提出了更高要求，而且在民主、法治、公平、正义、安全、环境等方面的要求日益增长。不再满足于增收致富、过上宽裕生活，而是要求更多参与公共事务决策，依法主张和维护自身权益。但由于西南山区尤其是民族地区经济发展水平偏低、交通信息闭塞、地理自然环境恶劣、区域和城乡差距较大，宗教和家族势力频繁干预渗透，存在部分农民群众精神空虚、盲目攀比，铺张浪费等社会道德滑坡问题，也出现宗族势力道德绑架基层政府意志的问题，这无疑增加了民族地区乡村治理的复杂性和难度。因此，必须在保障农民群众合法权益的同时，积极引导农民群众树立正确的价值观，为西南山区乡村经济社会的顺利转型发展提供强大的精神动力。

二、协同共治效果甚微

协同共治理念强调，在多元主体共治模式下，要兼顾各方诉求，调动政府、企业、社会组织、居民的积极性，降低摩擦成本，实现共同体效率最高和效益最大化目标。

（一）农民参与积极性不高

农民是乡村振兴的最终受益者，也是乡村治理的主体。因城镇就业机会多、收入渠道宽、教育医疗公共服务便捷、人际关系单纯，吸引了越来越多的乡村优秀青年进城从事非农工作。新生代农民工比第一代农民工的乡村归属感更弱，集体意识更淡化，往往不屑与在村居民争利，不愿参与乡村熟人社会复杂的人际交往，只要不过多涉及自身利益，他们就很少有兴趣去关注乡村治理问题。而在村的大多数农民，受教育程度偏低，加上参与治理的渠道缺乏和机制不健全，村委会和强势家族有意垄断信息，他们不知道因何参与、何时参与，也不知道怎么参与，村民参与自治的主动性、积极性不高。近年来，居村的新型职业农民、农业企业主、个体户虽然日益增多，但数量不足、质量不高，尤其缺乏"领头羊"式的村组干部，而且作为乡村精英，他们本身可能就是乡村的既得利益者，没有内生动力去挑战现有的血缘、亲缘、宗缘、地缘治理结构。

（二）社会组织参与度不够

动员和组织社会力量参与扶贫，构建专项扶贫、行业扶贫、社会扶贫"三位一体"大扶贫格局，是打赢脱贫攻坚战，全面建成小康社会的重要经验。但社会组织参与乡村治理的成功案例并不是很多，主要原因有两个。一是部分社会组织以救助为名行资源侵占之实，导致公信力缺乏，村民对社会组织治理的专业化水平和动机存在质疑。二是宣传力度不够，部分基层政府甚至排斥多元主体治理模式，认为社会组织参与乡村治理会导致治理资源分散、治理权力被稀释。这些均会压缩社会组织参与乡村治理的空间，影响社会组织作用的发挥，降低社会组织参与乡村治理的积极性和主动性。

（三）基层治理理念模糊

治理强调主体地位双向平等、服务为主，管理则以被动服从为主要特征。目前，乡镇政府对于乡村社会更多是以管理为主，并且是单一主体管理模式，农村社区的日常管理和统筹经费往往由乡镇政府统一领导协调。一是乡镇对乡村管理权的实现靠项目和经费控制，村委会日常运作经费、村干部的工资均由乡镇政府支付，巩固拓展脱贫攻坚成果、衔接推进乡村振兴相关项目的推荐权掌握在乡镇政府手里。二是乡镇政府具有村干部考评的"一票否决"权，村干部对乡镇政府具有天然的依赖。一方面乡镇事务比较烦琐复杂，乡镇政府没有精力管细管好每个村庄的具体事务；另一方面担心部分弱化、虚化、处于软弱涣散状态的村党组织不但无法有效处理各种利益纠纷，反而会激化社会矛盾，不得不在区域范围内、职责范围内，努力理顺各种利益关系，平衡不同利益诉求，维护农村社会和谐稳定。因此，乡镇政府总是在大包大揽和放权自治之间摇摆，形不成明确的治理理念，建立健全乡村现代治理体系任重道远。

三、"三治融合"治理机制未充分形成

"三治融合"指的是自治、德治、法治三者的融合，自治是基础、法治为保障、德治为支撑。"三治融合"的治理体系是解决乡村矛盾，实现乡村和谐，推动乡村治理现代化，服务乡村全面振兴的重要途径，是乡村善治治理新路径。西南山区"三治融合"乡村治理存在的共性问题如下。

一是"三治融合"理念未真正内化于心、外化于行。部分村庄在治理过程中重点强调"自治"的基础作用，忽略"德治"的教化作用和"法治"的惩戒作用，尤其认为"法治"是政府机关的职责，不适合熟人社会。还有一些历史文化沉淀丰厚、有道德模范代表性人物的村庄，特别重视运用中华优秀传统文化中的传统美德来引领村民，推崇"德治"、弱化"自治"和"法治"。

二是村民遇事找法的法治理念不强，村干部自身法治意识、法治水平不高，很难保障村民日常法治咨询需求。若不是特别重大问题，村民更倾向于邀请寨老族长主持化解矛盾，或者诉诸村委会调解，毕竟熟人社会下大家还要继续相处下去，"人治"还有适宜生存的土壤。

三是村规民约缺乏针对性和可操作性，对村民没有形成有效的约束力。村规民约是"三治融合"的具体实践形式，体现本村特有的历史文化特征、反映现时民风、契合未来发展需要，是当前阶段西南山区推动"三治融合"，实现乡村善治的理性选择。但是，基层乡镇政府不愿意重点关注此事，村两委因偏重争项目、争资金又不热心此事，群众对怎样结合才能发挥最大治理效能更是存在模糊认识，西南山区还存在红白喜事大操大办、赌博代替劳动、宗教迷信替代科学常识，宗族势力要挟基层政权，以及其他有悖家庭伦理和社会公德的现象。

第八章

西南山区衔接推进乡村振兴的质量提升路径

毛泽东同志指出："我们不但要提出任务，而且要解决完成任务的方法问题。"① 习近平总书记指出："方向决定前途，道路决定命运。"② 乡村要振兴，农民要富裕，归根结底靠发展。巩固拓展脱贫攻坚成果同乡村振兴的有效衔接时期，根据巩固拓展脱贫攻坚任务，立足本地区农业、农村、农民特情，以乡村振兴巩固脱贫成果，立足自身、不等不靠，充分用活用足用好现有政策，持续发力、有序推进，进一步提高乡村产业质量效益和竞争力，进一步提升农村基础设施和基本公共服务水平，持续改善生态环境，扎实推进美丽宜居乡村建设，显著改善乡风文明，不断加强农村基层组织建设，实现脱贫地区农民收入增速高于全国农民平均水平，是"十四五"时期包括西南山区在内所有脱贫地区的重要任务。

第一节　夯实乡村产业发展基础

乡村振兴，关键是产业振兴。"产业兴旺，是解决农村一切问题的前提。"③无论是脱贫攻坚，还是乡村振兴，产业发展都始终是实现稳定脱贫和农村经济社会健康发展的重要手段，同时是脱贫攻坚同乡村振兴最重要的衔接点。过渡期，脱贫地区需要坚持问题导向、目标导向、发展导向，聚力做好巩固

---

① 毛泽东. 毛泽东选集：第1卷［M］. 北京：人民出版社，1991：139.
② 习近平. 习近平谈治国理政：第3卷［M］. 北京：外文出版社，2020：184.
③ 习近平总书记"把脉"乡村产业［N］. 农业科技报，2022-04-18（1）.

拓展脱贫攻坚成果同乡村振兴有效衔接，大力实施乡村特色产业发展提升行动，盘活集体资产，补齐技术、设施、营销等短板，深化"三变"改革，实施农村产业带头人培育工程，壮大经济实体，开展横向、纵向合作经营，促进农村一、二、三产业融合发展，开发多类型、多价值融合的农业新业态，培育无公害农产品、绿色食品、有机农产品、地理标志农产品，打造区域公用品牌，带动更多农民参与产业发展、分享产业增值收益，实现产业扶贫向产业兴旺的升级。

一、盘活存量资产

几十年的扶贫开发，特别是在精准扶贫脱贫攻坚期间，通过政府投资和社会动员在西部农村地区投入大量扶贫资源，沉淀形成了数量可观的扶贫资产，建立和发展起了一大批扶贫产业。按照资产属性和使用对象，扶贫资产可划分为到户类扶贫资产、公益性扶贫资产和经营性扶贫资产三类。依据项目资产的载体和使用目的，可以将扶贫资产划分为到户类项目、多人受益项目、群体性受益项目三类。[①] 依照资产实际占有主体的不同，扶贫资产可分化为政府资产、村集体资产、贫困户家庭资产及组合型资产等。[②] 按照产权权属，扶贫资产可归纳为两大类，一是产权属于个人的贫困户家庭资产，二是产权属于政府、村集体以及组合型组织的扶贫资产。[③] 依据主流观点和政府文件，帮扶资产划分为公益性资产、经营性资产和到户类资产三大类。

到户类扶贫资产由政府直接发放，村委会统一登记注册、备案到户，主要涉及农产品初加工、生态种植养殖及农药、农具、小型农业设备生产等生产类固定资产，这类资产权属明确、责任到人，管理规范。集体性质的经营性扶贫资产的载体主要是龙头企业和各类合作社，这类资产主要通过划拨扶贫资金的方式形成，贫困户入股，由村集体或者龙头企业经营，风险共担、

---

① 李书峰，任金政，李慧泉，等. 扶贫资产管理助力脱贫攻坚的体系构建研究 ［J］. 中国农业科技导报，2020，22（4）：1-9.

② 施海波，李芸，张姝，等. 精准扶贫背景下产业扶贫资产管理与收益分配优化研究 ［J］. 农业经济问题，2019，471（3）：92-99.

③ 杜志雄，崔超. 衔接过渡期扶贫资产差异化治理研究 ［J］. 农业经济问题，2022，505（1）：40-51.

按股分红。这类资产是产业扶贫资产的主要存在与管理形式，也是多人受益、集体不负责、资产流失比较严重、底数最不清晰的资产。公益性扶贫资产往往不具有生产属性，主要是用于提升人民生活质量和健康水平的资产，如文化广场、农家书屋、净水管道、干道绿化、垃圾清运设施设备等，这类资产，全体村民受益，但由于存在公地悲剧问题，损毁比较严重。可见，扶贫项目资产的分类与权属问题十分复杂，存在极其复杂的资产管理难题。脱贫攻坚任务完成后，一些地区普遍存在管理松懈、扶贫资产权属不清及底数不明、资产收益分配不合理、资产处置不合规、资源配置碎片化等问题。

1993 年的诺贝尔经济学奖获得者，美国经济学家道格拉斯·诺斯认为，经济增长的关键在于制度与产权，市场经济最害怕产权不明确。产权不明确的交易会引发各种混乱，如搭便车、机会主义、互相蚕食，增大了交易成本。产权明确意味着，资产具有排他性、可收益性和可交易性。由于缺乏资产人格化，缺少应有冲动，不能使企业具有市场经济下企业的应有行为。市场经济条件下，清查集体资产、确权到户，让农户参与集体资产管理，才能使他们有真实获得感。农民群众利用确权资产通过多种方式重新进行财产合作和劳动合作，同样有助于解决一家一户办不了、办不好、办好了不合算的事情。

一要清理与重构扶贫项目和资产，尽快明晰产权归属。扶贫资产"属于谁、谁来管、如何管"问题与扶贫资产收益"属于谁、谁来分、如何分"问题紧密关联，其中，"属于谁"是前提。要按照经营性资产、公益性资产和到户类资产建立资产权属台账，确定项目所有权、经营权、收益权、监督权的主体与权责，进行项目资产确权登记和颁证。

二是开展家庭土地承包经营权、农村宅基地使用权，集体经营性资产使用权、小型农业水利设施使用权，以及"荒地"承包经营权、林权、养殖水面承包经营权流转交易。鼓励农户通过转包、转让、入股、合作、租赁、互换等方式参与经营性扶贫资产的流转或折股入股集体经营合作社，试点成立农村产权交易中心，拓展资产抵押融资功能，创新农村融资渠道，丰富农村金融形式。

三要规范管理运营。明确乡镇政府、村委会、农户和相关部门管理责任清单，加强后续运营的日常监管。针对不同类型的资产，可以探索不同的运营模式和监管方式。在确保安全的基础上，对经营性扶贫资产进行市场化运营。在引入市场主体开展资产运营过程中，注重发挥契约的约束作用，明确责权利，严格用途管制，强化风险防范，探索风险保障金制度，避免行政过度干预和基层党政组织不当干预，提升扶贫资产的利用效率。

二、构建现代乡村产业体系

现代经济学认为，产业链延伸得越长，产业关联度越高，乘数效应就越大。未来的投资方向和投资项目能充分激发人们对未来发展的信心和预期，是发挥乘数效应的关键。习近平总书记多次强调，要紧紧围绕发展现代农业，围绕农村一、二、三产业融合发展，构建乡村产业体系，实现产业兴旺。2019 年，国务院印发《关于促进乡村产业振兴的指导意见》（国发〔2019〕12 号），农业农村部先后印发《全国乡村产业发展规划（2020—2025 年）》《关于拓展农业多种功能，促进乡村产业高质量发展的指导意见》《关于加快农业全产业链培育发展的指导意见》等文件，强化政策配套，推动构建现代乡村产业体系。

按照农业农村部乡村产业发展司"关于培育二三产业发展乡村集体经济的建议"的答网民留言，构建现代乡村产业体系至少要采取三大举措。一是实施乡村产业融合项目。重点围绕粮、油等重要农产品和优势特色农产品，按照农产品生产"三品一标"要求，新建一批优势特色产业集群、国家现代农业产业园、农业产业强镇，打造产业融合发展平台，有效提升粮食等重要农产品有效供给能力。二是搭建乡村产业发展平台。聚焦拓展农业多种功能、提升乡村多元价值，围绕农产品加工业、乡村特色产业、乡村休闲旅游业等搭建平台载体，建设一批全国休闲农业重点县、全国"一村一品"示范村镇、中国美丽休闲乡村和全国农村创业园区。三是壮大乡村产业发展主体。依托乡村特色优势资源，打造农业全产业链，认定一批农业产业化国家重点龙头企业，培育一批农村创业创新带头人，发展一批农业产业化联合体，把产业链主体留在县域，带动集体经济发展壮大，让农民分享更多产业增值收益。①作为西南山区脱贫地区而言，要立足山区实际，聚集特色资源，聚焦重点产业，强化创新引领，提升一、二、三产业融合质量，走大区域规划、小范围打造、特色化、园区化的产业发展之路，建立现代农村产业体系，为过渡期以后乡村的全面振兴提供坚实支撑。

第一，转劣势为优势，充分利用西南山区得天独厚的自然生态优势，加大基础设施建设和科技推广力度，实施绿色无公害水果种植和中药材生产，加快传统农业向现代农业转型。将生态保护与产业发展融合起来，推动生态资源向资产与资金转化，推动农业标准化生产，打造"美丽公路"绿色廊道，发展生态旅游，持续改善人居环境，实现经济发展与生态保护双赢。依托自然风景名胜区、红色文化景区、特色历史文化景区，大力发展家庭农场和休闲、观光农业，提升文化旅游品牌影响力，升级观光型农业，拓展农业新业态，打造特色产业群，形成特色化、园区化发展道路，逐步实现传统农业向现代农业转型。

第二，依托乡村生态、民族文化、农业特色产业等优势资源，继续推进一、二、三产业融合发展，形成三产互相支撑、互为作用的良性产业发展格局。对于农村来说，就是要在传统种植养殖基础上发展农产品加工业、一些手工业和为农业农村服务的服务业，推动扶贫产业由"短平快"为主的特色种养产业，向以二、三产业为牵引的长效产业发展，大力发展农产品精深加工，提升农产品附加值，完善利益链，拓宽农户增收渠道。改革科技成果转化收益分配机制，提升产业核心竞争力，提高产业生产和经营的组织化程度，壮大产业发展规模，增强农村一、二、三产业融合发展的稳定性与可预期性，强化要素管理对产业融合的导向作用，建立集研发、生产、物流、培训于一体的产业孵化基地。

第三，以县域为产业链中心，统筹农产品原产地、集散地、批发市场，把乡镇建成乡村的经济中心，建设一批专业村镇和精深加工基地。完善县乡

---

① 乡村产业发展司答网民关于"关于培育二三产业发展乡村集体经济的建议"的留言［EB/OL］．（2022－10－26）［2022－10－26］．http：//www.moa.gov.cn/bzxxlyhf/xfwy/netizen/replyDetail.html？strMinisterCode＝W20221026018.

村三级物流体系，鼓励农村物流企业主动对接基层供销合作社、家庭农场、农民合作社、农业产业化龙头企业，为农产品上行提供专业物流服务。支持农产品产地发展"电子商务+产地仓+快递物流"模式，提高农产品上行效率。充分利用供销合作社县域网点、仓储和配送资源，积极推行"一点多能、一网多用"，提高物流配送效率。点轴式网格状产业振兴模式的特点是县域统筹、加工在镇、基地在村、增收在户。优势特色产业集群以及农村一、二、三产业融合发展示范园和科技示范园区，可能覆盖个别乡镇，也可能跨越几个乡镇，级别过高难以精准统筹，级别过低实现不了统筹，国内外经验证实，县域统筹最具有经济合理性，要突出县域载体，强调县域的价值链链主地位，强化农产品基地建设，促进乡村产业集群发展，完善"联农带农益农"机制，走混合式产业一体化发展道路。

第四，用好农村改革这个法宝，进一步完善农村产权制度，释放农业农村多元价值，完善现代农业经营体制机制和要素市场化配置机制，推进农业科技体制创新，升级农业支持政策和保护制度，推进农村集体产权制度改革，实施农村土地综合治理，充分利用农村空闲房屋和宅基地，及时回收、整理、再分配长期撂荒闲置土地用于入股联营，推进农村建设用地整治，拓展农村建设用地空间，优化集体资产经营模式，有效释放农村劳动力和耕地资源的价值潜力，赋予农民更多财产权利，激发农村资源要素活力。拓宽农村产业信贷抵押范围，实现农房所有权、土地经营权、农业机械设备、农业生产设施等合法抵押融资，满足农村产业发展资金需求。

三、增量提质新型农业经营主体

在坚持家庭承包经营基础上，大力培育新型农业经营主体是关系我国农业现代化的重大战略。邓小平同志指出，中国社会主义农业的第二个飞跃是适应科学种田和生产社会化的需要，发展适度规模经营，发展集体经济。[①] 党的十八大以来的精准扶贫脱贫攻坚、农业农村农民现代化工作均强调，要加大对以市场为导向、以质量效益和竞争力为目标的家庭农场、农民合作社、

---

① 邓小平．邓小平文选：第3卷［M］．北京：人民出版社，1994：355.

龙头企业等新型经营主体培育的力度，加快由农业大国向农业强国转变。习近平总书记在党的二十大报告中指出，要"发展新型农业经营主体和社会化服务，发展农业适度规模经营"①。截至 2022 年年底，全国已有家庭农场391.4 万家，农民合作社 222.2 万家，农业产业化联合体 8000 多个，农业社会化服务组织 104.1 万个，服务面积近 18.7 亿亩次，服务带动小农超过 8900万户，全国农产品加工企业营业收入近 25 万亿元，县级以上龙头企业引领各类农业产业化组织辐射带动农户 1.2 亿多户，吸纳就业农村劳动力接近70%。② 西南山区，家庭农场仍处于发展起步阶段，龙头企业数量少、实力弱，带动面不大，农民专业合作社也存在单体规模较小、农产品加工发展不足、经营分散、规范化水平不高、优质绿色农产品占比较低、市场竞争力不强等问题，还有较大比重的村级集体经济依然处于空壳状态。要在坚持农村基本经营制度基础上，加快构建以农户家庭经营为基础、合作与联合为纽带、社会化服务为支撑的立体式复合型现代农业经营体系。

（一）大力发展家庭农场

家庭农场是指以家庭成员为主要劳动力，从事规模化、集约化、商品化的生产经营，并以农业收入为家庭主要收入来源的新型农业经营主体。农户家庭经营符合我国国情农情，具有广泛的适应性和旺盛的生命力，西南山区土地规模化程度有限，生态资源优良，适宜大力发展家庭农场。一是鼓励小农户开展多种形式的合作与联合。完善"龙头企业+基地+农户"模式，积极推进"农户+合作社""农户+公司"等模式，将小农户导入现代农业发展轨道，培育出一批发展质量高、带动能力强、适度规模经营的示范性家庭农场。二是引导生产能手、能工巧匠领办或创办家庭农场，鼓励引导农村大学生、外出务工农民、农村个体工商户等投资创办家庭农场。三是积极引导家庭农场抱团合作发展，推动家庭农场与农民合作社、农业企业利益联结、联动发展。四是实施家庭农场培育计划，加大家庭农场政策扶持力度，优先落实小额担保贷款，提供更加多元化、多层次、低成本的社会化服务。积极开展专

---

① 习近平：高举中国特色社会主义伟大旗帜为全面建设社会主义现代化国家而团结奋斗［N］．人民日报，2022-10-26（1）.

② 发展新型农业经营主体，全面推进乡村振兴［N］．人民日报，2022-12-26（1）.

题讲座、技术培训、科技下乡活动，提高专业化和技术化水平，增强家庭农场的发展后劲。

（二）大力发展新型农村合作社

农村合作社是农村的新型经济组织，是由 5 户以上农民联合起来成立的新型经济主体。有的合作社内容专业，如水稻种植专业合作社、农机专业合作社、养殖专业合作社、土地股份合作社、旅游合作社、养老合作社和资金互助社等；有的合作社比较综合，如农业综合合作社、农民合作社联合社等。合作社实行资格准入统一、生产标准统一、购销价格统一和跟踪服务质量统一，产品更标准，服务更规范。农民对合作社日常性生产活动的参与，能够提高农民参与集体活动的主动性，增强他们参与乡村振兴的主体意识和公共意识。

马克思曾指出，只有把私人的占有和私人的生产变成合作社的占有和合作社的生产，才能挽救和保全小农的房产和田产。美国合作思想代表人物道格拉斯·诺斯主张农民应通过建立合作社来提高竞争力、谋求市场话语权，提高市场效率和农业效益。西方利益驱动理论认为，利益吸引、自愿互利是农民合作意愿发生，农业专业经济组织形成和发展的原动力。西方交易费用理论提出，农户有意愿选择合作经济组织道路的首要目的是实现规模优势、增加谈判筹码、降低交易成本。这些理论揭示了农业合作组织存在的合理性，反映了农业现代化的内在规律。

西南山区农村合作社在组织带动农户增收致富方面发挥了较大作用，一大批合作社被认定为省级示范性农民合作社。整体而言，西南山区农业合作社数量不比东中部地区少，主要是发展质量差距较大，存在大量的"空壳社""巨婴社"，尤其偏远农村山区的农业生产仍然以小农户分散经营为主，市场风险损失只能个人承担，这对巩固拓展脱贫攻坚成果形成了较大挑战。

第一，依托当地特色优势产品，组织农户开展专业化合作化生产、规模化经营。合作社集中竞争式采购农资获得的价格优惠和成本节约情况要及时公示，农产品销售中的购买数量、约定价格、交付方式、责任划分也要及时告知合作社成员，以密切合作社成员的利益关系，激发成员参与农民合作社的主动性和积极性，鼓励村民以实物、土地经营权、林权、闲置农宅等多种要素作价出资入社。

第二，鼓励新型农业合作社优化生产结构、采用推广先进技术，在延伸产业链条上先行先试。推进县域农民合作社服务中心建设，提升农民合作社规范化水平，强化产前、产中、产后全程服务，协助合作社申请专利与商标、开展绿色或有机产品认证、发展电子商务。在用地用电、财政项目上给予倾斜支持，支持农民合作社投资兴办或出资入股农产品加工企业。支持党支部领办专业合作社、股份经济合作社，让资源变资产、资金变股金、农民变股东。创新金融产品和服务方式，扩大农业保险品种和覆盖范围，提高农业保险保额，为农民合作社农产品生产、收购、加工、流通和仓储等各环节提供多元化金融服务。

第三，加强农民合作社培训，全面提升合作社经营者综合素质。加大对农民合作社经营管理人员和技术人员的培训以及新品种新技术实验示范区建设力度，为新品种、新技术、新装备的推广应用提供更专业的技术服务。广泛吸引创业大学毕业生、返乡农民工、各类回乡人士技术和资金入股合作社，培育一支懂经营、会管理、热爱合作事业的合作社企业家队伍，鼓励有条件的农民合作社承担科技推广和农村公益性项目。

第四，引导农民合作社完善章程制度，健全内部治理结构、民主管理制度和财务制度。引导农民合作社之间联合合作、兼并合并，引导农民合作社与农村集体经济组织协同发展，扩大农民合作社规模。支持农民合作社开展品牌创建、产品质量认证、发展电子商务、开展土地流转和土地托管等活动，推动农民合作社加强农资供应、技术服务、加工仓储、产品销售等能力建设。

（三）做大做强龙头企业

农业产业化龙头企业是实现农业农村现代化的生力军，是打造农业全产业链、构建现代乡村产业体系的中坚力量，是带动农民就业增收的重要主体，在引领带动乡村全面振兴中具有不可替代的重要作用。2021年，中央一号文件《中共中央　国务院关于全面推进乡村振兴加快农业农村现代化的意见》明确提出，"支持农业产业化龙头企业创新发展、做大做强"。为贯彻落实2021年中央一号文件精神和《国务院关于促进乡村产业振兴的指导意见》要求，2021年10月，农业农村部印发的《关于促进农业产业化龙头企业做大做强的意见》提出，要探索联农带农四种模式，从四个维度构建龙头企业梯队，通过五项举措优化发展环境。具体而言：坚持市场导向、创新驱动、全链打造和联农带农四个原则；打造农民紧密参与的农业产业化联合体，探索农民共享收益的生产要素入股模式，推广农民广泛受益的农业社会化服务机制和拓宽农民多元发展的创业就业渠道的联农带农模式；加大政策支持、创新金融服务、强化人才培养、完善指导服务和加强典型宣传推介优化发展环境；着重提高龙头企业创新发展能力、数字化发展能力、绿色发展能力、品牌发展能力与融合发展能力。

依据《2022 中国新型农业经营主体发展分析报告》①，截至 2022 年年底，全国共有县级以上农业产业化龙头企业 9 万余家，其中，国家级重点龙头企业 1959 家。全国 500 强农业企业数量，东部地区的入围企业共有 271 家，占总数的 54.20%；位于西部地区的农业企业为 86 家，占总数的 17.20%，略高于中部地区（78 家）。营业收入超过 200 亿元的大规模 500 强农业企业主要集中在山东（7 家）、江苏（6 家）、北京（6 家）和广东（5 家），西部地区较少。整体来看，西部地区的农业龙头企业数量并不算少，主要问题是科技创新能力偏弱，营收能力不够强、知名度不高、发展不均衡。

第一，贯彻落实支持农业产业化龙头企业发展的各项措施，进一步完善农业企业的政策支持体系，加大农业企业金融支持力度，着力改善农业企业参与乡村振兴的营商环境，鼓励农业企业参与现代农业产业园、农业产业强镇等农业产业融合项目建设，对联农带农效果明显的农业企业进行财政补贴倾斜，切实落实对农业产业化省级示范联合体奖励政策。加强对龙头企业发展乡村产业的用地保障，加大信用贷款投放力度及对农业企业和全产业链主体的金融支持，确保优质金融服务全覆盖联农带农效果明显的农业龙头企业。

第二，以龙头企业为核心，依托区域特色产业，引导融合主体向优势产区、综合性加工园区集中，因地制宜组建农业产业化联合体，实现规模化集约化经营。鼓励龙头企业采取"农户＋合作社＋企业"等模式，签订长期农产品采购协议，大力发展订单农业。鼓励龙头企业将特色产业与生态涵养、文

---

① 郭芸芸，胡冰川，王景伟，等 . 2022 中国新型农业经营主体发展分析报告（一）：基于中国农业企业的调查［N］. 农民日报，2022-12-28（4）.

化传承相结合，制定产品标准，保护传统工艺，集中打造特色优势品牌，组建区域性品牌联盟。引导农业企业在农业产业链的延链、补链、壮链、强链中发挥更加重要的作用。集中解决一批制约龙头企业发展的共性和关键技术难题，让龙头企业不断发展壮大，实现企业发展、农民致富、农业高附加值的共赢目标。

第三，健全农业企业与相关主体的利益联结机制。引导龙头企业利用园区载体带领各类农业经营主体共同开发乡村特色资源，通过产销订单、土地托管、资产入股等方式，带领小农户和弱集体经济合作社融入现代农业发展。引导农业龙头企业打通产业上中下游各个环节，跨界配置农业与现代产业要素，实现一、二、三产业有序衔接与融合发展。巩固契约式、推广分红式、完善股权式利益联结机制，推动龙头企业与小农户、家庭农场、农民合作社、农村集体经济组织等主体建立利益共享、风险共担的，更加稳定、更加有效、更加长效的利益联结机制。

第四，支持科研人员到龙头企业开展科技创业，完善知识产权入股、参与分红。引导龙头企业加强研发投入和成果转化，致力于解决本地区适宜关键品种、关键技术、关键设备等问题。支持龙头企业积极开展校企合作协同育人，与涉农高校和职业院校合作共建实践实训基地、耕读教育基地，依托生产基地、产业园区等加强农村实用人才培训，加大对高素质农民、返乡入乡创业人员、新型农业经营主体带头人的培养力度。通过专题培训、实践锻炼、学习交流等方式，完善乡村企业家培养机制，加强对乡村企业家合法权益的保护。利用线上渠道和新媒体资源，创新宣传推介手段，开展系列宣传推介活动，大力弘扬企业家精神，激发企业家创新创业活力，形成全社会关注乡村产业、支持龙头企业发展的良好氛围。

与小农户相比，新型农业经营主体具有市场灵敏度更高、市场竞争力更强、化解市场风险的手段更多的优势，要注重发挥新型农业经营主体带动作用，培育各类专业化市场化服务组织，提升小农生产经营组织化程度，扶持小农户拓展增收空间，通过主体联农、服务带农，把小农生产引入现代农业发展轨道。培育新型农业经营主体，要依据各地农村的资源禀赋、区位条件、产业基础等，聚焦优势特色产业，调整优化产业布局结构，重点扶持一批龙头企业，集中连片形成规模，打造大型农业企业集团，使其在农业产业化发展中成为主力军。推动城市资源要素向农村流动，加快推动农业经营主体多元化发展，搞活农村市场。同步推进新型职业农民培育工程和新型农业经营主体培育工程，帮助小农户发展成为新型职业农民，提高新型农业经营主体的数量和质量。

第二节 加强乡风文明建设

摆脱贫困首要并不是摆脱物质的贫困，而是摆脱意识和思路的贫困。[①] 农村现代化既包括"物"的现代化——现代化的农业农村，也包括"人"的现代化——现代化的农民。[②] 实施乡村振兴战略，不能光看农民口袋里的钱有多少，还要看农民的精神风貌怎么样。乡村不仅要塑形，更要铸魂。要加强社会主义精神文明建设，弘扬和践行社会主义核心价值观，推进农村移风易俗。无论是脱贫攻坚还是乡村振兴，培育乡风文明、提振农民精气神都是重要推动力，是脱贫攻坚成果与乡村振兴有效衔接的保障点。

脱贫攻坚时期，我国主要通过建设文化广场、图书室，制定村规民约来推进乡风文明建设，通过加强教育和科技扶贫来提高贫困地区人口的文化素质。经过教育和文化扶贫攻坚，贫困地区的落后愚昧形象以及贫困人口的精神风貌都有了很大改善，但在整体上，贫困地区的农村文化教育科技基础设施离城乡公共服务均等化的要求还有很大差距，人口就业技能单一，赌博、宗教、攀比浪费等不良之风较盛。要继续坚持多元主体合力，坚持发掘与利用、开发与传承相结合，提升优秀传统文化时代价值，充分利用各地乡村特色文化资源优势，做大做强特色文化产业，形成文化赋能经济、经济滋养文化的良性互动局面。进一步加强农村公共文化建设，开展移风易俗行动，积极宣扬社会主义核心价值观，弘扬传统美德和社会道德，营造积极向上、向

---

① 习近平. 在东西部扶贫协作座谈会上的讲话 [N]. 人民日报, 2016-07-20 (1).
② 曲福田. 夯实中国式现代化的农业农村基础（深入学习贯彻习近平新时代中国特色社会主义思想）[N]. 人民日报, 2022-11-10 (9).

善、向真、向美的乡村文明氛围，使文明乡风、良好家风、淳朴民风成为地方名片，逐步提高乡风文明在巩固脱贫攻坚成果和乡村振兴中的影响力与作用力。

一、加强农村思想道德建设

农村思想道德建设是指在农村思想领域内，为实现农村和谐发展、科学发展，通过破除迷信、移风易俗、崇尚科学、消除陋习等活动，构建健康、文明、和谐、有序的社会主义新农村的过程。农村思想道德教育的内容涉及理想信念教育、道德品质教育、科学文化教育、民主法治教育等方面。其中，理想信念教育是新时代提升农村思想道德建设的重中之重。① 思想道德滑坡是精神贫困的表现也是诱因，消除精神贫困是实现稳定脱贫的前提，也是内生动力养成的重要标志。缺乏进取心，有计划无实际行动，将产业扶持资金用于生活消费，继续"等靠要"，以及只愿分享收益、不愿承担风险的契约意识缺失与集体行动的无意识，本质上都属于思想道德问题。现阶段，农村思想道德建设面临的主要问题是经费投入比重少，宣传形式比较单一，与生产生活契合度不高，群众不喜欢甚至排斥。

（一）培育和践行社会主义核心价值观

持续推进社会主义核心价值观创建行动，将社会主义核心价值观融入农民生产实践与日常文化生活、乡村基层社会治理、乡村法治建设，不断强化农民的社会责任意识、规则意识、集体意识、主人翁意识。采取符合乡村需要的社会主义核心价值观宣传教育方式，将社会主义核心价值观宣传教育融入戏曲、民间小调、剪纸等传统文化，通过书画、墙绘、戏曲、地蹦子等民间艺术形式，开展社会主义核心价值观书法展与剪纸活动等，使社会主义核心价值观进一步具体化、大众化，让群众更加喜闻乐见。依托乡村文化服务中心、爱国主义教育基地、乡村学校少年宫、镇村道德讲堂、新时代文明实践所（站），开展社会主义核心价值观阐释宣传活动，增强农民对社会主义核心价值观的理解和认同。

---

① 巩怡学. 乡村振兴视域下农村思想道德建设路径探析［J］. 现代农村科技，2022，612（8）：88-90.

（二）加强思想道德建设

深入实施公民道德建设工程，促进公民道德建设工程在乡村落地实施，持续推进乡村社会公德、农民职业道德、乡村家庭美德、农民个人品德建设。深入开展"听党话、感党恩、跟党走"宣讲活动。结合文明公约、村规民约、家规家训内容，大力弘扬民族精神和时代精神。利用农闲季节，组织学习《新时代公民道德建设实施纲要》，开展"做文明有礼的新农民"主题活动。深入推进社会信用体系建设，对农民开展诚信教育，积极与家庭农场、农业企业签订诚信经营承诺书，利用重大节假日开展诚信专题宣讲活动。重视家庭教育，发挥家教家风对农民道德品行的涵育作用，让家庭成为乡村思想道德教育的基点，实施"家校共育、健康成长"专题培训活动，举办关爱未成年人暑期志愿服务活动、关爱老人健康义诊和防诈骗普法活动等，教育引导群众讲文明、树公德、守秩序、树新风，争做文明有礼的时代新人。同时，开展"失信惩戒""道德黑榜"反面案例宣传展示活动，通过法治与德治相结合的方式不断提升农民文明素质。

（三）发挥先进典型示范作用

以典型示范促进农民文明习惯养成。积极弘扬劳动光荣、孝亲敬老等道德伦理观念，开展相关评选表彰活动，树立道德模范，为乡村诚信道德建设营造良好的道德风尚。大力开展文明村镇、文明家庭、星级文明户创建活动，定期开展"身边好人""新时代好少年"推荐评选活动，广泛开展"好家庭""好媳妇""好婆婆"等群众性精神文明表彰活动，利用新时代文明实践所（站）和道德讲堂组织开展先进典型巡讲巡演活动，大力宣传最美乡村教师、最美村干部、最美乡村医生、最美邻里、身边好人、新时代好少年等典型案例，传播真善美、弘扬新风尚，形成学先进、争当先进的良好氛围。

二、传承创新农村优秀传统文化

乡村文化是乡村的核心要素。优秀乡村文化包括有形的物质文化，如历史文物、历史建筑、人类文化遗址等，也包括无形的非物质文化，如传统手工艺、仪式、节日活动等。优秀传统文化中的诚实友善、乐于助人、和睦团结、相互协作、善事父母、孝亲敬亲等思想至今影响极深厚，对后世也有着巨大的教育、引导和激励作用。产业是基础，文化是未来，乡村振兴，既要塑形，也要铸魂。

（一）充分挖掘整理能够彰显地域特色的农村优秀传统文化资源

西南山区农村少数民族居多，是中国少数民族特色文化资源较为富集的地方，有着众多的优秀民间文化传承人，民族民间特色文化活动别具魅力。要持续保护历史古迹、农业遗迹、民俗文化、革命红色文化和其他非物质文化遗产。开展历史文化资源普查，做好测绘、建档、挂牌工作，加大对古镇、古村落、古建筑、纪念性建筑、民族村寨、文物古迹的保护力度。划定乡村历史文化保护红线、提供乡村历史文化维护资金，深入挖掘民间艺术、戏曲曲艺、手工技艺、民族服饰、民俗活动的时代价值，突出农耕文化、民族特色文化元素，因地制宜利用少数民族地区自身文化资源禀赋进行文明振兴创建活动，着力打造"一村一特、一村一品、一村一韵、一村一景"。

（二）努力提升对乡村本土优秀文化的认同感

文化认同包括文化价值认同、身份认同和自我认同，核心是对某种文化独特价值的认同。文化主体会把认同的文化中的核心价值观内化为个体的行为方式、生活方式、思维方式与价值取向，然后投射到其生活的文化环境中，实现个体与环境的统一与同一，使个体在环境中产生安全感和归属感。提升对乡村本土优秀文化的认同感，就要努力重塑乡村文化自信，让农民在日常生活、话语习惯、行为方式中都能感受到本土文化、乡村文化的价值和精髓，让农民意识到正是这些文化支撑起了乡村的良性运转，构成了乡村生活的核心，从而产生发自内心的思想认同和行动自觉。

（三）持续推动文化传承主体培养工程

首先，乡村教育应超越城市教育的取向与框架，坚持其独特的价值与意义。乡村教育是乡村少年非常重要的文化启蒙场所，是乡村文化得以传承、传播之地，是维护乡村文化秩序和乡村公共生活的重要途径。乡村教育应该摆脱没有"乡村"的境况，增设当地乡村文化课程，有计划地组织学生参观博物馆、纪念馆、文化体验馆，实地观察当地传统手工艺产品的制作过程，使乡村文化有序地、自信地融入乡村少年的灵魂，夯实乡村文化认同的根基。其次，接续培养民间艺人。民间艺人是传统文化的守护者，要建立健全民间人才保护制度体系，在人才培养和经济保障上给予政策支持，充分发挥文化传承者的主观能动性。最后，加强对乡土"文化能人"的培养。通过展演、选拔等活动，发现一批优秀文化人才，鼓励和支持文化能人拓展文化产业发展空间，丰富文化产品体验，打造历史文化街区，强化核心景区文化植入，打造精品文化旅游线路，实现文化与产业的共赢共享。

（四）创新文化传承载体

一是用好传统媒体。传统媒体比较为老年农民朋友所熟知，也符合老年农民的接受习惯。因此，要继续用好大喇叭、宣传标语、文化广场、文艺队、农民讲习所和文明超市。二是充分利用互联网、微信公众号、抖音短视频等社交软件受众广、传播快、信息量大的特点和优势，宣传乡间蕴藏的礼乐孝道文化、耕读传家文化、乡土田园文化等优秀传统文化，推送乡村振兴最新政策、村规民约及其他产业知识。三是完善乡村振兴讲习所，建立以行政村为单位的定期学习小组，加强乡村振兴文化学习，弘扬先进文化，提升农民的文化素质和自主意识，定期邀请返乡创业人员到乡村振兴讲习所举办道德大讲堂。四是利用商品载体进行文化传承，把乡村"文明生长点"和"经济增长点"结合起来。立足村史村情，深入挖掘传统文化历史价值和时代价值，同时融入现代元素。结合村庄的文化特色打造产业特色，充分发挥文化资源在产业化发展中的作用，加强文化资源与旅游、农业、生态的全面融入，创建特色主题，形成具有自身文化特色的产品品牌，扩大产业融合效应，提高商品附加值。

三、加强农村公共文化服务体系建设

公共文化服务是由政府主导、社会力量参与，以满足公民基本文化需求为主要目的而提供的公共文化设施、文化产品、文化活动以及其他相关服务。公共文化服务体系的完善在乡村文化振兴中具有保护基本文化权益、引导文化生活核心价值、合理配置文化资源、整合文化生产力的重要功能。① 脱贫攻坚时期，西南山区公共文化服务体系建设取得了显著成绩，覆盖城乡的公共

---

① 安培培，徐宏新. 乡村振兴背景下农村公共文化服务体系建设研究［J］. 经济师，2022，397（3）：19-21.

文化服务体系基本建立，公共文化设施不断完善，公共文化产品供给能力不断增强，群众公共文化生活日益丰富，人民群众的基本文化权益得到了更好保障。乡村公共文化服务体系建设存在的主要问题是，农民喜闻乐见的农村公共文化服务产品不多，农民自身参与公共文化服务意愿较低，农村公共文化服务人才队伍不健全、服务质量难保障，后续经费投入不足，乡镇文化站、阅报栏、文化广场、图书室等文化惠民服务设施闲置浪费严重。加强农村公共文化服务体系建设包括以下三个方面。

（一）坚持和发挥政府的主导作用

农村公共文化具有鲜明的公益属性，是政府公共职能的重要内容。政府在推动农村公共文化服务体系建设中要做到以下四点。

第一，切实摸清农村公共文化服务建设家底，大力挖掘农村公共文化服务资源潜力，为深入推进农村公共文化服务体系建设做好前期工作。摸清各村镇有特色、成规模且有群众基础的表演团体的数量和类型，根据每个村的不同情况，形成不同的调研报告，制订有针对性的建设方案，按照一个行政村一个文化活动广场、一个宣传栏、一套广播器材、一套文化器材、一套体育健身器材、一个文化活动室、一个道德讲堂、一支文艺服务队、一个积德榜的标准推进公共文化服务体系建设。

第二，合理布局公共文化服务点。优化城乡公共文化服务范围，推进公共文化设施共建共享。全面建成县、乡镇、村三级文化共享工程服务网络，推动县级"四馆"（图书馆、文化馆、足球馆、篮球馆）建设，乡镇文化服务中心（站）、村级文化公共服务设施资源共享、免费开放，实现居民随时随地"看书有去处、演戏有舞台、活动有场所"。

第三，扩大文化惠民服务范围。定期召开务工信息发布会，为外出务工的青壮年群体提供岗位需求信息，并提供法律咨询、职业技能培训等服务。借助文化志愿服务活动和农村公益电影放映机会，为留守妇女、老年人群和留守儿童提供免费的文艺专业知识、康养知识和科普知识，提高基层群众的基本文化素养和科学素养，以提升其文化参与能力。

第四，加强经费保障，逐步建立健全同公共财力相匹配、同人民群众文化需求相适应的政府投入保障机制。把文化中心建设与各级帮扶单位支持建设结合起来，做到各类资源项目与村级公共文化服务建设捆绑打造，为村级公共文化服务建设提供资金保障。探索政府向社会力量购买公共文化演出服务补助标准，向文化传媒企业、社区文艺队等社会力量购买公共文化产品。

（二）推动文化产品内容和形式创新

内容决定形式，形式为内容服务，形式随着内容的发展而发展，随着内容的改变而改变。同一内容，由于条件不同，可以有多种形式。同一形式也可以表现不同的内容；新内容可以利用旧形式，旧内容也可以利用新形式。若形式适合内容，则会促进内容的发展；若形式不适合内容，则会阻碍内容的发展。

一要把握群众真实的文化需求。要深入基层、深入群众、充分调研、全面掌握农村精神文化建设短板所在，了解群众有何精神文化需求，然后按需供给、精准施策、为群众提供最急需的精神文化产品，这是推动文化内容创新的前提和基础。

二要把公共文化服务融入村民日常生产生活。只有与村民生产生活联系紧密的文化内容，农民才会因为熟悉而能够接受，因为有用而愿意接受。要结合传统节日、民间特色节庆、农民丰收节，以及一切农闲季节，因时、因地、因人制宜地开展乡村文化体育活动。要把传统艺术和现代人的审美观融合在一起，加快乡村文化资源数字化建设，以农民群众喜闻乐见的方式，通过受众面较广的新媒体平台为农民群众提供喜爱的公共文化内容，提高农民文化参与的热情。

三要确立农民群众的主体地位和基层党组织的监督作用。通过广泛宣传进一步提升村民对乡土文化的自我认同，激发基层群众对本土特色文化建设的责任感和使命感。农户也要以维护和传承优秀传统文化为己任，自觉参与提高乡村文明的实际行动。基层党组织除了按规定开展各类学习教育外，还需要协助文化市场监管部门加强无神论宣传教育，抵制非法传教，抵制封建迷信活动，抵制一切低俗节目演出，加强对农村文化演出节目内容和形式的监督，禁止存在意识形态安全风险的一切节目演出，营造健康向上的文化环境。

（三）抓好文化人才队伍建设

第一，推进乡村文化育苗工程。一是深挖民族文化特色元素，坚持突出地域民族文化特色，实施民族文化进校园，培养热爱民族文化传承人才。二是以校园为载体，聘请非物质文化遗产传承人深入县内各中小学授课，实现非物质文化遗产在校园科学传承。三是积极推进校园文化建设，支持设立优秀传统文化艺术特长班，优化文化育人环境。

第二，加强乡土人才挖掘。开展乡村文化资源普查，摸清人才资源家底，组织代表性文化项目和代表性传承人申报工作，建立代表性传承人数据库，建立非遗传承人扶持机制，支持代表性传承人传习活动，组织能工巧匠参加传统技艺比赛和非物质文化遗产展示活动，提供展示展演平台，提供一定的经费补助。

第三，抓好乡村各类文艺人才培养。一是坚持每年派出文化团队骨干与文化能人到帮扶单位开展文艺辅导和传承人培训，提升乡村文化人才专业素养和表演能力。二是政府通过购买方式邀请文化艺术公司提供有偿培训服务，或者指定县级文化服务部门定期对村级文艺骨干进行文化培训，抓好乡村文艺团队建设，培养乡村文艺骨干。三是深入推进文化志愿服务，鼓励民众参与文化志愿活动，培育和发展文化志愿队伍，建立完善的管理运作机制和激励保障制度，吸引文化人才加入志愿队伍，并积极开展相关技能培训和多种形式的公共文化活动。

第四，广泛开辟人才渠道。可以采取动员文化经营人才返乡创业或城市文化人才选派、挂职等形式进行人员补充。可以通过设立高校实践基地的方式，引进大学生到村为乡村公共文化补充高素质人才。可以通过建立稳定的志愿者下乡服务机制，引导民间文化组织、个人、文艺爱好者、文化热心人参与乡村文化建设，协助培训农村本土文化人才和文化能人。

四、移风易俗树新风

乡村习俗落后是乡村人力资本水平落后，整体文明滞后的缩影。习俗落后、文明程度不高的乡村很难获得城市资本、人才的青睐，农旅结合的现代农业也难以发展。必须积极引导农民群众树立正确的价值观，以健康向上的精神状态创造幸福生活。移风易俗，泛指转移风气，改变习俗。《荀子·乐论》曰："乐者，圣人之所乐也，而可以善民心，其感人深，其移风易俗，故先王导之以礼乐而民和睦。"乡村振兴，乡风文明是保障，文明乡风，移风易俗是关键。习近平总书记多次强调，乡村是要有人情味，但不能背人情债，要在传统礼俗和陈规陋习之间画出一条线，告诉群众什么是提倡的，什么是反对的。2019 年 10 月，中央农村工作领导小组办公室、农业农村部等四部门联合印发《关于进一步推进移风易俗建设文明乡风的指导意见》，对移风易俗做了具体安排。2020 年以来，乡村移风易俗工作进入快速推进阶段。西南山区部分农村，人情攀比、铺张浪费、厚葬薄养、赌博泛滥、宗教渗透问题比较严重，这些精神空虚的伴生物又相应带来道德滑坡等系列问题。巩固拓展脱贫攻坚成果同乡村振兴有效衔接时期，脱贫地区首要的任务是加强乡村文明培育，带动农户移风易俗，以净化乡村社会风气，营造风清气正、敢做事、能成事的社会环境。

（一）部门协同推动

以县域为中心组建县级指挥部，指挥部牵头组建县、乡、村三级移风易俗专项整治的领导治理体系。按照小组一个项目、一名领导、一个专班、一套方案、一抓到底的"五个一"思路，制定移风易俗专项治理责任清单，明确乡镇（街道）为责任主体、村（社区）为单元，乡镇（街道）"一把手"负总责，落实责任人和责任清单。各责任单位根据自身职能制订移风易俗改革方案，纪检监察委和组织、宣传、民政、公安、市监、城管等部门按照统一部署，形成条块结合、上下联动、协调有力的网格化管理与工作推进机制。内容涉及指导所有村（社区）修改完善村规民约，组建移风易俗宣讲团，收集研究各地先进典型和政策文件，依托"微平台、微课堂、微节目"深入开展移风易俗大宣传、大承诺、大实践行动。多部门联合开展专项整治行动，充分运用各类公共场所、公共交通工具等投放"讲文明树新风"等系列公益广告，重点整治高价彩礼、人情攀比、厚葬薄养、铺张浪费等农村移风易俗突出问题，着力规范办酒请客，倡导节俭办宴，提倡婚事新办，深化殡葬改革，着力培养"有先进思想观念、有高尚道德情操、有科学致富本领"的新型农民。

（二）党员和干部带头

其身正，不令而行；其身不正，虽令不从。① 党员、干部以身作则、率先垂范、自觉做到带头培育传承好家风，是中国共产党的光荣传统和优良作风，少数党员、干部甚至个别领导干部利用丧事活动大操大办、借机敛财，热衷于风水迷信，修建豪华大墓，损害了党和政府形象，败坏了社会风气。党员、干部带头殡葬改革，是推动移风易俗、发扬社会主义新风尚的应尽责任。老干部具有明显的政治优势、经验优势和威望优势，更要带头移风易俗。要探索"报告+承诺"机制，党员、干部操办红白事必须提前报备，书面承诺"请客不收礼、节俭办宴席、餐饮不浪费"。要把引导群众用追思会、告别仪式等新形式代替传统规矩，参与志愿者服务公益活动，参与支持村民议事、道德评议、红白理事、禁赌禁毒等协会工作等情况纳入述职述廉、个人事项报告及民主生活会批评与自我批评重要内容。

（三）发挥村民自治作用

推进移风易俗，破题的关键在于发挥村民自治作用。首先，农户要自觉摒弃迷信思想，发扬勤俭持家优秀传统，养成健康生产生活习惯，扩大发展性消费在消费支出中的比例，主动接受乡村道德讲堂教育，农忙季节主动参与换工，农闲季节积极参加老弱互帮的邻里互助活动。其次，村两委统筹把喜事新办、丧事简办、弘扬孝道、尊老爱幼、扶残助残、和谐敦睦等内容纳入村规民约，加大高价彩礼、滥办酒席、人情攀比、厚葬薄养、铺张浪费、封建迷信等不良风气的治理力度，明确彩礼上限、操办时间、待客范围、酒宴席面、用车数量等具体标准，制定具体的奖惩措施。最后，发挥乡村振兴理事会、红白理事会、五老理事会、乡贤理事会和村妇女联合会的全程监督作用，要求村民办理婚丧事宜先到村红白理事会报备，签订移风易俗承诺书，组织开展"好儿女、好婆媳、好夫妻、好邻居""文明家庭""最美家庭""星级文明户"评选表彰活动，积极传递尊老爱幼、男女平等、夫妻和睦、勤俭持家、邻里团结的观念，对乡风文明评议评比优秀者，给予荣誉奖励或适当的物质奖励，通过集体意志遏制个别村民大操大办、厚葬薄养、人情攀比

---

① 《论语·子路篇》。

等陈规陋习，让"不比吃、不比穿、不比住，只比思想有进步"，成为农村新风尚。

（四）发挥新乡贤的积极作用

新乡贤是指在新时代背景下，有一定的乡土渊源，有突出的品行贤德，兼顾学识能力及个人声望，甘愿奉献乡村建设的各界人士。在古代，乡贤是一批有乡土情怀，特别注重伦理情操修养，被公认的具有高尚道德品行的人，他们是古代乡村社会治理的中坚力量。新乡贤除了具备古代贤者的一般优点外，还是新文化、新观念、新思想、新技能的代表，部分新乡贤还是企业家。企业家乡贤善于从家乡传统产业、家乡特产中发现商机，带领村民做大做强家乡产业。新乡贤在农村拥有比较高的威望，是传播现代知识、技能和新文化，协调和化解乡村邻里之间矛盾，引导舆论、明辨是非、凝聚人心、端正风气、值得信赖的依靠力量。因此，要大力弘扬新乡贤文化，善于发现新乡贤，注重发挥贤者作用，在乡村定期举办文化讲堂、专题报告，设置宣传栏等多种形式，以新乡贤的榜样力量和模范作用教化村民爱党爱国、向上向善、孝老爱亲、重义守信、勤俭持家，增强乡村发展的软实力。

（五）大力开展移风易俗主题活动

近年来，移风易俗主题活动，因采用农民喜闻乐见的漫画形式，结合农民身边的案例，以及结合农村生活实际而受到群众的广泛欢迎。移风易俗主题漫画宣传活动，打破了传统的表现形式，用生动的动漫形象、活泼的网络新词，把节俭、理性、健康、文明的婚丧新风和厚养薄葬的孝道观念融入日常生活，直观地向群众展示移风易俗倡导的内容，提高了群众对移风易俗的认知度。用身边的、能感受到的事例积极引导广大群众革除高价彩礼、人情攀比、铺张浪费的陋习，提高了群众对移风易俗的认可度。通过对个别陈规陋习行为施加惩戒，提高了群众对村规民约的敬畏度，达到将文明村风、良好家风、淳朴民风理念内化于心的效果。

第三节　乡村治理共建共治共享

乡村治理有效是中国农村现代化进程中的长期任务，"谁来治理""治理什么""如何治理"是贯穿其中的三个主要问题。要以长期困扰乡村治理的难题为导向，将西南山区区位特点、资源、文化传统与村民实际需求精准匹配起来，抓组织、强核心，以正确的舆论引导人，以先进文化塑造人，增强村民自治组织能力，建立健全乡村监督机制，丰富村民议事协商形式，以规范化的"村规民约"有效补齐行政管理短板，建立自治、法治、德治相结合的乡村治理体系，强化示范带动，提质乡风文明培育行动。以数字化赋能乡村治理，加大农村普法力度，加大对农村非法宗教活动和境外渗透活动的打击力度，取缔邪教组织，依法制止利用宗教干预农村公共事务，加大基层小微权力腐败惩治力度，健全乡村矛盾纠纷调处化解机制，持续推进法治乡村和平安乡村建设。培育和树立一批乡村治理先进典型，发挥其引领示范和辐射带动作用，逐次递进地推动西南山区乡村的治理有效，是理性和现实的需要。

一、深入推进法治乡村建设

《关于加强法治乡村建设的意见》提出，要深入开展多层次、多形式的法治乡村创建活动，将自治、法治、德治相结合的"三治融合"理念贯穿民主法治示范创建活动全过程，推动形成以自治"共建共享"、以法治"定分止争"、以德治"春风化雨"的基层社会治理新格局。要教育引导乡村干部群众自觉尊法、学法、守法、用法，自觉办事依法、遇事找法、解决问题用法、化解矛盾靠法，到2035年基本完成法治乡村建设目标。

（一）健全农村公共法律服务体系

西南山区属于多民族地区，各地乡风乡情各异，实现乡村的治理有效必须依据国家法律法规，结合本地乡村发展实际，制定促进乡村振兴的地方性法规和地方政府规章，激活社会治理新动能，为新形势下的乡村治理注入新动力。

第一，依据《乡村振兴促进法》等修改完善与本地区相适应的涉农规章制度，根据《土地管理法》的修改情况，加快推进土地管理方面法规制度的研究工作。围绕乡村振兴战略实施过程中面临的新情况、新问题，重点就培育新型经营主体，推动资源变资产、资金变股金、农民变股民、乡村集体经济的实现形式和运行机制等立法研究。

第二，引导村民参与依法制定和完善村民自治章程、村规民约等自治规章制度。村规民约属于非正式制度，是国家法律等正式制度的补充，在特定领域能替代国家正式制度发挥社会治理作用。村规民约源于乡村历史、基于村民价值认同，因而更容易被村民认可和遵守。因此，治理乡村不仅要重视法律法规的顶层设计，还要结合乡村治理现实需求，进一步完善和新建村规民约，严格履行村规民约草案审核和备案制度，健全合法有效的村规民约落实执行机制，以更好地发挥村规民约在乡村治理中的作用。

第三，健全农村公共法律服务体系，提升公共法律服务热线的群众知晓率，加强乡镇司法所、公共法律服务工作站建设，推进公共法律服务工作室进村入社，实现乡村公共法律服务全覆盖。加强对农民的法律援助和司法救助，扩大受援对象和事项范围，引导群众通过网络平台、热线平台寻求帮助，做到应援尽援。

（二）健全乡村矛盾纠纷调处机制

一是完善调解、仲裁、行政裁决、行政复议、诉讼等有机衔接、相互协调的多元化纠纷解决机制。进一步巩固和加强乡村人民调解组织建设，建立健全乡村调解、县市仲裁、司法保障的农村纠纷调处机制，真正实现并巩固人民调解组织在乡村全覆盖。根据矛盾纠纷的性质、涉及人数、财产数额等情况，细化类型、分级归类、分层处置，对轻微矛盾纠纷，由调解员或村级调委会直接调处；对重大矛盾纠纷，县、乡有关部门提前入村指导或直接处置；对确不适宜调解的矛盾纠纷，应做好导入诉讼和协助起诉工作。做到"小事不出村、大事不出乡"，将基层矛盾消灭在萌芽状态。

二是探索"智慧+网格化"管理模式。充分运用大数据、人工智能、云计算等现代技术，利用好乡村公众号、村民微信群，加强信息的及时性、规范性和科学性筛查，推进"数字法治·智慧司法"建设，加快打造"云上执法"数字化平台。结合村民居住现状，制定网格化管理方案，夯实网格员队伍，形成横向到边、纵向到底、全面覆盖的基层网格化管理服务体系，实现大事全网联动，小事一格解决。

三是加大违法犯罪活动打击力度，形成震慑力，防止矛盾激化。要加强农民群众拒毒防毒和马克思主义宗教观的宣传教育，严厉打击敌对势力、邪教组织、非法宗教活动向农村地区的渗透。持续开展消防、公共卫生、生产安全、食品药品安全、地质灾害等农村安全隐患排查和专项治理工作，加强对社区矫正对象、刑满释放人员等特殊人群的服务管理。深入推进扫黑除恶专项斗争，大力开展农村基层"微腐败"整治，严厉打击农村黑恶势力、宗族恶势力把持基层政权、操纵破坏基层换届选举、侵吞集体资产等违法犯罪活动，做到有黑扫黑、无黑除恶、无恶治乱，形成强大震慑。

（三）深入开展普法教育

开展普法活动，以村民喜闻乐见的方式，让村民知法懂法，树立健康的法制观念，让依法决策、依法办事成为农民的习惯和自觉，是法治乡村建设的关键环节。

第一，整合法学专家、律师、政法干警及基层法律服务工作者等资源，鼓励乡镇党委和政府根据需要设立法律顾问和公职律师，完善政府购买服务机制，充分发挥律师、基层法律服务工作者在提供公共法律服务、促进乡村依法治理中的作用，落实好"谁执法谁普法""谁主管谁普法""谁服务谁普法"的普法责任制。

第二，加强乡镇行政执法人员业务培训，严格按照法定职责和权限执法。大力实施农村"法律明白人"培养工程，重点培育一批以村两委班子成员、人民调解员、网格员、村民小组长等为重点的"法治带头人"。将政府涉农各项工作纳入法治化轨道，规范农村基层行政执法程序。

第三，深入开展"法律进乡村"活动，创新普法平台、载体、方法，丰富普法形式。推广车载法庭等巡回审判方式，加大涉农交通肇事、控辍保学和赡养老人等案件巡回审理力度，构建法治广场、长廊、公园、一条街等法治乡村宣传阵地，营造依法办事的社会氛围。

（四）深化法治乡村示范创建活动

一是深入开展多层次、多形式法治创建活动，以"民主法治示范村（社区）"建设为载体，通过典型示范，引领带动法治乡村建设。突出示范建设质量，完善"民主法治示范村（社区）"建设指导标准，推进"民主法治示范村（社区）"建设科学化、规范化。

二是强化动态管理机制，对已获得"民主法治示范村（社区）"称号的村定期进行复核，对复核不合格的取消"民主法治示范村（社区）"称号。加强"民主法治示范村（社区）"普法骨干培训，提高村干部建设法治乡村的能力。

三是探索建立"民主法治示范村（社区）"第三方评价机制，提高评价考核的客观性，提升示范建设工作水平。建立健全奖励激励机制，对于被评定为"民主法治示范村（社区）"的村（居）委员会，当地党委政府应给予适当资金支持和帮助。对通过弄虚作假手段获得"民主法治示范村（社区）"称号，以及获得"民主法治示范村（社区）"称号后，不作为、不担当，敷衍了事的或者乱作为，不讲政治、不讲纪律、不讲规矩，放任事态扩大、造成矛盾激化，造成不良社会影响，甚至影响社会稳定的村（居）委员会，严肃追责相关责任人，予以其行政处分，直至追究法律责任。

二、健全多元主体协作乡村治理机制

机制本质上是一种游戏规则，科学的机制有利于激发组织活力。多元主体协作参与乡村治理的机制是一个包括目标责任机制、激励机制、约束机制和监督机制在内的综合系统。

（一）支持多方主体参与乡村建设

一是坚持农民主体。农民的乡村，要为农民而建，依靠农民建设。坚持农民主体是"以民为本"发展思路、"以人民为中心"发展思想在乡村治理领域的体现。要从保护最广大农民长远利益的高度，充分调动广大农民积极性、主动性、创造性，找准群众利益平衡点和社会和谐公约数，依靠群众、让群众认可、让群众满意。农民的主体性概括为"在经济、社会、政治、文化等方面都有主导权、参与权、表达权、受益权和消费权等"[①]，也可以将其分解为经济主体性、社会主体性、文化主体性等。《乡村建设行动实施方案》提出，要完善农民参与乡村建设机制，依托村民会议、村民代表会议、村民议事会、村民理事会、村民监事会等，引导农民全程参与乡村建设，保障农民的知情权、参与权、监督权；在项目谋划环节，要加强农民培训和指导，

---

① 王春光.关于乡村振兴中农民主体性问题的思考［J］.社会科学文摘，2018，31（7）：5-8.

组织农民议事，激发农民主动参与意愿，保障农民参与决策；在项目建设环节，鼓励村民投工投劳、就地取材开展建设，积极推广以工代赈方式，吸纳更多农村低收入群体就地就近就业；在项目管护环节，推行"门前三包"、受益农民认领、组建使用者协会等农民自管方式；要完善农民参与乡村建设的程序和方法，在乡村建设中深入开展美好环境与幸福生活共同缔造活动。

二是动员引导社会组织参与。参与乡村振兴，既是社会组织的重要责任，又是社会组织服务国家、服务社会、服务群众、服务行业的重要体现，更是社会组织实干成长、实现高质量发展的重要途径和广阔舞台。《乡村振兴战略规划（2018—2022年）》提出，乡村建设在坚持党和政府主导的同时，要加强社会协同，鼓励社会各界投身乡村建设；加强妇联、团支部、残协等组织建设，充分发挥其联系群众、团结群众、组织群众参与民主管理和民主监督的作用。《中共中央　国务院关于实现巩固拓展脱贫攻坚成果同乡村振兴有效衔接的意见》提出，要坚持行政推动与市场机制有机结合，发挥集中力量办大事的优势，广泛动员社会力量参与，形成巩固拓展脱贫攻坚成果、全面推进乡村振兴的强大合力。中共中央办公厅、国务院办公厅印发的《乡村建设行动实施方案》《乡村振兴责任制实施办法》强调，要探索建立健全企业支持乡村振兴机制，发挥第三次分配作用，鼓励引导各类公益慈善资金支持乡村振兴，鼓励公民个人主动参与乡村振兴，大力引导和鼓励社会力量投入乡村建设。民政部、国家乡村振兴局《关于动员引导社会组织参与乡村振兴工作的通知》专门指出，将社会组织参与帮扶纳入乡村振兴工作统筹谋划、一体部署，以开展专项行动为载体，进一步整合社会资源、挖掘社会组织潜力，形成社会组织参与乡村振兴的共同意愿与行动。出台、优化服务保障举措，进一步鼓励、支持社会组织参与防止返贫监测和帮扶，加大易地扶贫搬迁后续帮扶工作力度，引导社会组织在促进脱贫人口稳定就业、加大技能培训力度、发展壮大脱贫产业、加强农村低收入人口常态化帮扶方面发挥积极作用，努力增强脱贫地区的自我发展能力。

三是坚持政府主导。贫困地区无区位优势，除了生态环境良好外，发展基础几乎是全面性的薄弱，而且农业属于投资周期长、利润率偏低、受自然灾害影响最大的产业，本质上不是社会资本的偏好。贫困地区脱贫攻坚成果的巩固与拓展，乡村振兴的全面推动，离不开政府持续的经费投入、连续的政策保障和强有力的推动。必须坚持政府主导地位不动摇，发挥好政府的主导作用，继续加大对农业农村的支持力度，优化农业保护政策体系和强农惠农政策，加强对本行政区域内衔接推进乡村振兴工作的领导，协调解决巩固拓展脱贫攻坚成果、衔接推进乡村振兴中的重大问题，将乡村振兴工作纳入本级国民经济和社会发展规划，建立相应的考核评价制度、工作年度报告制度和监督检查制度。

（二）坚持"三治融合"治理方式

乡村是生产单位，也是共同生活、患难相助的基础单元。随着城乡人口双向流动的加快，费孝通描述的"熟人社会"乡村结构已逐步解体，单纯依靠原来的宗法伦理、乡规民约、道德礼俗进行调控难以为继，必须依靠建立健全的现代化乡村治理体系，才能真正规范好农村社会秩序。方式科学、方法合理，才能事半功倍，中国历史和实践表明，自治、法治、德治是乡村治理的三种基本方式，三种方式都存在其适合的领域，都可以单独运行，但是只有自治、法治、德治"三治"融合才是契合乡村治理需求的最有效方式，才有助于实现治理有效最大化的目标。对此，习近平总书记多次强调，健全自治、法治、德治相结合的乡村治理体系，是实现乡村善治的有效途径。要在实行自治和法治的同时，注重发挥好德治的作用，推动礼仪之邦、优秀传统文化和法治社会建设相辅相成。要继续进行这方面的探索和创新，并不断总结推广。

第一，坚持自治为基础。邓小平指出，中国最大的民主"在农村就是下放给农民"①。自20世纪80年代就已经实行的村民自治制度仍然是当前农村社会治理体系建设的主导方向。从实践后果上看，村民自治组织直接面临村民的各种治理诉求，能通过各种非正式的途径获得信息了解情况，及时化解矛盾，存在治理速度快、效率高、成本低的优势；反之，背离村民自治原则的村级治理必然会导致村庄公共性的消失，以及资源下乡的低效甚至无效等一系列后果。参与是治理的核心。坚持自治为基，要保障村民切实拥有对如

---

① 邓小平．邓小平文选：第3卷［M］．北京：人民出版社，1993：252.

何建设自己家乡的发言权，让农民说事、议事、主事，形成以村党委为议事主导，由村民议事会决策、村民委员会执行、村民监事会监督的村民自治平台，充分发挥自治章程、村规民约在乡村治理中的独特功能，大力扶植道德评议会、红白理事会、乡贤评议会、村民议事会等群众自治组织。

第二，充分发挥法治的保障作用。农村是法治建设相对薄弱的领域，要"发挥基层党组织在全面推进依法治国中的战斗堡垒作用，增强基层干部法治观念、法治为民的意识，提高依法办事的能力"①。法治是乡村治理的前提和保障，要把政府各项涉农工作纳入法治化轨道，加强农村法治宣传教育，完善农村法治服务，引导干部群众尊法、学法、守法、用法，依法表达诉求、解决纠纷、维护权益。充分发挥法治的保障作用，要进一步完善公共法律服务体系建设，让法治有法可依；要不断加强法治宣传教育和培训，让依法办事成为农民的一种习惯；要加快实施以村两委为重点的农村"法律明白人"培养工程，打造一支专业化的公共法律服务队伍，吸引更多优秀大学生和其他法律相关专业的人员深入基层，为农民提供更专业的法律援助，为法治乡村建设提供人才支撑。

第三，要重视德治的引领作用。在"皇权不下县、乡绅治四方"的中国古代社会，乡绅在乡村有较大话语权，德治是具有代表性的治理方式，强调通过发挥乡绅、乡贤、族长、寨老等德高望重者的作用，对村民的思想观念、价值取向、行为选择进行规劝和引导，从而实现乡村治理。德治仍然是新时代国家治理的重要方法，发挥德治的引领作用，要善于利用村规、民约、族规等非正式制度来弥补法治的不足，要将社会主义核心价值观融入村规民约，通过"道德模范""五好家庭""最美乡村"等评选活动，弘扬积极向上的社会主义正能量，营造和谐文明的乡村生活环境。要发挥好乡村优秀传统文化的教化功能，让传统习俗回归农民生活，为乡村德治提供不竭动力。要以农村贤者为主体，建立并发挥好村级各级监督委员会的作用。

（三）建立紧密的利益联结机制

经典社会组织学认为，社会是一个若干共同活动的集合，行动者建构了

---

① 中国共产党第十八届四中全会公报［N］．人民日报，2014-10-23（1）．

系统，而系统又约束着行动者。① 马克思主义认为，人的本质在其现实性上是一切社会关系的总和，个人与社会的关系，最根本的是个人利益与社会利益的关系。随着乡村经济社会的快速发展和社会结构的日渐开放，各种合作社等经济组织、志愿者团体等社会组织，以及企业等市场主体也逐渐参与乡村治理中，这些多元主体的参与为乡村治理贡献了积极力量，但主体的多元化与关系的复化性对合理利益联结机制的构建提出了极大挑战。从经济学的角度分析，各参与主体出于理性"经济人"的假设，每个治理主体都会衡量自己的权利与利益得失，总是在一定条件下追求自身利益最大化，引致主体之间的关系错综复杂，导致集体行动困境，难以塑造一个高效的多元化治理格局。提高多元主体合作效率的关键是培育利益联结的价值基础和内在动力，完善多方主体利益的联结机制，使其产生利益趋同效应。

企业有利润、农民有收入、集体经济有收益，把三方利益绑在产业链上，才能形成紧密的利益共同体。《乡村振兴促进法》从法律上明确了"三农"领域的国家职能，构建了城乡融合发展、破解城乡二元结构的基本法律体系，明确了农民群众、各类市场主体和各级政府在乡村振兴战略实施中的定位。要把脱贫户尤其是边缘脱贫户及低收入农户置于乡村产业链中，充分保障入社农户的合作权利和经济利益，让小农户通过要素流动和参与分配等方式分享现代农业发展成果。以农村集体合作社统一与企业签订土地租赁合同的方式来保证农民获取稳定的土地收益，按照不同主体"风险共担、利益同享"以及投入与收益对等原则，企业投入资金、技术和管理，农民投入土地与劳动力，所得收益按投入要素的折股数量进行股份分红，企业获得资金、技术和管理股收益，农民获得土地入股和劳动力工资收入。为提高社会组织参与乡村振兴的积极性，要在社会组织评估、评优等工作中增设社会组织参与乡村振兴指标，加大有关分值比重，通过政策引导和激励，激发社会组织参与乡村振兴活力。

三、加强农村基层党组织对乡村振兴的全面领导

农村要发展，农民要致富，关键靠支部。农村基层党组织是党在农村全

---

① 李友梅. 组织社会学与决策分析 [M]. 上海：上海大学出版社，2009：3.

部工作和战斗力的基础。要抓好以村党组织为核心的村级组织配套建设，把基层党组织建设成为带领乡亲脱贫致富、维护农村稳定的坚强领导核心。① 扶贫开发，要给钱给物，还要建个好支部，要选好配强村级领导班子。要鼓励大学生、退伍军人、在外务工经商等本土人士返乡担任村干部和创新创业。② 要加强农村基层党组织带头人队伍和党员队伍建设，整顿软弱涣散农村基层党组织，解决弱化、虚化、边缘化问题。要强化农村基层党组织领导核心地位，创新组织设置和活动方式，持续整顿软弱涣散村党组织，稳妥有序地开展不合格党员处置工作，着力引导农村党员发挥先锋模范作用。③ 要坚持大抓基层的鲜明导向，抓紧补齐基层党组织领导基层治理的各种短板。"十四五"时期，要在加强基层基础工作、提高基层治理能力上下更大功夫；始终坚持党对农村基层工作的全面领导，提高农村基层党组织建设质量，为乡村全面振兴提供坚强政治和组织保障。④

西南地区农村基层党组织普遍存在成员平均年龄偏大、平均受教育年限较短、视野狭窄、社会资本较少的问题，部分农村基层党组织涣散，战斗堡垒作用发挥严重不足。脱贫攻坚期间的党建扶贫和驻村干部选派，较好地提高了基层党组织的战斗力，有效提升了乡村治理水平，但治理人才缺乏、治理手段落后、战斗力不强问题在部分原深度贫困地区仍然存在，与拓展脱贫攻坚成果和推进乡村振兴的要求还存在较大差距，巩固和拓展脱贫攻坚成果，必须建强农村基层党组织，充分发挥农村基层党组织领导作用和党员先锋模范作用，不断提升基层党组织对村民需求的回应能力和治理能力，充分发挥党组织在基层治理中的引领作用，让其成为推动乡村振兴的坚强战斗堡垒，以乡村治理有效带动其他各项工作有序推进。

（一）始终坚持党建引领

党管农村工作是我们的传统，党建引领是我们在基层治理方面的独特优势，是激活乡村主体性实现有效衔接的重要保证。基础不牢，地动山摇。农

---

① 习近平. 做焦裕禄式的县委书记［M］. 北京：中央文献出版社，2015：20-22.
② 中共中央党史和文献研究院. 习近平扶贫重要论述摘编［G］. 北京：中央文献出版社，2018：37-38.
③ 中共中央国务院关于实施乡村振兴战略的意见［N］. 人民日报，2018-02-05（1）.
④ 习近平. 习近平谈治国理政：第4卷［M］. 外文出版社，2022：60-61.

村工作千头万绪，抓好农村基层组织建设是关键。农村社会结构如何变化，无论各类经济社会组织如何发育成长，农村基层党组织的领导地位不能动摇、战斗堡垒作用不能削弱。① 中共中央办公厅、国务院办公厅印发的《乡村振兴责任制实施办法》强调，村党组织书记是本村乡村振兴第一责任人，带领村两委班子成员抓好具体任务落实，加强与驻村第一书记和工作队等帮扶力量沟通协调，经常性入户走访农民群众，原则上每年走遍或者联系本村所有农户，及时协调解决农民群众生产生活实际问题。切实把基层治理作为有力抓手，探索基层治理新模式，着力提升基层治理效能，加快推进基层治理体系和治理能力现代化，把农村基层党组织建成宣传、贯彻、领导基层治理、团结动员群众、推动改革发展的坚强战斗堡垒。

国家支农政策和措施能否落地、生根、结果，"三农"问题能在什么时间解决，在很大程度上取决于是否有一个有战斗力的基层党组织。基层党组织最了解村情、最熟悉村民收入和资产情况，是完成农村土地流转和"三权"分置，组织合作社、壮大集体经济，引领农民走向市场，建设美丽乡村的最终实施者。党的惠民利民政策、党的主张、党的决定的宣传，党建引领集体经济发展增收致富产业，应对乡村治理面临的新问题、新挑战，及时化解社会矛盾，有效维持稳定和谐的乡村社会秩序，都需要基层组织来带领、发动、组织和实施。巩固拓展脱贫攻坚成果同乡村振兴有效衔接时期，要始终坚持党的核心领导地位，以实现乡村治理体系现代化为导向，以农村基层党组织建设为主线，选优配强乡镇领导班子特别是党政正职，持续优化村两委班子特别是带头人队伍，派强用好驻村第一书记和工作队，发挥好村集体领办合作社的组织优势，常态化整顿软弱涣散村党组织，理顺乡镇基层政府与村委会的关系，加强对村两委干部"一肩挑"的监管。

（二）持续推进培优工程

党员培优是要把党员培养成为脱贫致富能人，把脱贫致富能人培养成为党员，增强他们带头脱贫致富，带领群众脱贫致富的能力，为巩固拓展脱贫攻坚成果、实现乡村振兴提供坚实的组织保障和人才支撑。实施"双培双带"

---

① 中共中央党史和文献研究院. 习近平关于"三农"工作论述摘编［G］. 北京：中央文献出版社，2019：185.

工程，就是要把干部队伍作为关键来抓，把致富能人作为骨干来抓，把党员队伍作为基础来抓，把增加农民收入作为目标来抓。通过思路上"领"、政策上"扶"、信息上"引"、物质上"帮"、技术上"带"、措施上"促"，真正实现党员带领群众共同发展，党组织带领致富带头人不断进步的目标。有些地方还探索了"双引"工程，要把外乡能人"引进来"，把本乡能人"引回来"，扶持外乡能人在乡创业、扶持本地能人回乡创业，增加群众就近就业机会，通过能人促进地方经济社会发展，合起来称为"双引、双培、双带"党员培优工程。

（三）推动党员带头示范

行动是最有力的带动，示范是最鲜明的垂范，一名党员就是一面旗帜，巩固拓展脱贫攻坚成果、衔接推进乡村振兴，要靠广大党员干部发挥先锋模范作用。2021年2月7日，习近平总书记在给河北省平山县西柏坡镇北庄村全体党员的回信中强调，"在全面建设社会主义现代化国家新征程上，希望你们坚决响应党中央号召，充分发挥先锋模范作用，把乡亲们更好团结起来、凝聚起来，心往一处想，劲往一处使，让日子过得越来越红火"①。老党员要充分利用自身威信、经验优势和影响力，积极支持并参与移风易俗、村级集体经济发展，尤其是在矛盾纠纷调解、留守儿童关爱、环境卫生整治、社会治安等方面发挥好作用。青年党员要结合本乡、本村、本寨实际，发挥好自身技术、资金等优势，带头创业、带动其他党员群众创业，以创业带动就业。流动党员充分利用自身见多识广的优势，积极为家乡招商引资、出点子、想办法，当好家乡乡村治理的引路人。

（四）加强"微腐败"治理

农村基层干部的权力被称为"微权力"，权力不大但关乎人民群众切身利益。"微腐败"是发生在群众身边的不正之风和腐败问题。农村"微腐败"的主体主要是村两委干部，且多发于位置偏远、发展比较滞后的村，贪腐金额一般不大但影响面广，群众反映强烈，影响党群关系，破坏党的形象。有效防止"微权力"乱用，坚决遏制群众身边的"微腐败"现象一直是党的建

---

① 习近平回信勉励河北省平山县西柏坡镇北庄村全体党员［N］. 中国社会科学报，2021-02-09（A1）.

设的重要内容。党的十八大以来，全面从严治党深入推进，过去不少不受约束的"微权力"，逐步被关进制度的笼子，加之持续的高压反腐，"微权力"运行更加规范，"微腐败"得到了有效遏制。因此，习近平总书记评价说，我国有几百万农村基层干部，常年风里来雨里去，同农民直接打交道，是推动农村发展、维护社会稳定的基本力量。这支队伍总体是好的，是信得过、靠得住、有战斗力的。不过随着乡村振兴项目和资金的逐年增多，部分"苍蝇"无法抵御诱惑，仍在一些领域兴风作浪。必须在赋予村级组织足够治理空间和治理权限的同时加强权力监督，列出责任清单、规范流程、划定红线，让村干部明白"该干什么""怎么干""不能干什么"。全面落实"四议两公开"制度，切实解决村务公开内容偏少，术语过专，农民看不懂的村务监督难问题。增加村两委干部工资绩效的群众评议比重，克服村级组织悬浮于乡村社会的弊病，努力让村级组织与农村社会始终保持密切关联。

第四节　人才扶贫向人才振兴升级

外部资源最终要与内部承接要素结合才能发挥作用，外部资源最终效用的大小与内部承载主体能力的大小呈正相关关系。从发达国家的乡村建设实践可以看出，人才储备是乡村发展的核心力量，也是乡村获得长期发展的内生动力。巩固拓展脱贫攻坚成果、衔接推进乡村振兴、推动乡村全面振兴的每个方面都要人才去实现。西南山区对标东部发达地区存在补弱、追平、同步现代化的多重任务，对乡村产业发展、科技推广、创新经营、环境保护、文化传承、乡村治理等方面人才需要非常迫切。要在脱贫攻坚阶段补齐人才短板的基础上，充分利用国家新一轮西部大开发，提振国内消费市场，构建国际国内双循环相互促进新发展格局的有利时机，建立乡村人才振兴长效机制，统筹人才引进和本土人才培育，以超大力度培养本土人才，以超常规待遇引进人才，着重做好人才激励和平台建设，让人才留得下，并实现人尽其才。

一、人才是西南山区乡村振兴所需第一资源

知识经济和现代经济增长相关理论认为，财富与智力、道德、勤奋、创造与进取成正比，随着这些因素增进或减退，不能仅仅着眼于眼前的财富，而应当着重于未来生产力的培育；否则，愚昧和贫困情况的演进就势难避免。传统农业下，经营主体掌握几乎同样的技术，已经在给定条件下进行了资源的最优配置，但收入增长的贡献率仍然偏低，摆脱"有效率的贫穷"的关键是要加强对农业的教育投资，提高农业生产要素的技术含量，农民的人力资本水平要达到最低条件的"关键性门槛"。

传统农业社会中的农民愚昧落后、缺乏理性，对经济刺激不能做出正常反应，生产要素配置效率低下。舒尔茨在《人力资本》中提出："改善穷人福利的决定性因素不是空间、能源和耕地，而是人口质量和知识的进步。"① 也就是说，乡村发展到一定阶段，农田和其他资本不是穷人致富的决定性约束条件，物质资本的重要性在下降，技能和知识的重要性在上升。在《改造传统农业》一书中，舒尔茨把农业经济问题与人力资本理论结合起来，认为"农民的技能和知识水平与其耕作的生产率之间存在着有力的正相关关系"②。因此，必须对农民进行人力资本投资，要对农民进行通识教育、职业技能培训，提供医疗救助、提高他们的健康水平等。要向农民提供有关新生产要素的信息并提供培训等服务，让农民学会使用这些新生产要素，为引进新的现代农业生产要素创造条件。引进新生产要素，既要引进杂交种子、机械等物的要素，更要引进具有现代科学知识、能够运用新生产要素的人，依托农业推广站等机构将新生产要素扩散出去。

在《资本论》中，马克思提出资本和技术可以替代土地稀缺的理论。"由于耕作的自然规律，当耕作已经发达到一定的水平，地力已经相应消耗的时候，资本（在这里同时指已经生产的生产资料）就会成为土地耕作上的决定要素。"③ 换言之，地力下降是自然规律，人与自然关系的和谐，构建生态文

---

① 舒尔茨. 人力资本 [M]. 北京：华夏出版社，1990：63-64.

② 舒尔茨. 改造传统农业 [M]. 北京：商务印书馆，1987：136.

③ 马克思，恩格斯. 马克思恩格斯文集：第7卷 [M]. 北京：人民出版社，2009：762.

明社会，都需要以资本和技术的相对充裕来弥补土地的稀缺，实现农业由粗放经营向集约经营的转变。就乡村振兴而言，需要培育新型乡村劳动者，加强农村人力资本投资，实现劳动者价值的不断增值。

邓小平反复强调，农业的发展一靠政策，二靠科学技术，最终还是要靠科技解决问题。他说："农业文章很多，我们还没有破题。农业科学家提出了很多好意见。要大力加强农业科学研究和人才培养。提高农作物单产，发展多种经营，改革耕作栽培方法，解决农村能源、保护生态环境等，都要靠科学。要切实组织农业重点项目的攻关。"① 早在2012年，习近平总书记在河北省阜平县考察扶贫开发工作时就提出，"一个地方必须有产业，有劳动力，内外结合才能发展"②。2018年3月8日，习近平总书记在参加十三届全国人大一次会议山东代表团审议时指出："要推动乡村人才振兴，把人力资本开发放在首要位置，强化乡村振兴人才支撑，加快培育新型农业经营主体，让愿意留在乡村、建设家乡的人留得安心，让愿意上山下乡、回报乡村的人更有信心，激励各类人才在农村广阔天地大施所能、大展才华、大显身手，打造一支强大的乡村振兴人才队伍，在乡村形成人才、土地、资金、产业汇聚的良性循环。"③ 2020年1月，农业农村部等部门联合指出，要引进一批返乡入乡人才，返乡入乡创业企业招用的技术技能人才、经营管理人才，纳入当地人才引进政策支持范围。④ 2021年，中共中央办公厅、国务院办公厅印发的《关于加快推进乡村人才振兴的意见》强调，要从人才培养出发，建立健全乡村人才振兴体制机制。促进返乡创业，充分发挥乡贤作用，鼓励青年干部和大学生服务乡村振兴。在此基础上还要加强基层党组织建设，选好乡村振兴带头人。2022年12月23日至24日，中央农村工作会议在北京举行，习近平总书记在会议上强调，"要坚持本土培养和外部引进相结合，重点加强村党组

---

① 邓小平. 建设有中国特色的社会主义 [M]. 增订本. 北京：人民出版社，1987：12.
② 习近平. 在河北省阜平县考察扶贫开发工作时的讲话 [J]. 理论导报，2021，398（2）：30.
③ 习近平. 在参加十三届全国人大一次会议山东代表团审议时的讲话 [N]. 人民日报，2018-03-09（1）.
④ 任社宣. 人社部财政部农业农村部印发《关于进一步推动返乡入乡创业工作的意见》[N]. 中国组织人事报，2020-01-09（1）.

织书记和新型农业经营主体带头人培训，全面提升农民素质素养，育好用好乡土人才；要引进一批人才，有序引导大学毕业生到乡、能人回乡、农民工返乡、企业家入乡，帮助他们消除后顾之忧，让其留得下、能创业"。①

从理论上而言，人力资本的积累取决于个人、家庭的努力以及政府提供的公共服务数量和质量。教育和健康支出是生产性支出，人力资本水平通过人的健康状况、知识、技能、资历、经验和熟练程度表现出来，若农民人力资本积累和发展能力低，则无法及时响应市场机遇、有效利用有利条件。就现实实践与发展趋势而言，现代技术改造传统农业，增加农业附加值弹性，尽可能产业化和市场化是现代农业发展的必然。目前，智能机器人在农业领域已经有了很广泛的应用，如无人机在喷洒农药、施肥、调查农作物产量、病虫害等方面都发挥了非常大的作用，有些山区丘陵地方的耕种收小型机器人都在发挥作用，农业领域在加快进入机械化、智能化、规模化时代，任何对外界资源的过度依赖都会阻滞农业产业化、市场化进程，阻滞农民由身份到职业的顺利转换，迟滞贫困地区现代化进程。

人力资本投资在诱致农业技术变迁，加快农业新技术推广上起着关键性作用，农户家庭主要劳动力对农业新技术的认可、学习与应用能力影响科技扶贫效果和产业帮扶效果。孔祥智等分析认为，劳动力是1978年以来推动中国农业发展技术变迁的最核心要素②，未来中国农业发展要培育新型职业农民，提高农业劳动力的素质和技能。必须培育与本地资源禀赋和文化禀赋相匹配的产业形态，加大对脱贫人口职业技能的培训力度，使之能够适应新产业发展、新技术应用的素质要求。坚持通过区域持续发展来实现对脱贫攻坚成果的巩固和拓展，着力提高全域存量劳动力的人力资本投资，加强农村干部、经营主体、农业生产技术人员的全员培训，提高农业经营人员利用新技术、新品种、新知识的能力，提高全域农业劳动生产率，优化农业科教资源配置，加快推进种业科技创新，加快智慧农业发展，提高农户和区域内生发

---

① 习近平在中央农村工作会议上强调：锚定建设农业强国目标，切实抓好农业农村工作［N］．人民日报，2022-12-25（1）．

② 孔祥智，张琛，张效榕．要素禀赋变化与农业资本有机构成提高：对1978年以来中国农业发展路径的解释［J］．管理世界，2018，34（10）：147-160．

展动力和能力。

二、建立多种方式并举的人才资源开发机制

目前，西部地区提升乡村人力资本水平的首要目标是组织农民外出务工，对本地乡村产业发展端群体的技能培训不够。乡村振兴的人才需求是全方位和多领域的，既需要培养科技人才、经营管理人才、产业发展人才，也需要发掘培育乡土能人、乡村工匠；既需要有号召力的带头人、"领头羊"，也需要懂技术、善经营的"创业者""田秀才"。

（一）加大教育和农业科技人才扶持

教育本身是人的可行能力的基础和关键组成部分，尤其是职业教育能显著提高贫困地区和贫困人口人力资本水平，阻断贫困代际传递，增强其未来实现可持续生计的潜在能力，是培育农户市场意识、风险意识、守法意识、自觉利用新技术、主动提高职业新技能、遵守职业道德最直接、最有效的途径。对于政府而言，就是要在公共资源约束下，根据经济社会基本结构和社会需求的动态变化，调整教育投资重点领域，识别教育投资对象，优化教育投资区域布局，充分调动公共部门和私人部门教育资源，创新教育服务供给方式，提高农民做新型职业农民、经营现代家庭农场、参与新媒体营销的能力。科技扶贫也属于智力扶贫，目的在于增强贫困地区和贫困人口内生动力和创业能力，是 20 世纪 80 年代中期以来一直采用的扶贫措施。科技扶贫在实践中形成了一些比较有效的做法，如强调通过科技扶贫实现扶持地区和农民的自我发展，注重引进先进、成熟、适用的技术，建立健全科技示范网络，组织开展各种类型培训，开展科普宣传，提高贫困人口科学素养，这些科技扶贫的好经验、好做法要大力推广到过渡时期的巩固拓展脱贫攻坚成果、衔接推进乡村振兴和乡村的全面振兴工作中。

（二）推进农村公共服务均等化

与非贫困地区相比，贫困地区的基本公共服务无论在量上还是在质上都存在不足，基本公共服务的不均等又在一定程度上加深了发展的不平衡。脱贫攻坚的决定性胜利，大大缩小了西南山区与发达地区在基本公共服务供给方面的差距，但由于基本公共服务长期"非均衡化"推行，西南山区农村地

区的公共服务体系建设和公共服务供给质量整体来看还是比较滞后。"十四五"期间，公共服务均等化的目标之一，就是要将教育、医疗、卫生、健康等非收入维度的公共服务指标纳入乡村振兴综合考评体系，在财政支农资金的支出结构上，逐步加大对教育、公共卫生、医疗服务等方面的投入，并把基本公共服务投入与新型农民培育、传统农业改造、农村基层社会治理相结合；同时，更好地发挥市场资源的作用，提高资本利用效率，建立更公平的利益表达和分享机制，加强基层党组织建设，完善基层民主制度，保障农户参与社会管理的自由和机会，实现脱贫不稳定地区基本公共服务主要领域指标接近全国平均水平，促进公共服务"质量均等化"全民覆盖，巩固拓展脱贫攻坚的"公共服务"质量。

（三）"四结合"培养乡村振兴人才

一是"内育"与"外引"相结合。现代产业组织既需要普通劳动者，也需要能够有效融合劳动的企业家；乡村振兴不仅要培育乡村劳动大军成为新型职业农民，也要培育农村龙头企业家这样的领军人才。需要"外引"懂科技、懂管理、懂法律、懂市场的人才打造龙头企业，鼓励乡贤返乡创业打造"雁归经济"，加力"内育"培养本土人才。强化企业在人才培训中的主体性作用，将培训与实践相结合，由企业按照产业发展需要提供针对性能力培训，让农民在干中学、在用中学，把政策项目变成具体项目，把政策效益变成经济效益和社会效益。

二是学历教育与技能培训相结合。"职业技能与学历双提升工程"的主要目标是服务全面推进乡村振兴战略需要，实施路径是以提升学历水平、职业技能和农业生产经营能力为导向，深入推进面向农村的职业教育改革，加快培养新型职业农民，全面扫除不能识别现代社会符号以及不能用现代工具进行学习、交流、管理等功能性文盲。学历教育与技能培训相结合有助于快速提高劳动力人口平均受教育年限，提升劳动力人口综合素质和职业技能，提高就业竞争力，促进就业、增加收入，有效防止规模性返贫发生，同时将农村剩余劳动力转换为优质的人力资源，为乡村振兴战略提供人才支撑，是巩固拓展脱贫成果与乡村振兴有效衔接的关键、有效的一招。

三是短期培训与常态化培训相结合。短期培训，如返贫动态监测和精准帮扶、农村改革和新型农村集体经济发展新政策、禁毒防艾、控辍保学、计划生育等与业务和新政策内容相关的培训，能够帮助乡村振兴各类主体全面分析当前工作中的矛盾和困难，及时发现解决实际问题的思路，提高科学借用政策之力解决急难问题的能力。常态化、全覆盖的业务培训，如农村基层党风廉政建设、衔接资金与产业项目库建设、农村集体资产管理、扶贫项目资产后续管理等业务知识的培训，能帮助留任的上一轮驻村干部找准前期存在的不足，反思前期工作中存在的问题，有针对性地采取措施加以解决；能帮助新任驻村干部尽快适应乡村振兴新变化，尽快熟悉衔接资金政策和项目库建设新要求，提高其集体资产管理能力，以及在农业农村中运用数字技术等的能力。

四是远程指导与入户指导相结合。线上平台培训能够把居住分散的农户通过互联网集中在一起，大大减少了培训成本，课程回放功能也使群众听课时间更加灵活，避免了忙闲不均"一刀切"的问题。线上平台培训还提供在线选学、在线提问和在线评议等服务，既能满足广大群众个性化的学习需求，又能提升其解决实际问题的能力。但有些急难问题以及需要在实践中不断积累和摸索的技术如种植养殖技术，更需要专业技术人员入户指导，只有这样才能有效解决农民在生产过程中遇到的实际问题。因此，需要把远程指导与入户指导结合起来。

三、充分发挥地方高校人才服务乡村振兴的作用

集聚人才、尊重人才、人尽其才、产出尽可能多的人才，并让他们深度参与乡村振兴和强省强国进程，是地方高校实施人才强校战略、有效参与乡村人才振兴、助力农业农村现代化的关键一招。受传统惯性、经费不足、激励模糊、合作不畅等因素影响，高校人才服务乡村振兴的积极性和效果并不理想。需要加强宣传教育、优化激励机制、开展横向、纵向多层次的联盟或合作，以"敢闯"之勇气，提升"敢闯"之本领，深化高校人才服务和教育教学体制改革。

（一）高校人才服务乡村振兴的重要意义

贫困的终极根源是能力贫困，连片贫困的根本原因是教育贫困。贫困地

区乡村振兴的基础是人才振兴，否则文化振兴、组织振兴、产业振兴都有可能昙花一现。高等学校因工作相对稳定、体面而集中了贫困地区大量的高端人才，如何把高等学校"居高"的人才势能转化为源源不断的"下向"动能，关系贫困地区高等学校的顺利转型，更关系贫困地区能否高质量衔接推动乡村的全面振兴。

就高等学校的教学科研工作者而言，深入基层了解农村、服务农业农民，是情怀所系，也是科研成果转虚向实、把论文真正写在大地上的需要，更是人生价值的最美体现。借鉴内外兼顾、互补互促的经济双循环相关理论，与地方经济社会联系不密切的高等学校能够保持稳定性小步式发展，但很难实现质量性跨越式进步。脱贫攻坚以来，高等学校和一线教师开展了大量的教育扶贫工作，涌现出了一大批最美支教教师和志愿长期扎根贫困基层的科研工作者。智力帮扶，开拓了研究者的视野，密切了知识与劳动、知识分子与普通群众的联系，提升了"三贴近"教学质量，也促进了贫困地区地方高校的转型发展。这是一项系统谋划、重点突破、圈层振兴，功在当代，利在千秋，需要毅力和耐心的伟大事业。

（二）高校人才服务乡村振兴的问题与成因

中国自古以来就有尊师重教的优良传统，十分重视发挥乡绅在乡村治理中的重要作用。高校具有知识密集、人才集中的天然优势，助力乡村振兴已是普遍共识，但在行动落实中往往存在核心专家不下乡、青年教师留不住、有思路无经费、知识孵化经济效益差等问题。

1. 主要问题表现

一是核心专家不下乡。高校教学名师、领军型研究专家，尤其是理工科领域的领军人物，教学科研任务较重，是重大基金项目立项、国家和省级重要荣誉的最有力竞争者。这类专家级学者没时间下乡，单位的积极性也不是很高。二是青年教师留不住。青年教师身体好、知识新、有干劲，是冲锋在脱贫攻坚与乡村振兴一线的主力军。现实问题是，青年教师普遍存在为职称晋升储备课题、完成教学任务、照顾家庭的多重压力。出于关怀考虑，高校会间隔1—2年对下乡青年教师进行轮换，但因下乡周期较短，一些青年教师感觉难出成果，最终选择完成常规工作，以节约时间在乡下清净空间思考学术论文。三是知识孵化经济效益不理想。基础理论研究非常重要，但难解近渴。应用性研究成果转化为实验室样品，再转变为规模化、产业化产品，中间的道路很遥远。曲折和失败客观存在，也难以完全避免，但试错的经济成本往往是农民难以承担的，伴随的心理压力也是科研人员不敢承受的。受实验室条件、产业孵化条件、单位经费、农民担忧、制度环境等多方面因素制约，高校科研成果转化为乡村振兴经济效益的效果并不是很理想。

2. 主要原因

一是思想认识不到位。部分教师认为，贫困是人类顽疾，地区连片贫困、家庭代际贫困传递，都是历史贫困长期积累的结果，尤其思想文化贫困、素质能力贫困不可能毕其功于一役，乡村振兴贯穿整个国家现代化进程，需要几十年才能实现农业农村的现代化，为功可以不必在我。此认识是对"一茬接着一茬干""保持足够历史耐心"的不正之解，没有厘清脱贫攻坚与乡村振兴战略中内含的快与慢、质与量、为与不为的辩证关系，对国家治理慢作为与乱作为、实现农业农村现代化、实现治理能力和治理体系现代化的战略缺乏系统全面深入的理解。

二是考评机制比较守旧。虽然在职称评审和荣誉授予方面给予优先考虑，但是难以量化。因为驻村工作繁忙，下乡青年教师很难有完整的时间深入思考科研，往往代表成果较少且分量偏弱。对高校而言，教学科研与驻村帮扶都很重要，而高级职称晋升名额有限，面对交织的矛盾，最终还是科研占最大比重，甚至起关键作用。所以，驻村帮扶，机会成本较大，比较收益偏低，尽管非常有觉悟也非常讲政治，但是难以持久留住青年教师的心。

三是资源动员能力极其有限。地方高校受办学定位和地方财政的约束较大，尤其是以传统的师范教育为主的地方高校，经费严重不足。表现为，实验室设备更新缓慢，实验耗材主要依靠教师个人的科研经费解决，既没有像样的试验田，也没有实验车间，教师科研成果能否转化为现实生产力，科研人员自己都感觉没有底气，更谈不上给农村带来收益。因为资源动员能力极其有限，地方高校参与乡村振兴主要还是出出点子、送点粮棉油、食堂定点采购农产品、基础设施修修补补，上一点小的产业项目，做做常规性种养殖技术培训。相比较而言，农民更喜欢强势局委和大型国企。无钱办事，难出成果，这方面也导致高校人才不愿意下乡面对农民的渴望。

（三）提升高校人才服务乡村振兴质量的路径

一是加强宣传教育，提高政治站位。穷理以致其知，反躬以践其实。习近平总书记反复强调，科研工作者要坚持理论性和实践性相统一，坚持把论文写在祖国大地上。即科研人才要结合国家需要，积极投身丰富生动的物质财富和精神财富的生产实践中，通过获取不竭的乡土科研素材支撑持续的真理探索，在服务社会中实现知识创造与价值实现相统一。思想是行动的先导，因此，高校应系统性常规化地开展乡村振兴习近平总书记重要论述、理论基础、价值取向、丰富内涵、实践路径、优秀基层案例、模范代表人物、政策展望等专题，以及习近平总书记关于"三农"工作、教育工作、强国战略等专题的学习。让每位教师都能切实认识到乡村振兴对中国实现现代化强国的重要意义，乡村田野调查对教学科研的重要推动作用，做好"三贴近"对提高教学质量、输出合格大学生的重要社会价值，能力与贡献、物质贡献与精神贡献、完善自身与贡献社会的辩证统一关系。专题学习要避免形式主义的照本宣科读文件，只有结合实际才能把以上问题讲清讲透、入心入脑。

二是建立激励导向机制，营造宽容氛围。具体包括：出台操作性强的专门文件，依据所驻村的帮扶难度、担任职务、驻村时间、经济和社会效益、村民评价进行量化加分，在同等积分下优先职称晋级；对科研成果孵化有可靠预期的教师、基础理论研究取得重要成果的教师，以及取得优秀教学成果奖的教师，给予重点奖励；加大奖惩力度，增加经费投入，在经费有限的情况下分批次、有重点地建设一批重点实验室和实训场地；定期、严谨、科学评估研究项目的可产业化程度，尊重学科发展、科学研究、产业化周期规律，关爱青年教师、宽容失败，为科研工作者营造既严肃又活泼的成长成才环境。

三是高校横向联盟互补，纵向校企合作产学研一体。地方普通高校受实验设备、实训场地条件限制，教学往往偏重理论，教师科研也是理论成果居多，实操能力较差，偶尔尝试孵化，大多数也以失败告终。较现实的办法是，近则与周边职业院校合作互补互促，远则选择本校优势专业与专业突出的省属高校、部属高校结成稳定的帮扶关系，建立一个利己又利他的、合理的利益联结机制，依靠校企农合作，推动产学研一体发展。

第五节　提高中心镇（村）承载力

有效衔接不能就乡村论乡村，城乡融合发展是必由之路。不管城镇化发展到什么程度，农村人口还是一个相当大的规模，即使城镇化率达到70%，也还有几亿人生活在农村。① 需要打牢夯实农业基础，同步发展城镇化和农业现代化，一起推动城市工作和"三农"工作，促进城乡在规划布局、要素配置、产业发展、公共服务、生态保护等方面相互融合和共同发展，强化常住人口基本公共服务，维护进城落户农民的土地承包权、宅基地使用权、集体收益分配权，加快农业转移人口市民化。县域是打通城与乡的关键节点，要把县域作为城乡融合发展的重要切入点，赋予县级更多资源整合使用的自主权，加快推动公共服务下乡，建立健全全民覆盖、普惠共享、城乡一体的基本公共服务体系，让农村尽快赶上国家发展步伐。中心镇、中心村建设，有助于减少征地矛盾，有利于集中土地等生产要素发展现代农业，有利于推动基础设施、教育医疗、文化体育、社会保障等公共资源在城乡均衡配置，有助于引导村级管理体制向社区管理体制转变，是当前国情、农情、村情、民情下，实现农民就地市民化，提高城镇化水平，推进农村经济社会转型跨越发展的理性而务实的选择。

一、中心镇（村）概念

（一）中心镇

西方发达国家没有"中心镇"这种表述，关于小城镇的研究较多。西方的工业化和市场化进程催生了大城市，城市规模过大又带来了"城市病"，为了缓解"城市病"，大城市周边逐渐诞生了一大批小城镇，最早的小城镇的功能定位是城市居民生活休闲之处与都市农产品供应基地，后期功能日益多样化，这是典型的西方城镇化发展模式。小城镇的基础设施和公共服务功能比

---

① 中共中央党史和文献研究院. 习近平关于"三农"工作论述摘编［G］. 北京：中央文献出版社，2019：10.

较完善，产业定位比较鲜明。西方学者普遍认为，小城镇是促进农村地区发展的潜在力量；小城镇建设不能舍近求远，要尽量依靠当地资源禀赋，选择符合当地实际并能发挥产业优势的发展路径；小城镇的发展与建设要注重人性化，突出效率公平及价值实现等核心理念；要注重小城镇与大城市的共生和互补，完善生产生活设施，增加医疗教育等公共福利。

中国地域辽阔，从小城镇概念基础上延伸出了"超大城市""巨大城市""特大城市""大城市""中等城市""小城市""中心镇""中心村"等一系列城镇化的相关词语。从现有文献和文件来看，中心镇通常是指乡镇体系中位于中小城市与一般的小城镇之间，且地域区间较优、综合实力较强、基础设施条件较好、经济发展潜力较大，既能有效承接周边城市一定的辐射和转移，又对周围乡村地区发展具有带动和引领能力的区域重点建制镇。中心镇具有政治性、历史性、经济性、片区性四个基本特征和人口集中、资源集约、产业集聚、功能集成四个基本功能。①

中心镇的"中心"性表现为它是区域地理位置的交通中心、产业发展的经济中心和公共职能的服务中心。与小城市相比较，中心镇的公认标准是，地区生产总值要在 30 亿元以上、一般公共预算收入 3 亿元以上、城镇常住人口 3 万人以上，能够有效发挥承接产业转移的作用以及对周边乡镇的辐射带动作用，能够作为区域性服务中心满足片区范围内生产、流通和生活服务的需要，能有效引导城乡资本、土地、人才等各类资源、要素在中心镇集聚，能够发挥农村社会政治、经济生活核心和枢纽的作用，推动乡村产业转型升级，降低乡村基础设施和公共服务建设成本、提高使用效率，为农民就地市民化提供可靠的基础。

（二）中心村

西方关于中心村建设的理论较多，实践经验和成功的范例也比较多。如以色列以乡村服务中心为核心规划村落布局，乡村服务中心集中包括了学校、医疗所、养老服务、银行储蓄所、农技培训、农机维修，农产品分级、收购、包装甚至初加工，周边村庄距离服务中心 3—5 千米，获取服务比较便捷、及

---

① 郭伟伟. 乡村振兴背景下中心镇建设路径研究［D］. 南昌：江西财经大学，2022.

时、高效，周围各村农民的互相交往也比较方便。英国比较注重发挥中心村的规模经济效应和服务设施的利用效率，把中心村视为乡村地区经济增长中心和住房、就业、服务设施、基础设施供应中心。近年来，英国政府不断加大对中心村的投资，力图通过促进中心村的先成功来带动周边村渐进发展。韩国的新村运动，以一个中心村附加几个周边小村为一个农村定居生活圈，对农村定居生活圈进行综合开发，开发的内容涉及工业、农业、交通、通信、文化、教育、医疗等。

中心村是一种以二、三产业为主的非农化农村（社区），兼具城市社区和传统以农业为主的社区特点。中心村的功能定位是跨越行政村、具有片区地域的农业生产发展与服务中心、农民生活服务中心和农村、社区行政管理中心。中心村原则上应符合以下标准：一是具备一定的人口集聚条件；二是交通比较便利；三是经济发展较好，有一定区域特色、市场竞争力、发展潜力的主导产业，对周边村庄具有一定的辐射和带动作用；四是没有地质灾害隐患，水、电、路、排水等基础设施配套到位或具备改造和建设条件，学校、村级活动场所、卫生室等设施达标；五是村两委班子坚强有力，村庄和谐稳定。

中心村建设对推动乡村振兴有以下几个方面的积极作用。一是有利于资源优化配置。每个村庄都有自己的独特价值，但不是每个村庄都具有开发的意义。中心村建设使农村人口向中心村集中居住，人流集中带来物流和资金流集中，这为农业产业结构的优化提供了可能，奠定了农业产业规模化和市场化的基础，长期有利于农业产业升级、农村经济发展和农民收入的增长。二是周边村与中心村公共基础设施实行共建共享、统一管理与平等使用，能有效避免因村小而低水平重复投资的问题，有利于节约公共基础设施建设与维护成本，有利于提高乡村社会公共资源利用率。三是中心村建设过程中对弱小行政村的合并，能够减少村干部数量，有利于减轻财政负担、提高优秀基层干部的报酬，提高基层工作者的工作积极性，使村两委班子的整体素质得到优化。

二、中心镇（村）建设的内在逻辑

乡镇是我国政权的"神经末梢"，与农民群众打交道最多、最直接。中心镇（村）具有人口集中、生产要素集约、特色产业集聚、服务功能集成的特点和功能，作为引领农业、辐射农村、服务农民的新型区域发展中心，可以通过其"增长极"的辐射带动效应，带动乡村全面振兴。

（一）中心镇（村）建设的支撑理论

与中心镇（村）建设直接相关的理论，一是集聚效应理论，二是"增长极"理论，三是农村城镇化发展理论。集聚效应理论、"增长极"理论、农村城镇化发展理论在本质上是互为因果、相互关联的理论。一旦各种资源和经济活动在空间上高度集中，具有了低成本低价格规模化的竞争优势，就会产生进一步吸引更多的产业和组织不断向该区域靠近的效果，这种效应被称为"集聚效应"。集聚效应有助于提高交易效率、节约交易成本，使空间内所有经济活动主体受益，也有助于横向或纵向延长产业链。当然，集聚效应也有缺点，缺点是过多的产业和经济活动集中，可能会产生外部不经济问题，如管理成本过高造成规模不经济，超过环境承载力造成生态破坏，因此要对产业集聚进行合理的布局，把规模控制在一个合理的范围内。集聚效应的直接结果是催生了区域经济增长极。区域"增长极"理论最早由法国经济学家佩鲁提出，是不平衡发展理论的主要依据。"增长极"理论的核心观点是，资源总是稀缺的，在资源有限情况下，需要集中有限资源，以资源积聚方式培育条件相对较好的地区为区域经济增长极，然后以增长极为中心，以波浪式推动的方式带动周边欠发达地区发展。陆大道先生借鉴"增长极"理论的核心观点，提出了"点—轴系统"理论，被广泛应用于国内的村庄规划中。

国内外关于农村城镇化发展理论与实践的内容均比较丰富。20 世纪 90 年代，诺贝尔经济学奖获得者道格拉斯·诺斯的农村城镇化发展理论提出，要统筹城乡之间的通信与交通，将城镇生活引入农村地区，将农业与非农业生产活动在农村实现有机结合，通过农村生活的城市化和工作岗位的就地化缩小乡村与城镇的差距。

中国传统的城镇化道路是以城市为中心，农业支持工业、农村支援城市甚至是以牺牲农村为代价的道路。城乡非均衡发展战略为国家的快速发展提供了物质基础，但也留下了城乡长期二元的弊端。2012 年的中央经济工作会议明确提出，要把生态文明理念和原则全面融入城镇化全过程，走集约、智能、绿色、低碳的新型城镇化道路，从而正式确立了新型城镇化这一概念。2014 年的"国家新型城镇化规划"首次提出要走城乡统筹、城乡一体化、产城互动、节约集约、生态宜居、和谐发展为基本特征的，大中小城市、小城镇、新型农村社区协调发展、互促共进的中国特色的新型城镇化道路。《中华人民共和国国民经济和社会发展第十四个五年规划和 2035 年远景目标纲要》强调，"十四五"期间要优先发展农业农村、全面推进乡村振兴，要推进区域协调发展、推进新型城镇化。《国务院办公厅转发国家发展改革委关于促进特色小镇规范健康发展意见的通知》指出，特色小镇具有细分高端的鲜明产业特色、产城人文融合的多元功能特征、集约高效的空间利用特点，要准确把握特色小镇发展定位，突出企业主体地位，以培育发展主导产业为重点，促进产城人文融合。

（二）中心镇（村）的作用机制

作用机制是指为实现某一特定功能，一定的系统结构中各要素的内在工作方式以及诸要素在一定环境条件下相互联系、相互作用的运行规则和原理，是事物变化的理由和道理，包括形成要素和形成要素之间的关系两个方面。因此，作用机制包含三个方面的内容。一是构成机体的要素有哪些，哪几种要素是关键的和必需的，哪几种要素又处于补充或从属地位。二是机体内部各要素不同的关系序列组合会引起机体功能的变化，可以依据任务需要，通过干预要素组合序列实现预期目标。三是此主体与彼主体之间存在相互依存、相互影响的关系，可能此消彼长，可能共同发展，也可能一损俱损。村容整洁、能人较多、资源高效利用、产业规模化和现代公司制管理，乡村文明程度较高的村，其辐射和带动效应直接表现为周边后进村对先进村的行为模仿和持续跟进，有利于形成理想的"雁型发展模式"。中心镇（村）的作用机制包括以下四点。

第一，县域统筹中心镇（村）布局。顺应人口流动变化趋势，立足资源环境承载能力、区位条件、产业基础、功能定位，选择条件较好的乡镇作为重点乡镇进行建设。

第二，镇域统筹中心村建设。按照"地域相邻、产业相近，资源整合、抱团发展"的原则，根据村人口数、发展情况等综合因素，选择地理位置优、基础建设好、发展潜力大的村作为中心村,适当撤并周边弱小村,联村组建设立中心村党组织,经乡镇政府推荐、县政府审核后予以确立,按照人口适度集中,公共服务要素集聚,社会管理职能集成的要求,加大投入,规范建设。

第三,对中心镇进行超规格赋权,将基层迫切需要且能够有效承接的经济社会管理权限依法下放到乡镇,使中心镇具有县域副中心的政治地位和区域服务中心的职能。同样地,乡镇政府也要对中心村进行充分赋权,把中心村对乡村建设项目的建议权、监督权、收益权落到实处。

第四,构建县城—中心城镇—集镇—中心村的管理体系,明确中心镇与普通乡镇、中心村与普通村衔接的边界,建设一批产业发展更加协调、生态环境更加优美、功能配套更加完善、文化特色更加彰显、体制机制更加灵活的重点镇村,形成"中心镇支点、以镇带村、以村促镇、镇村融合"的发展格局,充分发挥其在助推农村产业革命、乡村振兴、新型城镇化和促进城乡融合发展的重要作用。

三、高质量推进中心镇(村)建设

著名社会学家费孝通认为,解决农村剩余劳动力问题要以小城镇为主,大中小城市为辅。邓小平指出,农业本身的问题,主要还得从生产关系上解决。"生产关系究竟以什么形式为最好,恐怕要采取这样一种态度,就是哪种形式在哪个地方能够比较容易比较快地恢复和发展农业生产,就采取哪种形式;群众愿意采取哪种形式,就应该采取哪种形式,不合法的使它合法起来。"① 中心镇和中心村是新型城镇化和乡村振兴的重要结合点,通过承接产业转移,发展多功能农业,实现规模化非农就业,积极引导农业剩余人口有序市民化,是巩固拓展脱贫攻坚成果、衔接推进乡村振兴,进而实现经济高质量发展的重要平台,是西南山区实现城乡融合发展的重要路径。

(一)充分发挥规划的引领作用

坚持因地制宜、规划引领,强化镇村统筹理念。要立足当前,着眼长远,

---

① 邓小平. 邓小平文选:第 1 卷 [M]. 北京:人民出版社,1994:323.

合理确定中心镇、中心村的功能定位、人口规模和发展目标，促进村庄布点、建设规划与土地利用规划有效衔接，做到科学发展与彰显镇村特色相结合，做好规划衔接，稳步有序实施。

一是实施规划联动，根据城镇化建设方案、结合乡村振兴战略，推动中心镇发展规划与新型城镇化、乡村振兴规划紧密衔接，统筹布局镇区与乡村的基础设施、公共服务设施、产业发展等重大项目，做到镇区规划与乡村规划同步、村镇建设协调推进。

二是统筹布局生态、农业、城镇等功能空间，划定落实生态保护红线、永久基本农田、城镇开发边界等空间管控边界，加快编制县域村庄布局和村庄建设规划，依据功能定位、价值取向和发展趋势，将村庄划分为集聚提升型、城郊融合型、特色保护型、搬迁撤并型四个类别，合理确定村庄布局分类。

三是明确建设重点，合理确定发展目标，坚持尽力而为又量力而行原则，严格实行分块规划管控、清单管理，坚持"先落图、后落地"、项目跟着规划走，合理把握建设时序、节奏、步骤，循序渐进、分批梯次推进中心镇（村）建设，防止盲目规划、重复建设，避免过度追求数量目标和投资规模，避免在"空心村"无效投入、造成浪费，防止搞不切实际的"高大上"。

（二）引导资源要素适度集中

在种类繁多的乡村资源中，劳动、土地、资本是最核心的资源要素。中心镇（村）建设首先需要积聚起足够数量和较高质量的资源要素，其次要处理好资源要素的协调匹配问题。

一是促进劳动力集中。"零值农业劳动说"的基本观点认为，传统农业中有一部分人的边际生产率为零，即尽管这部分人在劳动，但是实际上对生产毫无贡献，把这些人从农业中转移出去，农业产量并不会因此而减少。无特殊资源禀赋、低值劳动力又较多的村庄，属于劳动力转移的重点村庄。还有一些村庄属于"一方水土养育不了一方人"、人口流失严重的村庄。这两类村庄的拆迁撤并，可以实现人力资源的相对集中。除了引导农村人口"上移"外，还可以吸引城市市民"下移"，城市市民包括第一代市民化的农民工，也包括城市下乡创业的管理人才、专业技术人才等。

二是通过"三变"改革促进土地资源与集体财产集中，推动资源变资产、资金变股金、镇（村）民变股东。原村组的集体财产、生产生活资料，通过清产核资，权属于原区域内的农户，以股份形式划拨中心村或委托中心镇统一管理经营，农户参与股份分红，同时依法保障进城落户农民的农村土地承包权、宅基地使用权、集体收益分配权，支持其依法自愿有偿转让相关权益。

三是拓宽融资渠道，提升投融资效率。积极争取各级财政扶持资金，持续用好政策性金融机构贷款，充分利用互联网金融等新金融方式，引导多主体参与、多元投入。对各类资金要捆绑集中使用，以集中财力用于中心镇（村）建设，最大限度地发挥资金的使用率，优先发展壮大乡村集体经济项目和乡镇区域优势项目，建设好历史文化名村、传统村落、少数民族特色村寨、特色景观旅游名村，切实发挥中心镇（村）的辐射带动效应。

（三）增强产业支撑能力

一是按照"一村一品""一镇一业"宜工则工、宜农则农、宜游则游的建设思路，开发绿色农产品、实施农产品初加工，深入挖掘地方民居、特色风物等传统农耕文化符号，保护和传承好历史遗迹、非物质文化遗产、特色村落和民俗文化，发展农文旅结合的乡村旅游项目，培育壮大特色主导产业，通过兴办农村专业合作社、集体经营合作社、产业园区实现规模化和标准化经营，提升产品市场竞争力，打造中心镇镇域经济和中心村村域经济。

二是创新发展新型农村集体经济，优化资源配置，开展组团式、片区化联合建设，鼓励中心村与周边行政村打破原有的区划壁垒限制，成立经济联合总社，组成乡村联合体，村域合作联建集体企业，实行统一规划、共同开发、市场化运营、风险共担、利益共享的乡村联合体共富模式。

三是注意实施产业联动，促进镇村、镇镇产业协同发展。中心镇依托乡村的优势资源和特色产品，建立工业园区，健全标准厂房，建设联结城乡的冷链物流、电商平台、农贸市场网络，配置公共配套设施，按照政府引导、企业主体、市场化运作的要求，创新建设模式、管理方式和服务手段，大力引进、真情留住一批农业产业化龙头企业，形成中心镇与专业村产业协同、镇村联动、镇镇优势互补的县域发展格局。

四是积极招聘特色小镇建设急需紧缺人才，加大干部挂职交流力度，选派优秀干部脱产到中心镇和中心村挂职锻炼，把中心镇（村）规划建设管理人员纳入各级干部培训计划。全面开展"千名农技专家下基层"活动，用好用活"土专家""田秀才"，分期分批对农民进行有针对性的培训，为中心镇（村）产业的可持续发展提供源源不断的人力资本支撑。

（四）强化公共服务供给

一是健全基本公共服务体系。构建上下贯通的县政务服务大厅、乡镇为民服务中心、村（社区）便民服务站在内的县乡村三级基层为民服务体系。积极构建"政府主导、（村）社区支持、社会共同参与"的中心镇综合服务功能体系，规范基本服务事项、办事流程和考评体系，统一受理并集中办理行政许可和公共服务事项，建设统一的社区公共服务综合信息平台，争取实现公共服务事项一门受理、一站办结、全人群覆盖、全口径集成和全镇通办。为中心村建设社区综合服务中心，设立乡镇在中心村的"一站式"综合服务窗口，配套建设卫生计生服务、农业综合服务、养老服务、科技宣教文化信息服务等设施，推进与农村民众基本生活密切相关的社会保障、社会救助、医疗卫生、劳动就业、宅基地审批、计划生育、法律服务、外来人口管理以及农村"三变改革"等服务项目。推动基本公共服务项目向农村社区延伸，实现劳动就业、社会保险、社会救助、农村合作医疗及涉农补贴等与群众日常生活密切相关服务事项全部纳入镇为民服务中心、村（社区）便民服务站，通过集中受理、审批、审核、代办、转办，及时帮助农民群众解决最关心、最现实、最直接、最迫切的问题。

二是改善中心镇（村）服务设施。加快中心镇与周边高速公路、国省干线公路连接工程建设，完善中心镇农村道路交通体系，推进重大基础设施镇村区域共建共享，推进中心镇与市、区县（市）基础设施对接联网，并向农村延伸辐射。争取财政专项资金给予人力、物力、财力支持，积极稳妥推进乡镇政务服务大厅建设，提升改造优化村级便民服务站，加强以综合服务设施为主体、专项服务设施为配套、服务网点为补充、室内外设施相结合的农村社区综合服务设施建设以及农村社区公共服务综合信息平台建设，开通政务服务事项网上申请，实现"进一张网、办全部事"，推动配齐乡镇政务服务中心人员、配强村便民服务站人员。完善中心镇山水林田湖草沙环境系统，加强镇村环境综合整治，把道路、排水、绿化、亮化、垃圾、污水处理等基础设施和供水、供气等公共服务设施作为重点，构建田园特色镇域风貌，加快中心村危旧房屋改造，扎实开展乡村清洁工程，改善居民生产生活条件。主动联系经济效益较好、社会责任感较强的企业与镇（村）形成结对帮扶关系，在公共基础设施、公共服务设施、富民强村、农民培训转移、乡村清洁等工程方面提供资金和技术支持。

三是提升乡镇和村为农服务能力。推动优质教育、医疗、养老、交通、金融、社会救助等机构在中心镇设立分支机构，建设具有购物、旅游休闲等多种功能的商贸综合体，实行中心镇和其他乡镇公共服务错位配置、相互补充。整合管理与服务资源，加快推进农村社区信息化建设步伐，实现区县、乡镇、村三级联网，形成"互联网＋"、大数据、"社区在线"等农村信息管理服务机制，依托公共服务综合信息平台提供"一号""一窗""一网"式服务。乡镇之间、村之间统一事项名称、统一审批标准、统一审批流程、统一审批材料、统一审批时限，并组织编制所有事项办事指南，录入网上办事大厅，并动态完善乡、村两级事项清单，及时组织精细编制事项办事指南。持续推行"错时、延时、上门、预约、订单"等五项服务，建立完善行为规范、承诺监督、问责纠错、限时办结及公开公示等机制，围绕社会主义核心价值观加大精神文明建设，将精神文明建设落细、落小、落实，党群联动解决联系和服务群众"最后一公里"问题，提升群众内生发展动力。

参考文献

一、著作

[1] 《党的二十大报告辅导读本》编写组．党的二十大报告辅导读本[M]．北京：人民出版社，2022．

[2] 波蒂特，詹森，奥斯特罗姆．共同合作、集体行为、公共资源与实践中的多元方法[M]．路蒙佳，译．北京：中国人民大学出版社，2013．

[3] 布迪厄．文化资本与社会资本[M]．包亚明，译．上海：上海人民出版社，1997．

[4] 蔡昉．中国农村改革与变迁：30年历程和经验分析[M]．上海：上海人民出版社，2008．

[5] 陈建军．要素流动、产业转移和区域经济一体化[M]．杭州：浙江大学出版社，2009．

[6] 陈琦，宋雯．连片特困地区贫困人群自我发展能力研究[M]．北京：华中科技大学出版社，2015．

[7] 达斯古普特．经济发展与社会资本观[M]．张慧东，译．北京：中国人民大学出版社，2005．

[8] 邓小平．邓小平文选：第2卷[M]．北京：人民出版社，1994．

[9] 邓小平．邓小平文选：第3卷[M]．北京：人民出版社，1993．

[10] 邓小平．建设有中国特色的社会主义[M]．增订本．北京：人民出版社，1987．

[11] 方元子．政府间转移支付与区域基本公共服务均等化[M]．北京：经济科学出版社，2018．

［12］福山．信任：社会道德与繁荣的创造［M］．李婉蓉，译．呼和浩特：远方出版社，1998.

［13］高桥泰隆．昭和战前期的农村与"满洲移民"［M］．东京：吉川弘文馆，1997.

［14］耿新．从深度贫困迈向乡村振兴："三区三州"样本［M］．北京：科学出版社，2022.

［15］国家统计局农村社会经济调查总队．2001年中国农村住户调查年鉴［M］．北京：中国统计出版社，2001.

［16］国家统计局住户调查办公室．2016年中国农村贫困监测报告［M］．北京：中国统计出版社，2016.

［17］国家乡村振兴局政策法规司，全国扶贫宣传教育中心组．巩固拓展脱贫攻坚成果同乡村振兴有效衔接政策解读：上下册［M］．北京：中国农业出版社，2022.

［18］国务院发展研究中心发展战略和区域经济研究部．促进区域经济增长的新路径［M］．北京：中国发展出版社，2017.

［19］哈尔等．发展型社会政策［M］．北京：社会科学文献出版社，2006.

［20］哈肯．协同学导论［M］．张纪岳，郭治安，译．西安：西北大学出版社，1981.

［21］胡寄窗．中国经济思想史：上册［M］．上海：上海人民出版社，1962.

［22］黄启学，李树立，罗金丁，等．脱贫攻坚与乡村振兴有效衔接研究：左右江革命老区核心区百色市的探索实践［M］．北京：研究出版社，2021.

［23］江泽民．论党的建设［M］．北京：中央文献出版社，2001.

［24］蒋自强．经济思想史：第1卷［M］．杭州：浙江大学出版社，2003.

［25］莱恩．新公共管理［M］．赵成根，译．北京：中国青年出版社，2004.

［26］李宏伟．文明起源新论：晚年马克思恩格斯文明起源论及其新发展［M］．北京：中国时代经济出版社，2007.

［27］李斯特．政治经济学的国民体系［M］．北京：商务印书馆，1961．

［28］李友梅．组织社会学与决策分析［M］．上海：上海大学出版社，2009．

［29］梁义成，李树茁．中国农村可持续生计和发展研究［M］．北京：社会科学文献出版社，2014．

［30］柳随年，吴群敢．第一个五年计划时期的国民经济［M］．哈尔滨：黑龙江人民出版社，1984．

［31］卢梭．论人类不平等起源［M］．北京：商务印书馆，1962．

［32］陆汉文，刘杰，江立华．中国乡村振兴报告（2021）：巩固拓展脱贫攻坚成果［M］．北京：社会科学文献出版社，2022．

［33］马军．巩固拓展脱贫攻坚成果同乡村振兴有效衔接问题研究［M］．大连：东北财经大学出版社，2022．

［34］马克思，恩格斯．共产党宣言［M］．北京：人民出版，1949．

［35］马克思，恩格斯．马克思恩格斯全集：第16卷［M］．北京：人民出版社，1964．

［36］马克思，恩格斯．马克思恩格斯全集：第30卷［M］．北京：人民出版社，1995．

［37］马克思，恩格斯．马克思恩格斯全集：第3卷［M］．北京：人民出版社，2013．

［38］马克思，恩格斯．马克思恩格斯全集：第46卷（下）［M］．北京：人民出版社，1980．

［39］马克思，恩格斯．马克思恩格斯文集：第5卷［M］．北京：人民出版社，2009

［40］马克思，恩格斯．马克思恩格斯文集：第7卷［M］．北京：人民出版社，2009．

［41］马克思，恩格斯．马克思恩格斯选集：第1卷［M］．北京：人民出版社，2012．

［42］马克思，恩格斯．马克思恩格斯选集：第4卷［M］．北京：人民出版社，2012．

［43］马克思．资本论：第1卷［M］．北京：人民出版社，2004．

[44] 毛泽东. 毛泽东选集: 第 4 卷 [M]. 北京: 人民出版社, 1991.

[45] 摩莱里. 自然法典 [M]. 北京: 商务印书馆, 1959.

[46] 墨顿. 社会理论与社会结构 [M]. 南京: 译林出版社, 2006.

[47] 诺思. 经济史中的结构与变迁 [M]. 上海: 上海三联书店, 上海人民出版社, 1999.

[48] 朴振焕, 潘伟光. 韩国新村运动: 20 世纪 70 年代韩国农村现代化之路 [M]. 北京: 中国农业出版社, 2005.

[49] 琴芬. 新制度经济学 [M]. 上海: 华东师范大学出版社, 2006.

[50] 全国扶贫宣传教育中心. 巩固拓展脱贫攻坚成果典型案例选编 [M]. 北京: 党建读物出版社, 2021.

[51] 饶旭鹏. 农户经济行为与农村社会治理研究 [M]. 北京: 光明日报出版社, 2016.

[52] 森. 贫困与饥荒: 论权利与剥夺 [M]. 王宇, 王文玉, 译. 北京: 商务印书馆, 2001.

[53] 森. 以自由看待发展 [M]. 任赜, 于真, 译. 北京: 中国人民大学出版社, 2002.

[54] 沈红, 周黎安, 陈胜利. 边缘地带的小农: 中国贫困的微观理解 [M]. 北京: 人民出版社, 1992.

[55] 圣西门. 圣西门选集: 上卷 [M]. 北京: 商务印书馆, 1962.

[56] 世界银行. 1990 年世界发展报告 [M]. 北京: 中国财经出版社, 1990.

[57] 世界银行. 2000/2001 年世界发展报告: 与贫困作斗争 [M]. 北京: 中国财经出版社, 2001.

[58] 舒尔茨. 对人进行投资: 人口质量经济学 [M]. 吴珠华, 译. 北京: 商务印书馆, 2020.

[59] 舒尔茨. 改造传统农业 [M]. 梁小民, 译. 北京: 商务印书馆, 1987.

[60] 斯大林. 斯大林选集: 第 1 卷 [M]. 北京: 人民出版社, 1979.

[61] 斯大林. 斯大林选集: 第 2 卷 [M]. 北京: 人民出版社, 1979.

[62] 唐勇智. 社会资本与农户经济行为 [M]. 北京: 中国经济出版

社，2013.

［63］万百五，韩崇昭，蔡远利 . 控制论概念、方法与应用［M］. 北京：清华大学出版社，2009.

［64］王三秀 . 农民福利可持续发展与政府治理创新［M］. 长春：吉林大学出版社，2011.

［65］王伟光 . 建设社会主义新农村的理论与实践［M］. 北京：中共中央党校出版社，2006.

［66］王文岭 . 黄质夫乡村教育文集［M］. 南京：东南大学出版社，2017.

［67］温铁军 . "三农"问题与制度变迁［M］. 北京：中国经济出版社，2009.

［68］习近平 . 习近平谈治国理政：第 1 卷［M］. 北京：外文出版社，2014.

［69］习近平 . 习近平谈治国理政：第 2 卷［M］. 北京：外文出版社，2017.

［70］习近平 . 习近平谈治国理政：第 3 卷［M］. 北京：外文出版社，2020.

［71］习近平 . 习近平谈治国理政：第 4 卷［M］. 北京：外文出版社，2022.

［72］习近平 . 做焦裕禄式的县委书记［M］. 北京：中央文献出版社，2015.

［73］谢若登 . 资产与穷人：一项新的美国福利政策［M］. 北京：商务印书馆，2005.

［74］谢双明 . 马克思主义东方农民问题理论研究［M］. 合肥：安徽大学出版社，2007.

［75］薛伟芳 . 农民就地市民化研究：以贵州为例［M］. 北京：光明日报出版社，2021.

［76］杨秋宝 . 区域经济与反贫困战略［M］. 北京：党建读物出版社，1999.

［77］岳经纶，李棉管，庄文嘉等 . 实现脱贫攻坚与乡村振兴有效衔接：

广东的先行先试 [M]．中山：中山大学出版社，2022.

[78] 张磊．农民发展能力的空间结构研究 [M]．北京：中国农业出版社，2017.

[79] 中共中央党史和文献研究院．习近平扶贫论述摘编 [M]．北京：中央文献出版社，2018.

[80] 中共中央党史和文献研究院．习近平关于"三农"工作论述摘编 [M]．北京：中央文献出版社，2019.

[81] 中共中央　国务院关于"三农"工作的一号文件汇编（1982—2014）[M]．北京：人民出版社，2014.

[82] 中共中央国务院关于实现巩固拓展脱贫攻坚成果同乡村振兴有效衔接的意见 [M]．北京：人民出版社，2021.

[83] 中共中央马克思恩格斯列宁斯大林著作编译局．列宁专题文集：论社会主义 [M]．北京：人民出版社，2009.

[84] 中共中央马克思恩格斯列宁斯大林著作编译局．马克思恩格斯《资本论》书信集 [M]．北京：人民出版社，1975.

[85] 中共中央文献研究室．建国以来毛泽东文稿：第5册 [M]．北京：中央文献出版社，1991.

[86] 中共中央文献研究室．江泽民论中国特色社会主义（专题摘编）[M]．北京：中央文献出版社，2002.

[87] 中共中央文献研究室．毛泽东文集：第7卷 [M]．北京：人民出版社，1999.

[88] 中共中央文献研究室．十八大以来重要文献选编：上册 [M]．北京：中央文献出版社，2014.

[89] 中共中央文献研究室．十五大以来重要文献选编：中册 [M]．北京：人民出版社，2001.

[90] 中共中央文献研究室．习近平关于全面深化改革论述摘编：在全国宣传思想工作会议上的讲话 [M]．北京：中央文献出版社，2014.

[91] 中共中央宣传部，国家发展和改革委员会．习近平经济思想学习纲要 [M]．北京：人民出版社，2022.

[92] 中国扶贫发展中心，全国扶贫宣传教育中心．脱贫攻坚与乡村振兴

衔接研究丛书［M］．北京：人民出版社，2020.

［93］中国国际扶贫中心．利贫增长的公共政策研究［M］．中文版．北京：中国财政经济出版社，2012.

［94］中国社会科学院近代史研究所．孙中山全集：第1卷［M］．北京：中华书局，1981.

［95］朱启臻．柔性扶贫：基于乡村价值的扶贫理念［M］．郑州：中原农民出版社，2016.

［96］朱煜．马太效应［M］．北京：中国纺织出版社，2007.

二、期刊

［1］安培培，徐宏新．乡村振兴背景下农村公共文化服务体系建设研究［J］．经济师，2022，397（3）.

［2］白雪军．民族地区巩固拓展脱贫攻坚成果同乡村振兴有效衔接研究：基于新内生动力机制的建构视角［J］．贵州民族研究，2022，43（6）.

［3］白杨，代显华．乡村空间的有效衔接：民族地区脱贫攻坚与乡村振兴有效衔接的路径［J］．民族学刊，2022，13（1）.

［4］白永秀，陈煦．有效衔接时期乡村振兴对脱贫攻坚资产的赋能路径［J］．陕西师范大学学报（哲学社会科学版），2022，51（3）.

［5］蔡松涛．实现脱贫攻坚与乡村振兴有效衔接的探索与启示：以兰考县为例［J］．中州学刊，2020，287（11）.

［6］曾迎霄．旅游扶贫与乡村振兴有效衔接的内在逻辑及政策选择［J］．农业经济，2022，419（3）.

［7］陈艾，李雪萍．脆弱性—抗逆力：连片特困地区的可持续生计分析［J］．社会主义研究，2015，220（2）.

［8］陈彪，曹晗．乡村文化振兴的空间与进路：兼谈文旅乡建［J］．社会科学家，2022，304（8）.

［9］陈波，徐若蓝．传统村落文化空间生产与价值生成：以二官寨为例［J］．中国软科学，2022，384（12）.

［10］陈彩红．乡村振兴战略下加强农民思想政治教育路径研究［J］．农业经济，2022，418（2）.

[11] 陈文胜. 中国农村改革的历史逻辑 [J]. 中国乡村发现, 2017 (5).

[12] 陈锡文. 从农村改革四十年看乡村振兴战略的提出 [J]. 上海农村经济, 2018, 372 (8).

[13] 陈雅琳, 黄晓园, 崔乃山, 等. 景区带村模式下普者黑农户生计资本与策略研究 [J]. 西南林业大学学报 (社会科学), 2022, 6 (4).

[14] 陈玉, 原伟鹏. 双循环新发展格局下脱贫攻坚与乡村振兴有效衔接与动力机制 [J]. 江苏农业科学, 2022, 50 (4).

[15] 程国强, 马晓琛, 肖雪灵. 推进巩固拓展脱贫攻坚成果同乡村振兴有效衔接的战略思考与政策选择 [J]. 华中农业大学学报 (社会科学版), 2022, 162 (6).

[16] 程又中. 百年大党先进性建设的历程与经验 [J]. 社会主义研究, 2021, 258 (4).

[17] 邓悦, 吴忠邦, 蒋琬仪, 等. 从内生式脱贫走向乡村振兴: 山区脱贫质量分析 [J]. 宏观质量研究, 2021, 9 (2).

[18] 翟坤周. 共同富裕导向下乡村振兴的东西部协作机制重构: 基于四个典型县域协作治理模式的实践考察 [J]. 求实, 2022, 469 (5).

[19] 董帅兵, 郝亚光. 巩固、拓展与衔接: 过渡期贫困治理的路径探索 [J]. 经济学家, 2021, 272 (8).

[20] 杜克捷. 乡村振兴战略下农村思想政治教育工作探讨 [J]. 学校党建与思想教育, 2020, 635 (20).

[21] 杜磊, 支大林, 张友祥. 新发展阶段农业的三个构成及其高质量发展路径 [J]. 经济纵横, 2022, 435 (2).

[22] 杜志雄, 崔超. 衔接过渡期扶贫资产差异化治理研究 [J]. 农业经济问题, 2022, 505 (1).

[23] 范丛. 乡村振兴战略下农村社会救助的目标定位与政策调适 [J]. 河北农业大学学报 (社会科学版), 2023, 25 (1).

[24] 范和生, 唐惠敏. 乡村共同体重建与农村文化生态的实现 [J]. 重庆社会科学, 2015, 243 (2).

[25] 冯丹萌. 国际视角下脱贫攻坚与乡村振兴相融合的探索 [J]. 当

代经济管理, 2019, 41 (9).

[26] 高飞. 脱贫攻坚如何有效衔接乡村振兴: 基于公共性视角的案例考察 [J]. 经济社会体制比较, 2022, 220 (2).

[27] 高海珍, 邢成举. 巩固拓展脱贫攻坚成果同乡村振兴有效衔接的政策文本分析: 基于政策工具视角的 Nvivo 分析 [J]. 贵州社会科学, 2022, 394 (10).

[28] 高静, 武彤, 王志章. 深度贫困地区脱贫攻坚与乡村振兴统筹衔接路径研究: 凉山彝族自治州的数据 [J]. 农业经济问题, 2020, 483 (3).

[29] 高强. 脱贫攻坚与乡村振兴有效衔接的再探讨: 基于政策转移接续的视角 [J]. 南京农业大学学报 (社会科学版), 2020, 20 (4).

[30] 高翔. 选择性培育: 赋予乡镇政府更多自主权的实践逻辑及其优化 [J]. 探索, 2019, 205 (1).

[31] 閤小操, 陈绍军. 巩固拓展脱贫攻坚成果与乡村振兴产业有效衔接: 以新疆易地搬迁社区 W 县 P 村为例 [J]. 农村经济, 2022, 482 (12).

[32] 耿达. 民族地区脱贫攻坚与乡村振兴有效衔接的文化路径: 基于一个少数民族村寨的文化扶贫实践 [J]. 思想战线, 2021, 47 (5).

[33] 巩固拓展脱贫攻坚成果, 加快推进脱贫地区乡村全面振兴: 中央农办负责人就《中共中央国务院关于实现巩固拓展脱贫攻坚成果同乡村振兴有效衔接的意见》答记者问 [J]. 农村工作通讯, 2021, 796 (8).

[34] 郭俊华, 王阳. 脱贫攻坚同乡村振兴的耦合协同关系研究: 以秦巴山区为例 [J]. 西北民族大学学报 (哲学社会科学版), 2022, 247 (1).

[35] 郭晓丽. 脱贫过渡期内乡村现代旅游产业体系构建研究 [J]. 农业经济, 2022, 420 (4).

[36] 国家乡村振兴局等七部门印发《农民参与乡村建设指南 (试行)》 [J]. 农民文摘, 2023, (2).

[37] 韩广富, 辛远. 2020 年后高质量减贫何以实现: 兼论与乡村振兴的有效衔接 [J]. 贵州师范大学学报 (社会科学版), 2022, 236 (3).

[38] 韩长赋. 关于实施乡村振兴战略的几个问题 [J]. 农村工作通讯, 2019, 758 (18).

[39] 郝红暖. 清代桐城望族的义田：以桂林方氏家族为中心的探讨 [J]. 安徽史学, 2018 (6).

[40] 郝华勇. 欠发达地区打造特色小镇的基础差距与现实路径 [J]. 理论月刊, 2017, 432 (12).

[41] 何阳. 政党下乡、角色建构与乡村振兴：基于驻村第一书记制度的考察 [J]. 暨南学报 (哲学社会科学版), 2022, 44 (12).

[42] 贺立龙, 刘九源. 巩固拓展脱贫攻坚成果同乡村振兴有效衔接的政治经济学研究 [J]. 政治经济学评论, 2022, 13 (2).

[43] 胡德宝, 翟晨喆. 脱贫攻坚与乡村振兴有机衔接：逻辑、机制与路径 [J]. 政治经济学评论, 2022, 13 (6).

[44] 胡惠林. 乡村文化治理能力建设：从传统乡村走向现代中国乡村：三论乡村振兴中的治理文明变革 [J]. 山东大学学报 (哲学社会科学版), 2023, 256 (1).

[45] 黄承伟. 脱贫攻坚有效衔接乡村振兴的三重逻辑及演进展望 [J]. 兰州大学学报 (社会科学版), 2021, 49 (6).

[46] 黄承伟. 在共同富裕进程中防止返贫与全面推进乡村振兴：理论逻辑、实践挑战及理念创新 [J]. 西北师大学报 (社会科学版), 2023, 60 (1).

[47] 黄国波. 衔接过渡期民营企业参与农村精神脱贫的逻辑、困点与路径 [J]. 泉州师范学院学报, 2022, 40 (3).

[48] 贾家辉, 孙远太. 脱贫攻坚向乡村振兴转型的政策逻辑及路径 [J]. 郑州大学学报 (哲学社会科学版), 2022, 55 (2).

[49] 蒋国河, 刘莉. 从脱贫攻坚到乡村振兴：乡村治理的经验传承与衔接转变 [J]. 福建师范大学学报 (哲学社会科学版), 2022, 235 (4).

[50] 蒋和胜, 田永, 李小瑜. "绝对贫困终结"后防止返贫的长效机制 [J]. 社会科学战线, 2020, 303 (9).

[51] 蒋永穆, 祝林林. 扎实推动巩固拓展脱贫攻坚成果同乡村振兴有效衔接 [J]. 马克思主义与现实, 2021, 174 (5).

[52] 蒋雨东, 王德平. 贫困地区脱贫攻坚与乡村振兴衔接研究：基于广西 N 县 624 户脱贫户的调查数据 [J]. 干旱区资源与环境, 2021, 35 (6).

［53］金洪云.日本的农村振兴政策［J］.中国党政干部论坛,2006（4）.

［54］金三林,张海阳,孙昊,等.大力推动县域城镇化进程,助力大中小城市和小城镇协调发展［J］.农业经济问题,2022,514（10）.

［55］孔祥智,张琛,张效榕.要素禀赋变化与农业资本有机构成提高:对1978年以来中国农业发展路径的解释［J］.管理世界,2018,34（10）.

［56］雷明,于莎莎.乡村振兴的多重路径选择:基于产业、人才、文化、生态、组织的分析［J］.广西社会科学,2022,327（9）.

［57］李秉文."可持续生计"框架下欠发达地区乡村振兴推进策略研究:以甘肃省为例［J］.甘肃行政学院学报,2020,141（5）.

［58］李博,苏武峥.欠发达地区巩固拓展脱贫攻坚成果同乡村振兴有效衔接的治理逻辑与政策优化［J］.南京农业大学学报（社会科学版）,2021,21（6）.

［59］李川,漆雁斌,邓鑫.从脱贫攻坚到乡村振兴:演变历程、衔接机制与振兴路径:以凉山彝族自治州为例［J］.科技导报,2021,39（23）.

［60］李剑,荀关玉.云南省乌蒙山片区脱贫攻坚与乡村振兴对接路径研究:基于文化与农业要素融合视角［J］.农业经济,2021,411（7）.

［61］李俊杰,王平.衔接期六盘山片区巩固拓展脱贫攻坚成果的难点与对策［J］.西北民族大学学报（哲学社会科学版）,2022,250（4）.

［62］李书奎,任金政.战略衔接期内连片特困地区脱贫质量再认识［J］.湖北民族大学学报（哲学社会科学版）,2021,39（6）.

［63］李瑶,董玮,秦国伟."十四五"乡村振兴的战略任务与转型路径［J］.宏观经济管理,2022,460（2）.

［64］李耀锋,高红旗.从脱贫攻坚走向乡村振兴:扎根乡土产业致富带头人的衔接作用与培育路径［J］.中国农业大学学报（社会科学版）,2022,39（6）.

［65］李重,毛丽霞.中国共产党领导乡村发展的百年探索和基本经验［J］.西安交通大学学报（社会科学版）,2021,41（4）.

［66］凌经球.可持续脱贫:新时代中国农村贫困治理的一个分析框架［J］.广西师范学院学报（哲学社会科学版）,2018,39（2）.

[67] 刘朝帅，王立胜．中国特色反贫困道路深化：乡村振兴战略 [J]．经济与管理评论，2022，38（6）．

[68] 刘复兴，曹宇新．新发展阶段的乡村教育振兴：经验基础、现实挑战与政策建议 [J]．西北师大学报（社会科学版），2022，59（1）．

[69] 刘晓红．西部民族地区乡村振兴的人本价值实现研究 [J]．民族学刊，2022，13（1）．

[70] 刘勇．基于培育新型农业经营主体目标下的财政支持政策改革研究 [J]．农林经济管理学报，2016，15（4）．

[71] 刘宇青，徐虹．非物质文化遗产原真性保护和旅游开发助推乡村文化振兴 [J]．社会科学家，2022，306（10）．

[72] 刘泽峰．乡村振兴视域下农村道德建设问题及路径探索 [J]．北京农业职业学院学报，2021，35（5）．

[73] 龙花楼，陈坤秋．实现巩固拓展脱贫攻坚成果同乡村振兴有效衔接：研究框架与展望 [J]．经济地理，2021，41（8）．

[74] 鲁君．乡村振兴战略下的农村基层干部作风建设 [J]．西北农林科技大学学报（社会科学版），2021，21（4）．

[75] 陆学艺．家庭赡养与社会保障的功能互补 [J]．中国社会工作，1998（3）．

[76] 路建彩，李潘坡，李萌．乡村振兴视域下乡村工匠的价值意蕴与分类培育路径 [J]．教育与职业，2021，977（1）．

[77] 马超峰，肖龙．条块结对：脱贫攻坚同乡村振兴有效衔接的经验阐释 [J]．南京农业大学学报（社会科学版），2022，22（1）．

[78] 马喜梅．乡村振兴与脱贫攻坚有效衔接路径研究：以滇黔桂石漠化片区为例 [J]．云南师范大学学报（哲学社会科学版），2020，52（3）．

[79] 毛立新．巩固拓展脱贫攻坚成果，分层分类推进乡村振兴：以重庆市黔江区为例 [J]．重庆行政，2022，23（6）．

[80] 蒙慧，娄跃辉．乡村振兴背景下优化农村基层党组织建设的路径研究 [J]．中共福建省委党校（福建行政学院）学报，2022，486（4）．

[81] 莫建霖．一个深度贫困民族地区如何实现脱贫攻坚与乡村振兴的有效衔接：基于贺州市"土瑶"聚居区的实地调研 [J]．农村经济与科技，

2021, 32（10）.

[82] 穆军全.由脱贫到振兴的政策衔接何以可能:基于历史制度主义视角的典型个案分析 [J].天津行政学院学报, 2022, 24（1）.

[83] 牛胜强.深度贫困地区巩固拓展脱贫攻坚成果的现实考量及实现路径 [J].理论月刊, 2022, 482（2）.

[84] 农辉锋.我国人口较少民族实现巩固拓展脱贫攻坚成果与乡村振兴有效衔接的多维逻辑探析 [J].广西民族研究, 2021, 159（03）.

[85] 农业部人民公社管理局.1977—1979 年全国穷县情况 [J].农业经济丛刊, 1981（1）.

[86] 潘书惠.乡村文化振兴及其产业发展路径 [J].中国农业资源与区划, 2022, 43（12）.

[87] 尚静, 张和清.从脱贫攻坚到乡村振兴:社会工作的实践逻辑及策略:以广东 X 村的社区减贫项目为例 [J].中国农业大学学报（社会科学版）, 2021, 38（4）.

[88] 沈迁.基层服务困境及治理体系重构的路径分析:以山东省农村党建示范区为分析对象 [J].农林经济管理学报, 2021, 20（3）.

[89] 施海波, 李芸, 张姝等.精准扶贫背景下产业扶贫资产管理与收益分配优化研究 [J].农业经济问题, 2019, 471（3）.

[90] 斯丽娟, 曹昊煜.县域经济推动高质量乡村振兴:历史演进、双重逻辑与实现路径 [J].武汉大学学报（哲学社会科学版）, 2022, 75（5）.

[91] 谭九生, 胡伟强.接续推进全面脱贫与乡村振兴有效衔接的路径析探:基于湖南湘西州 18 个贫困村的田野调查 [J].湘潭大学学报（哲学社会科学版）, 2021, 45（1）.

[92] 唐承财, 刘亚茹, 万紫微, 等.传统村落文旅融合发展水平评价及影响路径 [J].地理学报, 2023, 78（4）.

[93] 唐红涛, 谢婷.数字经济视角下产业扶贫与产业振兴有效衔接的机理与效应研究 [J].广东财经大学学报, 2022, 37（4）.

[94] 唐亮, 杜婵, 邓茗尹.组织扶贫与组织振兴的有机衔接:现实需求、困难及实现路径 [J].农村经济, 2021, 459（1）.

[95] 田海林, 田晓梦.民族地区脱贫攻坚与乡村振兴有效衔接的现实路

径：以武陵山片区为例［J］．中南民族大学学报（人文社会科学版），2021，41（5）．

［96］汪三贵．在发展中战胜贫困：对中国30年大规模减贫经验的总结与评价［J］．管理世界，2008，182（11）．

［97］王春城，王帅．"十四五"财政政策供给的继承与创新：着眼脱贫攻坚与乡村振兴有效衔接［J］．地方财政研究，2021，195（1）．

［98］王春光．关于乡村振兴中农民主体性问题的思考［J］．社会科学文摘，2018，31（7）．

［99］王春光．迈向共同富裕：农业农村现代化实践行动和路径的社会学思考［J］．社会学研究，2021，36（2）．

［100］王凤臣，刘鑫，许静波．脱贫攻坚与乡村振兴有效衔接的生成逻辑、价值意蕴及实现路径［J］．农业经济与管理，2022，74（4）．

［101］王桂芹，王雯思宇．乡村振兴背景下乡村规划的文化向度［J］．湖南科技大学学报（社会科学版），2022，25（5）．

［102］王国敏，何莉琼．巩固拓展脱贫攻坚成果与乡村振兴有效衔接：基于"主体—内容—工具"三维整体框架［J］．理论与改革，2021，239（3）．

［103］王金华，谢琼．新型城镇化与乡村振兴协同发展的路径选择与地方经验：全国新型城镇化与乡村振兴高峰研讨会暨第十七届全国社科农经协作网络大会会议综述［J］．中国农村经济，2021，444（12）．

［104］王静，方冰雪，罗先文．乡规民约促进脱贫成果巩固的机制研究：基于重庆市巫溪县实践的透视［J］．农业经济问题，2022，506（2）．

［105］王俊，路克利．共同富裕背景下推进脱贫攻坚与乡村振兴有效衔接的机制构建与路径选择［J］．理论月刊，2022，491（11）．

［106］王克岭，普源镭，唐丽艳．脱贫攻坚与乡村振兴耦合衔接的时空格局及其驱动因子：基于西南五省份的分析［J］．世界农业，2022，514（2）．

［107］王猛．城镇化背景下中心镇政府治理转型：情境、方向与路径［J］．中州学刊，2020，278（2）．

［108］王睿，骆华松，高大帅．丘陵欠发达地区脱贫攻坚与乡村振兴融

合研究：基于南充市仪陇县 521 户的调查数据［J］．资源开发与市场，2022，38（12）．

［109］王文龙．中国合村并居政策的异化及其矫正［J］．经济体制改革，2020，222（3）．

［110］王志章，杨志红．西部地区脱贫攻坚与乡村振兴战略的融合之路：基于 10 省 85 村 1143 户的微观调查数据［J］．吉首大学学报（社会科学版），2020，41（2）．

［111］魏后凯，崔凯，王瑜．共同富裕视域下乡村振兴的目标演进与推进战略［J］．经济师，2022，17（4）．

［112］魏璐瑶，陈娱，张正方，等．多情景视角下基于空间组合识别的农村居民点布局优化研究：以江苏省新沂市为例［J］．地理研究，2021，40（4）．

［113］吴碧波，黄少安．乡村振兴战略背景下西部地区农村就地城镇化的模式选择［J］．广西民族研究，2018，140（2）．

［114］吴新叶．脱贫攻坚同乡村振兴有效衔接中的企业角色及其调适：以贵州省乌蒙山区乡土企业 X 茶园为例［J］．南京农业大学学报（社会科学版），2022，22（1）．

［115］武汉大学乡村振兴研究课题组．脱贫攻坚与乡村振兴战略的有效衔接：来自贵州省的调研［J］．中国人口科学，2021，203（2）．

［116］习近平．在河北省阜平县考察扶贫开发工作时的讲话［J］．理论导报，2021，398（2）．

［117］向雪琪．教育贫困治理的运作机制、实践效应及对乡村振兴的启示［J］．南京农业大学学报（社会科学版），2022，22（4）．

［118］萧子扬．迈向 2035 的乡村建设行动：何谓、为何与何为：基于百年乡村建设连续统的视角［J］．农林经济管理学报，2021，20（1）．

［119］谢治菊，陈香凝．政策工具与乡村振兴：基于建党 100 年以来扶贫政策变迁的文本分析［J］．贵州财经大学学报，2021，214（5）．

［120］辛格，吉尔曼．让生计可持续［J］．国际社会科学杂志（中文版），2000（4）．

［121］辛立秋，兴思瑶．论数字普惠金融为巩固脱贫攻坚成果与乡村振

兴有效衔接赋能［J］．学术交流，2022，339（6）．

［122］徐学庆．乡村振兴背景下新乡贤培育的路径选择［J］．学习论坛，2022，444（6）．

［123］徐亚东，张应良．脱贫攻坚与乡村振兴有效衔接的制度供给研究：以重庆 S 乡农村"三变"改革为例［J］．农林经济管理学报，2021，20（2）．

［124］薛刚．深度贫困脱贫地区巩固脱贫成果与乡村振兴内生动力问题及对策［J］．西南民族大学学报（人文社会科学版），2022，43（11）．

［125］严瑾，黄绍华．脱贫攻坚与乡村振兴有机衔接的高校实践理路［J］．湖北民族大学学报（哲学社会科学版），2020，38（5）．

［126］颜德如，张玉强．脱贫攻坚与乡村振兴的逻辑关系及其衔接［J］．社会科学战线，2021，314（8）．

［127］杨发庭，张亦瑄．生态扶贫的内在逻辑及实现路径［J］．世界社会主义研究，2021，6（1）．

［128］杨思敏，陈奕山．乡村振兴视野下的扶贫资产管理：基于在南方贫困县 Y 县的调研［J］．农村经济，2022，476（6）．

［129］杨肃昌，范国华．"十四五"时期巩固拓展脱贫攻坚成果同乡村振兴有效衔接评价指标体系构建［J］．宁夏社会科学，2022，232（2）．

［130］杨小冬．文旅融合赋能乡村振兴的机制与路径［J］．人民论坛，2022，751（24）．

［131］杨志玲，赵阳．社会资本参与乡村公共文化服务：因素、路径与发展策略［J］．河南社会科学，2022，30（12）．

［132］叶兴庆，程郁，于晓华．产业融合发展推动村庄更新：德国乡村振兴经验启事［J］．资源导刊，2018，341（12）．

［133］尹业兴，熊昕若．地方政府推进脱贫攻坚与乡村振兴有效衔接的政策供给特征：基于四川省的实证［J］．统计与决策，2022，38（11）．

［134］于海龙，李成明．乡村振兴背景下财政涉农扶贫资金政策有效衔接的关键环节和路径选择［J］．农村金融研究，2023，514（1）．

［135］于树一，李木子，黄潇．我国贫困治理现代化："精准"取向下的财政扶贫资金发展［J］．山东社会科学，2020，303（11）．

[136] 袁志香. 以核心价值观为引领的思政教育对乡村文化建设的影响研究 [J]. 农业技术经济, 2022, 324 (4).

[137] 张邦辉, 杨雅青. 以乡村振兴促进共同富裕: 重要意义、现实困境和路径指引 [J]. 重庆社会科学, 2022, 334 (9).

[138] 张帆. 脱贫攻坚与乡村振兴有效衔接的 "社会政策群" 探析 [J]. 兰州学刊, 2022, 346 (7).

[139] 张红宇, 寇广增, 李琳, 等. 我国普通农户的未来方向: 美国家庭农场考察情况与启示 [J]. 农村经营管理, 2017, 175 (9).

[140] 张静, 谯伟, 王逸婷等. 西部产业扶贫模式与乡村振兴有效衔接对策研究 [J]. 农村经济与科技, 2022, 33 (7).

[141] 张静宜, 陈洁. 强化乡村人才支撑有效供给, 实现脱贫攻坚乡村振兴有效衔接 [J]. 宏观经济管理, 2021, 454 (8).

[142] 张明进. 民族地区脱贫攻坚与乡村振兴有效衔接的路径研究: 以广西河池市为例 [J]. 农村经济与科技, 2022, 33 (23).

[143] 张其仔, 伍业君. 乡村振兴与脱贫攻坚衔接的理论基础及实现路径: 基于产品空间理论的产业发展视角 [J]. 江西财经大学学报, 2022, 139 (1).

[144] 张琦, 万君. "十四五" 期间中国巩固拓展脱贫攻坚成果推进策略 [J]. 农业经济问题, 2022, 510 (6).

[145] 张琦. 巩固拓展脱贫攻坚成果同乡村振兴有效衔接: 基于贫困治理绩效评估的视角 [J]. 贵州社会科学, 2021, 373 (1).

[146] 张琦. 贵州安顺: 多举措加强扶贫资产管理 [J]. 财政监督, 2021, 505 (19).

[147] 张太宇, 王燕红. 金融赋能脱贫攻坚同乡村振兴有效衔接的共同富裕蕴含 [J]. 江苏农业科学, 2022, 50 (21).

[148] 张行发, 徐虹, 张妍. 从脱贫攻坚到乡村振兴: 新内生发展理论视角——以贵州省Y县为案例 [J]. 当代经济管理, 2021, 43 (10).

[149] 张铮, 何琪. 从脱贫到振兴: 党建引领乡村治贫长效机制探析 [J]. 中国行政管理, 2021, 437 (11).

[150] 张志敏. 乡村振兴背景下空心村的形成与复兴路径研究: 以Z省

S 县陈村为例［J］.中国社会科学院研究生院学报,2019,232（4）.

［151］赵普兵,吴晓燕.脱贫攻坚与乡村振兴有效衔接:基于农民可行能力的分析［J］.理论探讨,2022,229（6）.

［152］赵晓峰,马锐,赵祥云.农村社会治理共同体建设的社会基础及经验适用性研究［J］.北京工业大学学报（社会科学版）,2022,22（5）.

［153］赵晓霞,邝良锋.国家助推"三治融合"的路径与机制:基于四川中心村的考察［J］.求索,2021,326（4）.

［154］赵彧.乡村振兴战略下农民思想政治教育问题对策研究:以西北偏远地区农村思想政治教育为例［J］.农业经济,2022,427（11）.

［155］赵智奎,彭海红.邓小平的农业集体经济思想［J］.毛泽东邓小平理论研究,2007,236（5）.

［156］郑瑞强,曹国庆.脱贫人口返贫:影响因素、作用机制与风险控制［J］.农林经济管理学报,2016,15（6）.

［157］郑有贵.脱贫地区创新发展路径研究:以 5 年过渡期支持政策为重点［J］.人民论坛.学术前沿,2021,221（13）.

［158］钟海.干部驻村制度优势转化为治理效能的实现路径:基于从脱贫攻坚向乡村振兴转变的分析视角［J］.求实,2022,465（1）.

［159］周林洁,傅帅雄.乡村振兴战略下解决"三农"问题的逻辑、关键与路径［J］.农业经济,2022,424（8）.

［160］周伍阳.生态振兴:民族地区巩固拓展脱贫攻坚成果的绿色路径［J］.云南民族大学学报（哲学社会科学版）,2021,38（5）.

［161］朱冬亮,殷文梅.内生与外生:巩固拓展脱贫攻坚成果同乡村振兴有效衔接的防贫治理［J］.学术研究,2022,446（1）.

［162］朱海波,毕洁颖.巩固拓展脱贫攻坚成果同乡村振兴有效衔接:重点方向与政策调试:针对"三区三州"脱贫地区的探讨［J］.南京农业大学学报（社会科学版）,2021,21（6）.

［163］诸凤娟,邵青.府际关系调适下中心镇扩权改革的实践探索与优化路径:基于绍兴市的调查分析［J］.浙江社会科学,2018,265（9）.

［164］左停,李颖,李世雄.巩固拓展脱贫攻坚成果的机制与路径分析:基于全国 117 个案例的文本研究［J］.华中农业大学学报（社会科学版）,

2021, 152 (2).

[165] 左停, 苏青松. 收入水平与收入波动: 过渡期预防返贫的两个干预维度及精准策略: 结合中国西南一个脱贫县的建档立卡数据观察 [J]. 南京农业大学学报 (社会科学版), 2021, 21 (6).

三、报纸

[1] 财政部: "三聚焦" 用好 1650 亿元衔接资金巩固拓展脱贫攻坚成果 [N]. 通州日报, 2022-03-22 (4).

[2] 发展新型农业经营主体, 全面推进乡村振兴 [N]. 人民日报, 2022-12-26 (1).

[3] 郜晋亮. 云岭大地山乡巨变 [N]. 农民日报, 2022-08-08 (1).

[4] 广西、重庆两村庄入选联合国世界旅游组织 "最佳旅游乡村" [N]. 人民日报, 2022-12-21 (13).

[5] 郭芸芸, 胡冰川, 王景伟, 王允, 王振东. 2022 中国新型农业经营主体发展分析报告 (一): 基于中国农业企业的调查 [N]. 农民日报, 2022-12-28 (4).

[6] 国务院扶贫开发领导小组办公室. 中国扶贫开发的伟大历史进程 [N]. 人民日报, 2000-10-16 (1).

[7] 李浩. 打造乡村振兴的 "主力军": 《2022 年全国高素质农民发展报告》 发布 [N]. 农民日报, 2023-01-13 (6).

[8] 龙成. 财政部提前下达衔接推进乡村振兴补助资金 1485 亿元 [N]. 农民日报, 2022-11-11 (7).

[9] 钱昊平, 姚宇馨, 李琳. 专访国务院扶贫办主任刘永富: "返贫", 是没有根本脱贫 [N]. 南方周末, 2016-03-18 (时局).

[10] 曲福田. 夯实中国式现代化的农业农村基础 (深入学习贯彻习近平新时代中国特色社会主义思想) [N]. 人民日报, 2022-11-10 (9).

[11] 任社宣. 人社部财政部农业农村部印发 《关于进一步推动返乡入乡创业工作的意见》 [N]. 中国组织人事报, 2020-01-09 (1).

[12] 四川广安做优农业, 描绘乡村振兴美丽画卷 [N]. 人民日报, 2022-11-15 (11).

[13] 龙成. 推动巩固拓展脱贫攻坚成果同乡村振兴有效衔接高质量发展: 访中央农办副主任, 农业农村部党组成员, 国家乡村振兴局党组书记、局长刘焕鑫 [N]. 农民日报, 2023-02-06 (1).

[14] 习近平. 高举中国特色社会主义伟大旗帜为全面建设社会主义现代化国家而团结奋斗 [N]. 人民日报, 2022-10-26 (1).

[15]《求是》杂志发表习近平总书记重要文章: 坚持把解决好"三农"问题作为全党工作重中之重, 举全党全社会之力推动乡村振兴 [N]. 人民日报, 2022-04-01 (1).

[16] 习近平. 决胜全面建成小康社会夺取新时代中国特色社会主义伟大胜利: 在中国共产党第十九次代表大会上的报告 [N]. 人民日报, 2017-10-28 (1).

[17] 习近平. 在参加十三届全国人大一次会议山东代表团审议时的讲话 (2018 年 3 月 8 日) [N]. 人民日报, 2018-03-09 (1).

[18] 习近平回信勉励河北省平山县西柏坡镇北庄村全体党员 [N]. 中国社会科学报, 2021-02-09 (A1).

[19] 习近平在深度贫困地区脱贫攻坚座谈会上的讲话 [N]. 人民日报, 2017-09-01 (2).

[20] 习近平在中央农村工作会议上强调: 锚定建设农业强国目标, 切实抓好农业农村工作 [N]. 人民日报, 2022-12-25 (1).

[21] 习近平总书记"把脉"乡村产业 [N]. 农业科技报, 2022-04-18 (1).

[22] 乡村振兴描绘美好生活新画卷 [N]. 贵州日报, 2022-01-01 (11).

[23] 郑海鸥. 非遗助力乡村振兴焕发生机活力 (新数据 新看点), 已建设非遗工坊 2500 余家 [N]. 人民日报, 2022-12-26 (1).

[24] 中办国办印发《乡村振兴责任制实施办法》 [N]. 人民日报, 2022-12-14 (1).

[25] 中共中央　国务院关于打赢脱贫攻坚战的决定 [N]. 人民日报, 2015-12-08 (1).

[26] 中共中央国务院关于深入推进农业供给侧结构性改革加快培育农业

农村发展新动能的若干意见［N］．人民日报，2017-02-06（1）．

［27］中共中央国务院关于实施乡村振兴战略的意见［N］．人民日报，2018-02-05（1）．

［28］中共中央国务院关于做好2023年全面推进乡村振兴重点工作的意见［N］．人民日报，2023-02-14（1）．

［29］中国的减贫行动与人权进步［N］．人民日报，2016-10-18（16）．

［30］中央财政安排乡村振兴补助资金1650亿元：同口径较去年增长5.4%［N］．经济日报，2022-03-22（3）．

［31］助力脱贫攻坚成果与乡村振兴有效衔接：今年中央财政将安排衔接资金1561亿元［N］．经济日报，2021-04-01（8）．